Haute Route : Chamonix to Zermatt,
Tour Monte Rosa,
Tour Matterhorn & Tour des Combins

スイス南西部アルプスの高峰を巡る：オートルートとマッターホルン・モンテローザ一周トレイル

～ヨーロッパアルプスのロングトレイル案内２～

清水 昭博 著

本の泉社

Haute Route : Chamonix to Zermatt,
Tour Monte Rosa,
Tour Matterhorn & Tour des Combins

「ルーヴィー峠からのコンバン山群」
グラン・コンバン［Grand Combin, 4314m］（左）とプティ・コンバン［Petit Combin, 3663m］（右端）
中央の氷河はコルバシエール氷河［Glacier de Corbassière］、下部の湖はルーヴィー湖［Lac de Louvie］

▲「朝焼けのモンブラン山群　モン・フォール小屋から」
左から、モンブラン［Mont Blanc, 4808m］（左）、トゥール・ノワール［Tour Noir, 3836m］（中央）とアルジャンチエール針峰［Aig. d'Argentière, 3901m］（右端）

▼「ベラ・トラ小屋から眺めたアニヴィエ谷奥の高峰群」
マッターホルン［Matterhorn, 4478m］（左）とダン・ブランシュ［Dent Blanche, 4357m］（右）、左下の建物は山岳ホテル・ヴァイスホルン

▲「輝くモンテローザ東壁 モンテ・モロ峠から」
ピークは、左からグニフェッティ峰［Gnifetti, 4554m］、ズムスタイン峰［Zumstein, 4563m］、デュフール峰（最高峰）［Dufour, 4634m］、ノルドエンド峰［Nordend, 4612m］

▼「早朝のグラン・コンバン北壁とコルバシエール氷河」
パノシエール小屋からは、氷河の流れの先にグラン・コンバン北壁が見える

はじめに

　ヨーロッパアルプスの山岳ロングトレイルを歩くのは、とても楽しい。有名な高峰登頂とは異なり、日本の縦走登山のように、山小屋をつないで長く歩き、特別な技術なしにアルプスを味わいつくせるからだ。

　氷河をいただく高峰を眺めつつ、花々で溢れるアルプ（高所放牧地）を歩き、荒々しい岩稜帯を抜けてゆく。また、輝く峰々を背に牛や羊がゆったり過ごすのを眺め、時どき顔を出してくれる可愛らしいマーモットや、優雅なアイベックスなどの動物達に出会える。ときには歩いて国境を越え、文化の異なるさまざまな谷を巡り、展望の良い峠を何度も超え、実に変化に富んだ、贅沢な山旅を満喫できる。そして大抵のトレイルは、とてもよく整備されており、中高年にはとても優しい。さらに途中の山小屋に泊まれば、美味しい食事と共に、朝夕の荘厳な光のドラマを味わうことができる。またコース中にある、なだらかなバルコニー道（アルプスのトレイルを代表する、氷河谷肩部の高所トラバース道）からは、常に素敵なパノラマ展望が得られ、多くの山小屋がこのバルコニー上にあるのもいい。

　拙著[1]では、まずモンブラン山群を一周するトゥール・デュ・モンブラン（TMB）を紹介させていただいたが、次は、シャモニからツェルマットまで歩くロングトレイル（オートルートと呼ばれる）、或はモンテローザやマッターホルンを一周するトレイルであろうと思う。でも、これらはモンブラン山群の東隣、主にスイス南西部（ヴァレー州）とイタリア北西部（アオスタ谷州他）の国境沿いにある1つの大きな山塊に集中して設けられていて、各コースで重複する部分が多いのである。この山塊は、ペナイン・アルプスとも呼ばれており、西端がコンバン山群、東端がモンテローザだ。実際、モンブランからモンテローザまで、直線距離にして150km程度しか離れていない。このため、今回これらをまとめて、スイス南西部（ペナイン）アルプス山域の山岳ロングトレイル（総距離600kmを越え、約20ヵ所の谷を巡る）として紹介することにした。さらに各谷内を歩くオプションコースも豊富にのせ、ロングトレイル歩きだけでなく短いハイキングにも対応させたつもりだ。これでいろいろなコースを比較して、自分の好みや日程に合った選択をでき、各谷をより深く味わうこともできるだろう。

　また、山歩きを計画する人にとって必要な情報は、地図・コースタイム、山小屋などの宿泊施設、そして交通機関に関するものであろう。これらがあれば、誰でもトレイルを歩けるようになるのではないかと思う。でも、事前にインターネットなどでこれらすべて調べるのはとても大変であり、現地に行かないと得られない情報も多い。さらに、TMB同様、イタリア、フランスにはコースタイム付き地図が全くない。これはとても不便であった。そこで、2013〜16年にかけて各トレイルを精力的に取材し、コース状況と共に、各トレイル内全道標のコースタイムを調べ、独自の地図を作成した。

　本書では、まずオートルート（ペナイン・アルプス北面横断コース）を、続いてモンテローザ、マッターホルン、コンバン山群一周トレイルを詳細に解説し、最後にペナイン・アルプス南面（イタリア側）横断コースについて触れる。続いて山歩きに必要な情報（宿泊・交通機関情報など）と共に、代表的な山小屋の様子や、各地の展望や写真撮影のポイントなども可能な限り掲載した。これにより、山岳ロングトレイルを歩くとき、本書がとても役立つものと思っている。

2017年11月　清水　昭博

ポピー咲くティス谷源頭部 ティス小屋
眼下の氷河はシェイロン氷河。奥の鋭鋒はダン・ブランシュ［Dent Blanche, 4357m］

《目　次》

はじめに ……………………………………………………………………… 6

1　序　〜モンブランからマッターホルン・モンテローザへ〜 …… 11
- 1.1　ペナイン・アルプスのロングトレイル ……………………………… 12
- 1.2　本書の使い方 …………………………………………………………… 17
- 1.3　写真で巡る各ロングトレイル ………………………………………… 18

2　オートルート（HR）シャモニからツェルマット ……………… 35
- HR—1　シャモニからトレ・ル・シャン ……………………………… 41
- HR—2　トレ・ル・シャンからバルム峠経由フォルクラ峠 ………… 45
- HR—3　フォルクラ峠からシャンペ …………………………………… 50
- HR—4　シャンペからルーヴィー小屋／モン・フォール小屋 ……… 53
- HR—5　ルーヴィー小屋／モン・フォール小屋からプラフルーリ小屋 … 63
- HR—6　プラフルーリ小屋からアローラ ……………………………… 70
- HR—7　アローラからラ・サージュ …………………………………… 76
- HR—8　ラ・サージュからジナール …………………………………… 79
- HR—9　ジナールからグルーベン ……………………………………… 87
- HR—10　グルーベンからザンクト・ニクラウス ……………………… 95
- HR—11　ザンクト・ニクラウスからツェルマット …………………… 97

3　トゥール・モンテローザ ………………………………………… 107
- TMR—1　ツェルマットからガンデック小屋 ………………………… 111
- TMR—2　ガンデック小屋からアヤス谷・レジー …………………… 113
- TMR—3　レジーからグレッソネイ谷・ガビエット ………………… 118
- TMR—4　ガビエットからパストーレ小屋 …………………………… 123
- TMR—5　パストーレ小屋からマクニャーガ ………………………… 128
- TMR—6　マクニャーガからモンテ・モロ峠越えでサース・フェー … 131
- TMR—7　サース・フェーからグレッヒェン …………………………… 135

4　トゥール・マッターホルン ……………………………………… 137
- TM—8　アローラからプラライエール小屋 …………………………… 141
- TM—9　プラライエール小屋からブルイユ・チェルヴィニア ……… 146
- TM—10　ブルイユ・チェルヴィニアからテオデュール峠 …………… 150

5　トゥール・デ・コンバン ………………………………………… 151
- TDC—1　ブール・サン・ピエールからミレ峠小屋 ………………… 154
- TDC—2　ミレ峠小屋からパノシエール小屋 ………………………… 155
- TDC—3　パノシエール小屋からモーヴォワザン経由シャンリオン小屋 … 158
- TDC—4　シャンリオン小屋からシャンピヨン小屋 ………………… 163
- TDC—5　シャンピヨン小屋からサン・レミー ……………………… 166
- TDC—6　サン・レミーからブール・サン・ピエール ……………… 168

6	ペナイン・アルプス南面大横断	173
6.1	ペニーヌ谷：AV 1 と TM（TC）の接続	177
TSP—1	ビオナ（クローゼ）からプラライエール小屋	177
6.2	ブルイユ・チェルヴィニアから AV 1 経由でグレッソネイ谷へ	179
TSP—2	ブルイユ・チェルヴィニアからトゥルナラン小屋	179
TSP—3	トゥルナラン小屋からクレスト	183
TSP—4	クレストからガビエット小屋	186
7	各種お役立ち情報と安全に歩くために	203
7.1	素敵な山小屋とその利用方法	206
7.2	各種交通機関情報	218
7.3	言語圏と通貨	233
7.4	地図とコースタイム	234
7.5	歩くのによい季節と気象状況	240
7.6	観光案内所とその他のサイト	243
7.7	緊急時の対応について	244
7.8	装備について	244

COLUMN	105
詳細地図	190

〈表紙の写真〉　初夏のマッターホルン
〈裏表紙の写真〉モンテローザ東壁 モンテ・モロ峠から

アントゥルモン谷／モン・プリュレ（HR）：山頂から360度の展望が広がり、モンブラン山郡が間近にせまる。
左端がグランド・ジョラス、右端がトゥール針峰、中央の目立つ山がアルジャンチエール針峰

オートルートの終着地ツェルマットからのマッターホルン

序 〜モンブランから
マッターホルン・モンテローザへ〜

アロペンローゼ咲くシャモニ谷とモンブラン

1.1 ペナイン・アルプスのロングトレイル

ヨーロッパアルプスの北西部エリア（スイス南西部、イタリア北西部、そしてフランス東部の国境付近）には、日本でも有名な4000mを越える高峰群が密集している。誰しもがその名を聞いたことがある、モンブラン、マッターホルン、モンテローザなどである。これらの山塊は、ヨーロッパアルプスのなかでは、モンブラン山群［Mont-Blanc Range］（広義にはグライエ・アルプス［Graie/Graian Alps］の一部）、そしてペナイン・アルプス［Pennine Alps］（またはペンニヌ・アルプス、ヴァレー・アルプスなど）と呼ばれている。

モンブラン山群は、言わずと知れたモンブラン［Mont-Blanc］を主峰とする高峰群であり、グランド・ジョラス［Grandes Jorasses］や

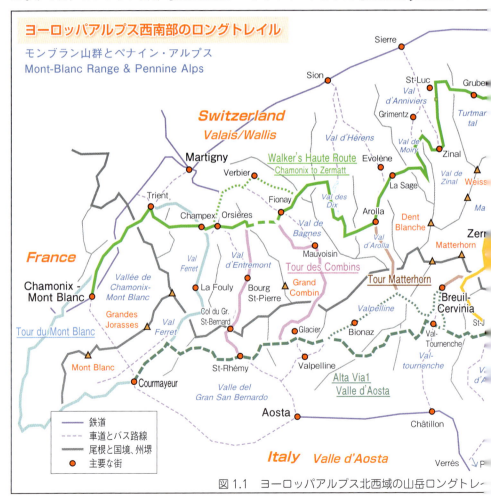

図 1.1 ヨーロッパアルプス北西域の山岳ロングトレ

ヴェルト針峰［Aig. Verte］なども有名だ。
一方ペナイン・アルプスは、スイスのヴァレー州［Valais］（これは仏語読み、独語でヴァリス州［Wallis］）南部と、イタリアのアオスタ谷州［ヴァッレ・ダオスタ］［Valle d'Aosta］とピエモンテ州［Piemonte］北部にまたがり、ヨーロッパアルプスのなかでも屈指の高峰群を有する地域だ。4000mを越える高峰の数は、優に20座を越え、西端のグラン・コンバン［Grand Combin］から、ダン・ブランシュ［Dent Blanche］、ヴァイスホルン［Weisshorn］、マッターホルン［Matterhorn］、そして東端のモンテローザ［Monte Rosa］やドーム［Dom］まで、ほぼ横一列に並んでいる。とくに、孤高のマッターホルン［Matterhorn］（これは英語名、仏語でセルヴァン［Cervin］、伊語でチェルヴィーノ［Cervino］と呼ばれる）はとても有名だ。

　これらの山塊を歩く、有名な山岳ロングトレイルとしては、モンブランを一周するトゥール・デュ・モンブラン（TMB）が真っ先に挙げられるが、その他にも数多くのコースが設定されている。そのなかで、広域で多国間を巡り、歩き応えのあるロングトレイルを選んでみると、以下の7つのコースがあげられるだろう。

① トゥール・デュ・モンブラン：Tour du Mont Blanc（TMB）
② オートルート、シャモニからツェルマット：Haute Route, Chamonix to Zermatt（HR）
③ トゥール・モンテローザ：Tour Monte Rosa（TMR）
④ トゥール・マッターホルン：Tour Matterhorn（TM）／トゥール・デュ・セルヴァン：Tour du Cervin（TC）
⑤ トゥール・デ・コンバン：Tour des Combins（TDC）
⑥ アオスタ谷アルタ・ヴィア No.1：Valle d'Aosta Alta-Via 1（AV 1）
⑦ モンテローザ大周遊：Grand Tour of Monte Rosa（GMR）

　ここでは、まずこれらのコースを概説しよう。

1) トゥール・デュ・モンブラン：Tour du Mont Blanc（TMB）

　モンブラン山群を1周する山岳ロングトレイルで、ヨーロッパアルプスのなかで、世界的に最も有名なコース。全長約180kmで、フランスのシャモニを基点に、約2週間かけて巡るコース。詳細は、既刊［1］を参照していただきたい。

2) オートルート（シャモニからツェルマット）：Haute Route（Chamonix to Zermatt）

　オートルート（Haute Route, HRと略す）とは、フランス語で単に「高い道（或いは高所トレイル）」の意味で、アルプスにはオートルートと名のつくコースがたくさんある。しかし今では、フランスのシャモニから、スイス・ヴァレー州南部を横断し、ツェルマット（ときにはサース・フェーまで）へ向かう

1.1 ペナイン・アルプスのロングトレイル

山岳ロングトレイルとして有名になっており、シェルパ斎藤氏の著書［7］でも世界10大トレイルの1つとして紹介されている。オートルートは、元々アルピニストやスキーヤーが氷河や3000m以上の高所の峠を超えて行く、高所山岳ルート（開設から100年以上の歴史があり、氷河ルート、或いはクラシックルートとも呼ばれる）を指すのが一般的で、夏季歩く人のためのルートは、これとは別に、夏ルート、或いはウォーカーズ（歩く人向けの）・オートルート［Walker's Haute Route］などとも呼ばれている。クラシックルートについては、現在も、氷河や岩稜がまだ雪や氷で覆われている早春、山スキーで横断することが盛んにおこなわれている。

　HRは、他の周遊ルートとは異なり、シャモニからツェルマットへの片道通行である。周遊（トゥール［Tour］）ルートは、基本的に1つの山塊を巡るので、その山塊を四方から眺めつくすのに対し、HRではたくさんの高峰を入れ替わり味わえる。シャモニ谷でのモンブランやグランド・ジョラスに始まり、グラン・コンバン、ダン・ブランシュ、ヴァイスホルンなどのペナイン・アルプスの高峰群を次から次へと眺めて行き、最後にはドーム、マッターホルンで終了するのである。最も贅沢な山旅を味わえるコースであろう。ただし、総距離は200km、越える峠の数は10ヵ所以上、日程も通常2週間以上かかる。TMBと比べると峠の標高が高く（それでもすべて3000m以下で、氷河上を歩く危険はない）、各谷底との高低差が少し大きいが、各谷に大きな集落があり、物資の補給や休養もしやすく、また各谷の隅々まで交通機関が発達しているので、途中のショートカットや万一のエスケープが容易にできる。

　ただし、HRと正式に名付けられた公式コースはなく、道標に特別な印もない。これはTMBとは大きく異なる点だ。峠越えなどには、いつかの選択肢があり、どれを選んでもよい。一般的にはKev Reynolds氏著書［2］記載のコースが有名であるが、現地では、途中コンバン山群を経由するもの［3］、終点がサース・フェーのものなど、さまざまなコースが紹介されている。つまり、高所トレイルならば、どのルートでもよいのである。このため本書では、［2］と［3］提案のコースを参考にした。なお、HRのフランス・シャモニからスイス・シャンペに至る部分は、TMBコースと同じである。

3）トゥール・モンテローザ：Tour Monte Rosa（TMR）

　トゥール・モンテローザ（Tour Monte Rosa, TMRと略す）は、1994年に設定されたコースで、ペナイン・アルプスの東端、スイス・イタリア国境部にあるモンテローザ［Monte Rosa, 4634m］とスイスのミシャベル山群［Mischabel］（ドーム、アルプフルーベル、アラリンホルンなどの4000m峰群）を一周する山岳ロングトレイルである。通常、ツェルマットを起点にし、左回りにスイスとイタリアで計7つの谷を巡ってゆく。総距離は約160km、9～10日間で巡るように設定されている。でも一部区間（グレッヒェン～ツェルマット）はHRと同じだ。距離的には、TMBやHRと比べるとやや短いが、峠と谷底との標高差が1500m以上の箇所がいくつかあり、体力的には意外と厳しい。さらに、ツェルマットからイタリアへ入るときに越えるテオデュール峠［Theodulpass/Colle del Teodulo］は標高3316m（唯一3000m以上の峠）もあり、ここでは、僅か数kmだけだが氷河上の歩行を強いられる。でも、イタリア側では索道（ロープウェイやチェアリフトなど）がとても発達していて、ほぼ2～3日分の行程（2～3つの峠越え）を短縮できるので、体力や時間を節約できる。また、イタリアのセシア谷アラーニャでは、独特の伝統的建物群に出合え、食文化と共に、スイスとは異なった風情を楽しむこともできる。

4）トゥール・マッターホルン（トゥール・デュ・セルヴァン）：Tour Matterhorn（TM）/Tour du Cervin（TC）

トゥール・マッターホルン（Tour Matterhorn, TMと略す）は、日本でも有名なマッターホルン［Matterhorn, 4478m］（仏語：セルヴァン［Cervin］）周囲を一周する山岳ロングトレイルである。TMRの西側に設定されていて、総距離約150km、一周に10日程度を必要とする。しかしTMは、HRやTMRと重なる部分が多く（例えば、スイスのツェルマット～アローラ間がHRと同じ）、独自区間はスイスのアローラからイタリアのブルイユ・チェルヴィニア間だけである。さらにTMと名付けられているものの、マッターホルンを眺められる区間が非常に短い。

またTMでは、氷河上の歩行が、TMRのテオデュール峠越えに加えて、アローラ南のコロン峠［Col Collon, 3082m］超えの2ヵ所になり、とくに後者は一般向けではないのが難点だ。さらに、コロン峠からブルイユ・チェルヴィニアへ至るイタリア側区間も、3000m以上の岩稜帯の峠越えで、やや難易度が高い。その代わり、その困難さを上回る素晴らしい眺望が味わうことができる。

5）トゥール・デ・コンバン：Tour des Combins（TDC）

トゥール・デ・コンバン（Tour des Combins, TDCと略す）は、日本ではほとんど知られていないロングトレイルであるが、ペナイン・アルプスの西端（つまりスイス・ヴァレー州西端）の巨峰、グラン・コンバン［Grand Combin, 4314m］を一周する山岳ロングトレイルである。峠の標高が3000m以下と低く、氷河上を歩く心配がないのがよい。途中ほとんど索道などがないので、最も素朴な山巡りが味わえ、さらに、ペナイン・アルプスのなかでもエーデルワイスが最も多く残されているコースである。

基点は、スイス・アントゥルモン谷のブール・サン・ピエール［Bourg St-Pierre］という小さな村に設定されていて、ここから、スイスとイタリアで各2つの谷を右回りに巡って行く。総距離は約85kmで、日程は6～8日間である。コース上から見える高峰は、もちろんグラン・コンバンであるが、モンブラン山群も比較的間近に見ることができる。とくに、巨大な氷河脇に立つパノシエール小屋からの展望は、雄大で非常に素晴らしい。

6）アオスタ谷アルタ・ヴィア No.1：Valle d'Aosta Alta Via 1（AV1）

アルタ・ヴィア［Alta Via, AV］とは、イタリア語で高所トレイルを意味し、フランス語のオートルート［Haute Route］と同じである。これは、イタリアのアオスタ谷州（ヴァッレ・ダオスタ）［Valle d'Aosta］で、アオスタ谷を一周する山岳ロングトレイルとして設けられたものである。谷の中心がアオスタ［Aosta］で、谷の北側の半周（ペナイン・アルプス南面側）が「1」、南側の半周（グラン・パラディーゾ北面側）が「2」と分けられている。1が200km、2が130kmで、全長でおよそ330kmにもなる。近年、これらを踏破する山岳マラソンレース（トル・デ・ジアン［Tor des Geants］）も開催され、有名になりつつある。東端はモンテローザ南のグレッソネイ谷で、西端はモンブラン山麓のクールマイヨール（フェレ谷とヴェニ谷の入口）である。

アルタ・ヴィア No.1［Alta Via 1, AV 1］のコースは、アオスタ谷の北側にある8つすべての谷を通り、またTMRとTMコースと重複しないように設けられている。しかし、TMR、TMに比べて、高峰群から南側（アオスタ谷中央部側）に離れており、高峰群を眺めるには少し遠過ぎると思っている。例えば、代表的な山であるマッターホルンは、コース途中、遠望から一時的に見えるだけである。

7）モンテローザ大周遊：Grand Tour of Monte Rosa（GMR）

これは、Chris Wright氏著の英語版ガイドブック［4］のタイトル（訳するとモンテローザ大周遊）で、この名の正式なトレイルはないが、ペナイン・アルプス全域を一周する超ド級のロングトレイルで、スイスとイタリア国境地域の北側、南側をすべて歩き通すものである。HRのスイス・ヴァレー州部分、AV1、TMR、TM、そしてTDCをすべて含み、あまねくペナイン・アルプスを味わうことができる。逆に言えば、前記1〜6）は、GMRの一部分ということになる。

GMRトレイルの西端はグラン・サン・ベルナール峠（或いはTDCのフネートル・ドゥ・デュラン峠）、東端はモンテ・モロ峠で、スイス・イタリア間の国境を越え、その間に横たわるペナイン・アルプスの長大な山塊の北側と南側全域を横断してゆく。

TMRやTM（TC）には、スイスからイタリア側に抜ける峠で、氷河上の歩行を強いられるが、グラン・サン・ベルナール峠やモンテ・モロ峠越えならば、氷河の心配せずにトレイル全域を歩くことができるのである。

なお、ペナイン・アルプス北面側の横断ルートについては、HR、TC、TDC、TMRを組み合わせることで、ほぼすべての峠越えが含まれている。これに対して、ペナイン・アルプス南面側の横断ルートとしては、AV1、TC、TMRをつなげるだけでは足りず、これらを接続する部分が必要となる。

以上から、本書では、上記のコース2〜5（HR、TMR、TM、TDC）を個別の章で詳しく紹介し、コース6と7については、AV1と、TM、TMRを接続させた、ペナイン・アルプス南面大横断（Grand Traverse of Southern Pennine Alps, TSP）として、それらの一部を簡単に紹介することにしよう。

まず1.3節で数珠の展望の一部を写真で示すので、言葉だけでは言い表せない素晴らしさを感じてほしいと思う。なお、写真は谷ごとに整理してあるので、関連するトレイルは各々略号で確認していただきたい。

グラン・サン・ベルナール峠の展望台からのモンブラン山郡の夜明け

1.2　本書の使い方

　本書では、各ロングトレイルの解説と共に、地図やコースタイム、山小屋などの宿泊施設、そして交通機関などの情報を詳しく説明するが、まず本書の使い方などについて簡単に触れておこう。

①地図とコースタイム

　コースタイム付き地図は、解説する区間ごとではなく、エリア全体を12枚に分けて（190〜202頁）に示してある（各区間解説先頭に該当図番を示す）。ここでは、あくまで現地発行の詳細地図を併用していただくことを前提にしている。

　また地図については、各解説区間の開始・終了地点を二重丸◎（紫色のハッチング付き文字）で示し、コースタイムは、この二重丸、及び塗りつぶしの黒・赤の丸印●で示した地点の間を示している（白抜き丸印○の地点を除いて計測）。

②各区間案内について

　各区間案内は、各コースの章の最初に示した区分で解説し、交通期間を利用したショートカットの方法や、代表的な山小屋などの様子をコラムとして加えた。なお全宿泊施設、各種交通機関や山小屋の利用方法などの詳細情報は、7章を参照していただきたい。また、コラム内の宿泊施設の説明では、設備、食事（夕食のみ）、展望情報を掲載したが、これらは、年によって変わることもある。設備については、断りがない限り、トイレは洋式水洗、洗面の水道水は飲料可で、シャワーは有料の場合の金額を示してある。コンセントやWiFiについては、年々改善されており、新たに利用可能になる場合もある。

③コースの難易度について

　コースの難易度は、国によってレベル差があるものの、各国の標識や地図に合わせてあり（7章参照）、アルピニスト（上級者）向けの断りがない限り、一般登山者向けである。ここでの一般登山者の定義は、北アルプスなどで、山小屋を使って縦走登山をおこなえるレベルであり、部分的だがロープや鎖、梯子などの補助具のある岩場の登降や、崖っぷちのトラバースなどが含まれる。またコース状況は年ごとに変化し、残雪期には多くのコースで難易度が上がることに注意してほしい。

④登山用語について

　本書では、一般的な登山用語を用いているつもりだが、氷河地形などで、特有の用語も用いている。その一部を、以下に簡単に説明しておこう。

［アルプ］高所牧草地（仏：Alpe、英：Alp、独：Alm）
［牧道］牧草地内の未舗装道路（林道含む）
［ケルン］目印の石積（コンクリート製あり）
［岩ゴロ］岩や巨石がゴロゴロした地帯、ゴーロとも呼ばれる
［ガレ場］崩れやすい、比較的大きな石で覆われた斜面
［ザレ場］崩れやすい小石、砂地の斜面
［ピステ］スキー用に整地された斜面、ゲレンデ
［トラバース道］山の斜面をほぼ横に進む道（多少の登降を含む）
［バルコニー道］氷河谷特有のU字谷肩部に設けられた高所トラバース道、とくに好展望の道をバルコニー道と呼ぶことにした
［モレーン］氷河側面や末端に堆石した岩や石屑の集まり、側面の堆石部をサイド・モレーン、或いはラテラルモレーンとも呼ぶ
［氷食谷階段］氷河谷特有の地形で、谷底に沿って、極めて平坦な部分と急峻な斜面（かつて氷瀑のあったところ）を繰り返す［8］

1.3 写真で巡る各ロングトレイル

シャモニ谷／ラック・ブラン（HR）：
湖面にモンブラン山群が映る、左からヴェルト針峰、グランド・ジョラス北壁、シャモニ針峰群、主峰モンブラン

シャモニ谷／ボゼット峠（HR）：
峠付近のアルプには、初夏、アルペンローゼがたくさん咲く、背後はヴェルト針峰とモンブラン

シャモニ谷／ラック・ブラン（HR）：湖岸から望む、夕焼けで赤く染まるモンブラン、やはり朝よりも夕焼けが美しい

シャモニ谷／バルム峠（HR）：クマノアシツメクサ咲くバルム峠

序 〜モンブランから マッターホルン・モンテローザへ〜

アントゥルモン谷／ミレ峠小屋（HR, TDC）：朝日で輝くグランド・ジョラスとモン・ドラン

バーニュ谷／ルーヴィー湖（HR）：ルーヴィー湖畔に広がる花畑とコンパン山群、対岸の小さな建物がルーヴィー小屋

1・3 写真で巡る各ロングトレイル

アントゥルモン谷／バルコニー道（TDC）：ミレ峠近くのバルコニー道から、モンブラン山群が見え続けてくれる

バーニュ谷／シャンリヨン小屋（TDC）：
近くの小池に映るグラン・コンバン東壁、小屋からは国境の山々360度の展望が広がる

バーニュ谷／ラ・ショー付近（HR）：花々で埋まるアルプとコンバン山群

バーニュ谷／ルーヴィー峠（HR）：峠から西側の展望が素晴らしい、コンバン山群（左）からモンブラン（右）を見渡せる

エラン谷／ディス谷奥のシェーブル氷河横断（HR）：
シェーブル氷河源頭部を渡るとき、目前に傘を広げたようなモンブラン・ドゥ・シェイロンがそそり立つ

ラン谷／アローラ谷・シェーブル峠からの下り道（HR）：正面にエラン谷奥の高峰群が並び立つ、ツァ針峰などの岩峰群が目立つが、その上にダン・ブランシュが頭を出し（左）、中央にマッターホルン、右端にモン・コロンが輝く

1・3 写真で巡る各ロングトレイル

序 〜モンブランからマッターホルン・モンテローザへ〜

アニヴィエ谷／ソルボワからのパノラマ展望（HR）：午後の光線で、ジィナール谷対岸の高峰群が輝いてくれる
（左からヴァイスホルン、ジィナールロートホルン、オーバー・ガーベルホルン）

アニヴィエ谷／ソルボワ（HR）：夕照のジィナールロートホルン

アニヴィエ谷／グラン・ムーンテ小屋：小屋から周辺に見える高峰と氷河、中央がダン・ブランシュ、右がグラン・コーニエ

トゥルトマン谷／メイド湖（HR）：メイド峠から下る途中、湖越しに白きヴァイスホルンが輝く

1・3 写真で巡る各ロングトレイル

① 序 〜モンブランからマッターホルン・モンテローザへ〜

トゥルトマン谷／トゥルトマン小屋：早朝ビスホルンが輝く

マッター谷／ヨーロッパ小屋（HR, TMR）：早朝、マッター谷対岸のヴァイスホルンが輝く

マッター谷／スネガ（HR，TMR）：輝くステリー湖とマッターホルン

マッター谷／ガンデック小屋（TMR）：早朝のマッターホルン東壁、見慣れたツェルマットからとは違った感じが面白い

1・3 写真で巡る各ロングトレイル

① 序 〜モンブランから マッターホルン・モンテローザへ〜

マッター谷／ガンデック小屋（TMR）：
小屋から東側には、テオデュール氷河を見下ろせ、ブライトホルン（右）とモンテローザ（左）が輝く

トゥールナンシュ谷／ブルイユ・チェルヴィニア（TMR）：ごつごつしたマッターホルン南面

トゥールナンシュ谷／周遊道（TMR）：マッターホルンを見ながら、谷を周遊するバルコニー道を行く

アヤス谷／ナナ谷（TMR）：
トゥルナラン小屋からナナ谷を下ると、アヤス本谷上でモンテローザ山群を望める、中央がリスカム

1 序 〜モンブランからマッターホルン・モンテローザへ〜

セシア谷／パストーレ小屋（TMR）：早朝のモンテローザ山群

アンザスカ谷／ザンボーニ・ザッパ小屋（TMR）：早朝のモンテローザ山群、巨大な東壁がせまる

アンザスカ谷／モンテ・モロ峠（TMR）：モンテローザ山群上空に天の川が輝き、谷は雲海の雲が街明りで輝く

アンザスカ谷／モンテ・モロ峠（TMR）：峠へ登る途中、モンテローザ東壁が見え続けてくれる、最高峰がデュフール峰

1・3 写真で巡る各ロングトレイル

エラン谷／アローラ谷（TM）：アローラ高所氷河を渡る

サース谷／アルマゲラーアルプ：花畑のアルプと共に、ドームなどのミヒャベル山群が見える

1・3 写真で巡る各ロングトレイル

コロン峠（TM）：盛夏でも氷雪が多く残る。岩峰はモン・コロン南壁

GSB峠周遊道：フネートル湖に映るモンブラン山群

① 序 〜モンブランから マッターホルン・モンテローザへ〜

GSB峠（TDC）：峠のスイス側ホスピス前から、GSB湖越しにイタリア側を望む

GSB峠（TDC）：峠近くの展望台からのモンブランとグランド・ジョラス

オートルート(HR)
シャモニからツェルマット
Haute Route(HR):Chamonix to Zermatt

HRの終着地ツェルマットのステリー湖に投影するマッターホルン

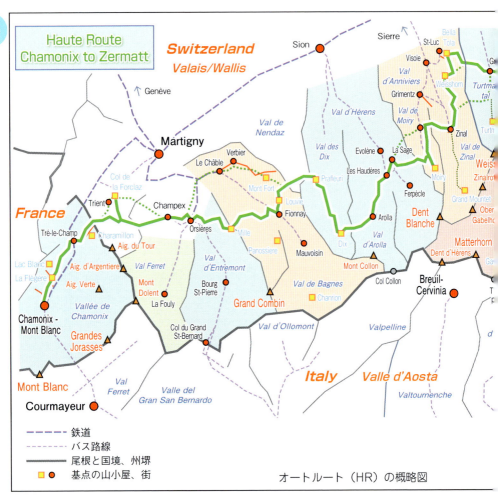

オートルート（HR）の概略図

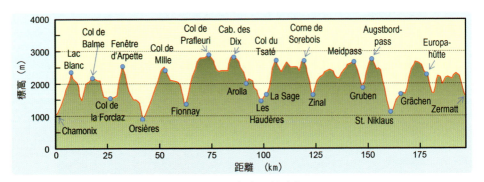

オートルート（HR）の全標高差

オートルート[Haute Route, HR]は、モンブラン山群とスイスのヴァレー州南部（ペナイン・アルプス北面側）をつなぐ山岳ロングトレイルである。通常シャモニ[Chamonix-Mont Blanc]からツェルマット[Zermatt]、言いかえるとモンブラン[Mont Blanc]からマッターホルン[Matterhorn]へ向かうもので、総距離は約200km、総累積標高差は最大16kmにも及び、8～10個の谷を通って行く。

フランスのシャモニ谷[Vallée de Chamonix-Mont Blanc]に始まり、スイスのトゥリアン谷[Val Trient]、アントゥルモン谷[Val d'Entremont]、バーニュ谷[Val de Bagnes]、エラン谷[Val d'Hérens]（支谷のディス谷とアローラ谷）、アニヴィエ谷[Val d'Anniviers]（支谷のモワリー谷とジィナール谷）、トゥルトマン谷[Turtmanntal]を経て、マッター谷[Mattertal]まで行く。また越える峠の標高はすべて3000m以下で氷河の影響を受けず、誰でも歩くことができる。でも、公式ルートとして設定されたコースがなく、各谷内や峠越えを自由に設定可能だ。

本書で示す大まかコースは以下の通りである。

まずフランスのシャモニ谷から、好展望のバルコニー道を通り、花の多いバルム峠を越えてスイスのトゥリアン谷へ下り、続いて急峻なアルペットの窓の峠か、長閑なボヴィーヌのアルプを越えてシャンペへ行く。続いて、アントゥルモン谷北部を通り、バーニュ谷の東斜面の山小屋に向かってゆく。ここでよく利用されるのは、標高の低い谷底を行くコース[2]だが、ここでは、展望のよいミレ峠小屋経由（TDCコースの一部）で行くコースを紹介する。これはFrançois-Eric Cormier氏の本[3]で紹介されており、これにより、難易度の高いアルパインルートを避けて一般登山道を行くことができる。

次に、バーニュ谷からエラン谷奥のアローラ谷へ行く区間は、1日で2～3つの峠を越え、岩稜と氷河を間近に眺められるHRの核心部である。さらに氷河と高峰に囲まれたディス小屋経由にすれば、シェイロン氷河越えで、アルピニストの気分を味わえるだろう。

アローラ谷からは、エラン谷本谷へ下り、ツァテ峠かトラン峠を越えて、氷瀑を間近に眺めるモワリー小屋やモワリー湖畔を通り、HR屈指の高峰の展望を誇るソルボワ峠を越えて、ジィナール谷に入ってゆく。ここから、素敵なバルコニー道を通って、アニヴィエ本谷を南下し、歴史的山岳ホテル・ヴァイスホルンを経てベラ・トラ小屋へ行く。

アニヴィエ谷からは、メイド峠を越え、最も小さなトゥルトマン谷を抜けてマッター谷へ入り、最後はマッター谷東岸の、好展望だがとても長いバルコニー道（とくにヨーロッパ道と呼ばれる）を南下して、マッターホルンの待つツェルマットに到着する。

途中から見られる高峰は、モンブラン[Mont Blanc]やグランド・ジョラス[Grandes Jorasses]などのモンブラン山群に始まり、グラン・コンバン[Grand Combin]、モンブラン・ドゥ・シェイロン[Mont-Blanc de Cheilon]やモン・コロン

[Mont Collon]、ダン・ブランシュ[Dent Blanche]、ヴァイスホルン[Weisshorn]、ジィナールロートホルン[Zinalrothorn]、ミヒャベル[Mischabel]山群（ドーム[Dom]他）、そして最後にマッターホルンと、とても多彩だ。各峠越えや通る谷ごとに、間近に見える高峰が入れ替わって行くのである。

下表が、本書で述べるHRコースの日程と区間のコースタイム。なお、コース番号の添え字のa〜cは選択肢である。

HRは、最長で17区間もあり、すべてを歩くと2週間以上の日程をみておかないといけ

〈HRコースの日程と区間のコースタイム〉

区間	コース	行き所要時間	帰り所要時間
HR-1	シャモニ→ラ・フレジェール→トレ・ル・シャン	→6h00	←5h15
HR-2	トレ・ル・シャン→バルム峠→フォルクラ峠		
-2a	ポゼット峠とレ・グラン経由	→6h20	←6h05
-2b	ル・トゥールとトゥリアン経由	→5h20	←5h25
HR-3	フォルクラ峠→シャンペ		
-3a	フネートル・ダルペット経由	→6h20	←6h00
-3b	ボヴィーヌ・アルプ経由	→4h20	←4h30
HR-4	シャンペ→ルーヴィー小屋／モン・フォール小屋		
-4a-1	シャンペ→オルシエール→ミレ峠小屋	→6h50	←5h50
-4a-2	ミレ峠小屋→フィオネェ→ルーヴィー小屋	→6h10	←6h20
-4b-1	シャンペ→ル・シャブル	→4h15	←5h00
-4b-2	ル・シャブル→モン・フォール小屋	→5h45	←5h00
HR-5	ルーヴィー小屋／モン・フォール小屋→プラフルーリ小屋		
-5a	モン・フォール小屋→プラフルーリ小屋：テルマン峠経由	→5h55	←5h50
-5b	モン・フォール小屋→プラフルーリ小屋：ショー峠経由	→5h35	←5h20
-5c	ルーヴィー小屋→プラフルーリ小屋	→5h15	←4h30
HR-6	プラフルーリ小屋→アローラ		
-6a-1	プラフルーリ小屋→ディス小屋	→4h20	←3h40
-6a-2	ディス小屋→シェープ峠→アローラ	→2h55	←3h20
-6b	プラフルーリ小屋→リードマッテン峠→アローラ	→6h05	←6h25
HR-7	アローラ→ラ・サージュ	→3h35	←3h55
HR-8	ラ・サージュ→ジナール		
-8a-1	ラ・サージュ→ツァテ峠→モワリー小屋	→3h35	←3h55
-8a-2	モワリー小屋→ソルボワ峠→ジナール	→5h55	←7h10
-8b-1	ラ・サージュ→トラン峠→モワリー・ダム	→5h45	←4h45
-8b-2	モワリー・ダム→ソルボワ峠→ジナール	→3h35	←4h35
HR-9	ジナール→グルーベン		
-9a-1	ジナール→ベラ・トラ小屋	→5h05	←4h10
-9a-2	ベラ・トラ小屋→メイドパス→グルーベン	→5h45	←3h40
-9b	ジナール→フォルクレッタ峠→グルーベン	→5h45	←4h45
HR-10	グルーベン→アウグストボード峠→ザンクト・ニクラウス	→7h10	←7h25
HR-11	ザンクト・ニクラウス→ツェルマット		
-11a-1	ザンクト・ニクラウス→グレッヒェン／ガセンリード	→1h55	←1h30
-11a-2	グレッヒェン／ガセンリード→ヨーロッパ小屋：ヨーロッパ道経由	→7h05	←6h00
-11a-3	ヨーロッパ小屋→ツェルマット：ヨーロッパ道経由	→8h30	←7h55
-11b	ザンクト・ニクラウス→ランダ→ツェルマット：マッター谷底経由	→6h00	←4h55

ない。しかし、公共交通機関を利用すれば、多くの区間で行程を短縮できる。また各谷間の移動も、バスや鉄道利用で容易にできるので、日程や天候に合わせて適宜変更するとよいだろう。詳しくは、7章の交通機関情報と共に、各区間の解説を参照いただきたい。

※山小屋の表記について
仏：カバンヌ［cabane/cab.］、
　　ルフュージュ［refuge/ref.］
伊：リフージオ［rifugio/rif.］
独：ヒュッテ［hütte］

〈現地語表記〉

区間	コース
HR-1	Chamonix → La Flégère → Tré-le-Champ
HR-2	Tré-le-Champ → Col de Balme → Col de la Forclaz
-2a	via Col des Posettes & Les Grands
-2b	via le Tour & Trient
HR-3	Col de la Forclaz → Champex
-3a	via Fenêtre d'Arpette
-3b	via Alpe Bovine
HR-4	Champex → Cabane de Louvie/Cabane du Mont Fort
-4a-1	Champex → Orsières → Cabane du Col de Mille
-4a-2	Cabane du Col de Mille → Fionnay → Cabane de Louvie
-4b-1	Champex → Le Châble
-4b-2	Le Châble → Cabane du Mont Fort
HR-5	Cabane de Louvie/Cabane du Mont Fort → Col de Louvie → Cabane de Prafleuri
-5a	Cabane du Mont Fort → Cabane de Prafleuri, via Col Termin
-5b	Cabane du Mont Fort → Cabane de Prafleuri, via Col de la Chaux
-5c	Cabane de Louvie → Cabane de Prafleuri
HR-6	Cabane de Prafleuri → Arolla
-6a-1	Cabane Prafleuri → Cabane des Dix
-6a-2	Cabane des Dix → Pas de Chèvres → Arolla
-6b	Cabane Prafleuri → Col de Riedmatten → Arolla
HR-7	Arolla → La Sage
HR-8	La Sage → Zinal
-8a-1	La Sage → Col de Tsaté → Cabane de Moiry
-8a-2	Cabane de Moiry → Corne de Sorebois → Zinal
-8b-1	La Sage → Col de Torrent → Barrage de Moiry
-8b-2	Barrage de Moiry → Corne de Sorebois → Zinal
HR-9	Zinal → Gruben
-9a-1	Zinal → Cabane de Bella Tola
-9a-2	Cabane de Bella Tola → Meidpass → Gruben
-9b	Zinal → Forcletta → Gruben
HR-10	Gruben → Augstbordpass → St. Niklaus
HR-11	St. Niklaus → Zermatt
-11a-1	St. Niklaus → Grächen/Gasenried
-11a-2	Grächen/Gasenried → Europahütte: via Europaweg
-11a-3	Europahütte → Zermatt: via Europaweg
-11b	St. Niklaus → Randa → Zermatt

〈各区間でショートカット可能な部分〉

HR	コース
1	シャモニ⇔トレ・ル・シャン／ル・トゥール（バス）、レ・プラ⇔ラ・フレジェール（ロープウェイ）
2	ル・トゥール⇔バルム峠（ゴンドラリフト＆チェアリフト）、トゥリアン⇔フォルクラ峠（バス）
3	シャンペ・ダンバ⇔シャンペ（バス）
4	シャンペ⇔オルシエール（バス）、オルシエール⇔コメール（バス）、オルシエール⇔ル・シャブル（鉄道）、ル・シャブル⇔ヴェルビエ（バス／ゴンドラリフト）、ヴェルビエ⇔ラ・ショー（ゴンドラリフト）
5	シオン⇔ディクセンス・ダム湖（バス＆ロープウェイ）
6	なし
7	アローラ⇔ラ・サージュ（バス）
8	モワリー湖⇔グリメンツ⇔ジナール（バス）、ソルボワ⇔ジナール（ロープウェイ）、グリメンツ⇔ソルボワ峠下（ロープウェイ）
9	ジナール→サン・リュック（バス）、サン・リュック⇔ティニューサ（ケーブルカー）
10	ユング⇔ザンクト・ニクラウス（ロープウェイ）
11	ザンクト・ニクラウス⇔グレッヒェン／ガセンリード（バス）、ザンクト・ニクラウス⇔ツェルマット（鉄道）、スネガ⇔ツェルマット（ケーブルカー）

マッター谷／ヨーロッパ道（HR, TMR）：登山道北端から北側を見ると、アレッチ地区の高峰群が並んで見える

HR-1　シャモニからトレ・ル・シャン
Chamonix → Tré-le-Champ

- 地図とコース番号：[Map-01：HR-1]
- 総距離：13.4km
- 歩行時間：→6h00/←5h15
- 出発高度：1037m　●到着高度：1417m
- 最高点標高：2170m　●最低点標高：1037m
- 累積標高差：登り1170m/下り815m
- 宿泊：トレ・ル・シャン（ボエルヌ小屋）

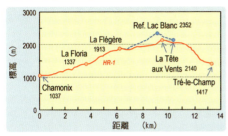

本区間は、シャモニからラ・フレジェール[La Flégère]に登り、シャモニ谷の北西側にある赤い針峰群[Aigs.des Rouges]山腹のバルコニー道（グラン・バルコン・シュッド[Grand Balcon Sud]）を歩き、トレ・ル・シャン[Tré-le-Champ]に下るコース。このバルコニー道（高所トラバース道）は、常にモンブラン山群のパノラマ展望を味わえ、とても素晴らしい。

またラ・フレジェールから、中間の分岐点（ラ・テート・オー・ヴァン[La Tête aux Vents]）までに、①バルコニー道経由と、②モンブラン山群を投影するラック・ブラン[Lac Blanc]経由のコースがある。展望上は②がよいのだが、これを1日で歩くのは少々きついため、オプションとした。また、もし日程に余裕があれば、次区間のフォルクラ峠までを含めて、山上の山小屋利用の2泊3日（ラ・フレジェール/ラック・ブラン小屋と、シャラミヨン/バルム峠小屋から各々1ヵ所）にし、シャモニ谷の朝夕の素敵な展望を味わうとよいだろう。

なお、トレ・ル・シャンの代わりの宿は、モンロックとル・トゥールにあり、シャモニからこれらへは、シャモニ・バスで簡単に移動できる。

1）ラ・フレジェールへ

シャモニ[Chamonix, 1037m]からラ・フレジェール[La Flégère, 1913m]へは、シャモニ谷の北西側斜面を斜めに上がる牧道（林道）を、フローリア小屋[la Floria]を目指して行けばよい。

まず観光案内所のある中心部から、シャモニ谷右岸の山際の道路に出て、北東方向にレ・プラ[Les Praz]方向へ向かって行く。この道路沿いを進むと、山沿いに斜めに上がってゆく牧道との分岐（Y字路）に出あう。道標に注意しながら、この牧道に入り、フローリア小屋[la Floria]を目指す。シャモニから約1hで、たくさんの花々で覆われた素敵なフローリア小屋[la Floria, 1337m]につく。小屋のテラスからは、シャモニの街並みを見下ろせ、とても気持ちがよいだろう。

ここから先は登山道に変わるが、途中牧道

花溢れるフローリア小屋

展望よいラ・フレジェール小屋

アルペンローゼ咲くバルコニー道（山はモンブラン）

も入り組み、迷いやすいので、道標（行先ラ・フレジェール[La Flégère]）に注意する。牧道と交錯しながら、登山道をジグザグに登ってゆくと、標高が1800m辺りで樹木が切れ始め、頭上にロープウェイの索道が見えると、まもなくラ・フレジェール小屋［Ref. de la Flégère］に到着する。小屋前のテラスからは、モンブラン山群を一望できる。ロープウェイ駅［La Flégère, 1913m］（テラス

〈ラ・フレジェールへ行く別の方法〉

シャモニからラ・フレジェールへ行く他の方法は、①シャモニからブレヴァン［Brévent］展望台方面へのゴンドラリフトに乗り、プランプラ［Planpraz］からバルコニー道（グラン・バルコン・シュッド）を歩く（2h）のと、②シャモニからレ・プラ［Les Praz］までバスで移動し、ロープウェイで上がる方法がある。①は展望も良く、素敵なオプションである。

に売店あり）は、小屋脇からさらに数10m登ったところだ。また、ラ・フレジェール小屋前から、南西に向かってほぼ水平に伸びる登山道がある。これが、プランプラ［Planpraz］に行くバルコニー道である。

2）中間分岐点（ラ・テート・オー・ヴァン）へ

ラ・フレジェールから中間の分岐点（ラ・テート・オー・ヴァン［La Tête aux Vents］）に向かってゆく。この道は、グラン・バルコン・シュッドの一部分で、ややアップダウンがあるものの、快適なバルコニー道だ。登山道周囲には、アルペンローゼが多くあり、初夏には真っ赤な花畑となってくれ、白いモンブランとの対比が美しい。

ラ・フレジェールからは、まず広い牧道（砂利道）を少し下ってから再び登り返すと、ラック・ブランとの分岐（レストランあり）に出る。ここでレストランの建物前を通り抜け、モンブラン山群を右手に見ながらバルコニー道をしばらく行くと、やがて左手の岩壁に小滝が現れる。ここに箱庭のような草原が広がっていて、休憩によい場所だ。小滝を過ぎてやや登ると、小さな小屋脇につく。ここがシャレ・デ・シェズリー［Chalet des Chéserys, 1998m］である。ここからそのままバルコニー道を約10分登れば、コンクリート製ケルンが立つラ・テート・オー・ヴァン［La Tête aux Vents, 2170m］につく。ここは、ラック・ブラン、モンテ峠、そしてトレ・ル・シャンへの十字路分岐点である。

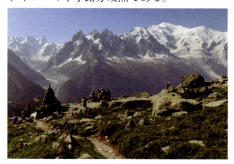

ラ・テート・オー・ヴァン分岐とモンブラン

3）モンテ峠経由でトレ・ル・シャンへ

ラ・テート・オー・ヴァンの分岐から、モンテ峠［Col des Montets］方面へ向かうバルコニー道は、グラン・バルコン・シュッドの続きだ。

分岐点からモンテ峠方面へ行くと、直ちにラック・ブランからの登山道に合流する。これをそのまま真っ直ぐ行けば、徐々に高度を落としつつ、モンテ峠上部に向かって行く。

右前方には、シャルドネ針峰やトゥール針峰、バルム峠から手前に延びるポゼット小針峰の尾根も良く見えるだろう。でも、なだらかなのは標高1800m付近までで、ここからモンテ峠へジグザグの登山道を一気に下ってゆく。途中、見晴らしのよいテラスがあり、ここで多くの人が休憩を取っているだろう。その後、さらに下ってゆくと、モンテ峠とトレ・ル・シャンへの分岐に出る。分岐で左手に行けば、モンテ峠はすぐだ。この分岐で、右手に行くと、モンテ峠をショートカットして、トレ・ル・シャンに行くことができる。

モンテ峠はシャモニ・バス路線の広い車道の峠で、ここに、この辺り一帯の自然公園の管理事務所もある。また、小さいがヴェルト針峰を映す池があり、ここに寄り道するのもよいだろう。

モンテ峠からトレ・ル・シャンへは、車道が通じているが、車道の両脇にある登山道を行く。快適なのは赤い針峰群側で、途中ヴェルト針峰の眺めがよい。ただし途中で車道を横切るので、行き交う車には注意しよう。車道を渡ると、続く駐車場の奥で道路脇の道へ入る。すると、樹林帯に入ってすぐ、ポゼット小針峰に向かう登山道とトレ・ル・シャンへ向かう道とのT字路分岐に出合う。ここからそのまま車道脇を行けば、再び駐車場に出る。ここがトレ・ル・シャンのバス停のある地点で、車道から左手に牧道が伸びるY字路となっている。

本区間の宿がトレ・ル・シャンのボエルヌ小屋ならば、ここで牧道をアルジャンチエール方向に向かって行けば、約5分でつく。また、もし宿をモンロックやル・トゥールにしたならば、バス停前から牧道の左手に延びる道に入ってゆく。モンロック［Montroc］（鉄道駅）へは +15分、ル・トゥール［Le Tour］へは +50分である。なお、モンロックからル・トゥールへはバスも通じている。

4）ラック・ブラン経由

ラック・ブラン経由コースの歩行時間は、メインコースに対して +約1h必要である。

ラック・ブランへは、ラ・フレジェールから広い牧道（砂利道）を下り、登り返した分岐で、今度はラック・ブラン方向へ登ってゆく。途中から、道は本格的な登山道に変わってゆく。さらに、小さな池の脇を過ぎた辺りから、やや急な斜面の登りとなる。その後、シャレ・デ・シェズリーやランデックスへの分岐を通過後、最後の一登りで、ラック・ブラン［Lac Blanc, 2352m］に到着する。湖畔右手奥の岩盤上に小屋が2棟建っているのが見え、これがラック・ブラン小屋。小屋のテラスからの展望もよいが、湖の対岸（山側）へ行き、振り返れば、湖面に投影する雄大なモンブラン山群を見られる。左手から、ヴェルト針峰、グランド・ジョラス北壁、シャモニ針峰群、そして主峰モンブランが並び立つ。

続いてラック・ブラン小屋からは、小屋脇の大岩を越えて、やや急な岩稜帯を下ってゆく。直下に小さな湖が見え、これがシェズリー

バルコニー道北端部、右奥がバルム峠

モンブラン山群を映すシェズリー湖

湖群［Lacs des Chéserys］だ。途中、ステップや梯子も取り付けてある岩場を下ると、やがてシェズリー湖群の1つに到着する。湖畔の登山道は谷側につけられているので、シェズリー湖に映るモンブラン山群を見たい場合には、対岸（山側）に行かないといけない。その場合は、左回りで湖岸の細い道を行くとよい。逆回りは急な岩場越えとなるので注意しよう。

シェズリー湖を過ぎると、まもなくラ・テート・オー・ヴァン［La Tête aux Vents］の分岐だが、ラ・テート・オー・ヴァン直前の分岐で左手に行けば、ラ・テート・オー・ヴァンを経由せずにモンテ峠に向かうことができる。

〈ラック・ブランに行く別の方法〉
　ラック・ブランへは、ラ・フレジェールからランデックス［L'Index, 2361m］までチェアリフトを利用し、高所バルコニー道経由で行くこともできる。ただし、この道は初夏まで残雪が多いので注意する。

山小屋・山岳ホテル案内

◆ラック・ブラン小屋
　　［Refuge du Lac Blanc］

　モンブラン山群がパノラマ状に見える最高の山小屋。木調のレストランがとてもきれいで、ゆったりと過ごせる。ただし、人気が高く常に混んでいる。
〈設備〉本館3F／別館2F建て、〔本館：2F〕受付・レストラン、〔本館：1F〕ロッカー、トイレ・洗面・シャワー、〔本館：3F／別館：2F〕ドミトリー・ベッド部屋、〔他〕コンセント（小部屋の一部）、WiFi無
〈夕食〉①前菜：野菜スープとチーズ、②主菜：肉赤ワイン煮込みとパスタ（フジッリ）、③デザート：洋梨のチョコレートかけ
〈小屋からの展望〉トゥール針峰から主峰モンブランがパノラマ状に見え、背後に赤い針峰群がそそり立つ。主な撮影場所は、①山々が投影するブラン湖畔、②小屋周囲の巨岩上。光線がよいのは午後〜夕方だが、早朝もモンブランが輝いてくれる。

ラック・ブラン小屋

レストラン

夕食①

夕食②

夕食③

HR-2　トレ・ル・シャンからバルム峠経由フォルクラ峠
Tré-le-Champ → Col de Balme → Col de la Forclaz

　トレ・ル・シャン［Tré-le-Champ］から国境のバルム峠［Col de Balme］を越えてスイスのフォルクラ峠［Col de la Forclaz］まで行く。本区間は、バルム峠を境に大きく2つに分けられ、各々に2つの選択肢がある。

　まずバルム峠までの前半には、①好展望のポゼット峠［Col des Posettes］経由と、②谷間のル・トゥール［Le Tour］経由の選択肢がある。①は、モンブラン山群のパノラマ展望を味わえるものの長めのコース。ここは初夏から盛夏に、花々が最も多く咲くエリアである。また②は、谷間を行くため展望には劣るものの、ル・トゥールからバルム峠まで、索道利用で容易に行くことができる。

　続いてバルム峠からフォルクラ峠［Col de la Forclaz］への後半には、③トゥリアン［Trient］村経由と、④レ・グラン［Les Grands］経由の2つの選択肢がある。③は、ナン・ノワール［Nan Noir］谷（トゥリアン谷の支谷）を下った後、谷底のトゥリアン村からフォルクラ峠へ登り返さないといけない。ナン・ノワール谷上部は花の多いアルプだが、トゥリアンへの下りは長い急峻な樹林帯内の道で全く展望がない。でも、トゥリアン村中心にある教会とトゥール針峰の眺めは、実にスイス的でよい。④では、バルム峠からレ・グラン（自炊小屋あり）付近まで好展望のバルコニー道が続き、トゥール針峰やトゥリアン氷河の眺めがとても素晴らしい。続いて小屋からトゥリアン谷へ下るのだが、トゥリアン村まで下らずに、途中のシャレ・ドゥ・グラシエ［Chalet de Glacier］から直接フォルクラ峠に向かうことができるので標高差が小さくできる。ここでのお勧めは④であるが、ナン・ノワール谷上部の急斜面のトラバース道には、盛夏まで雪渓が残ることがあり、残雪状況に注意していただきたい。

　またフォルクラ峠には、宿が1軒しかないので、ここを予約できなかった場合は、トゥリアン泊まりとなろう。しかし、次区間が長いので、ここはぜひフォルクラ峠の宿を押さえておくことをお勧めする。

　ここでは、①と④の組み合わせをメインコース、②と③の組み合わせをバリエーションコースとして紹介する。体力や天候などで自由に選択するとよいであろう。

タンポポ咲くポゼット峠付近
（シャルドネ針峰、ヴェルト針峰とモンブラン）

HR-2a ポゼット峠とレ・グラン経由
via Col des Posettes & Les Grands

- 地図とコース番号：[Map-01：HR-2a]
- 総距離：15.3km
- 歩行時間：→6h20/←6h05
- 出発高度：1417m　　到着高度：1526m
- 最高点標高：2210m　最低点標高：1417m
- 累積標高差：登り1040m／下り910m
- 宿泊：フォルクラ峠

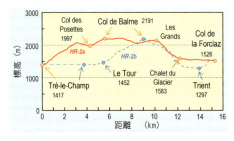

〈ポゼット小針峰ピーク経由〉

　ポゼット小針峰のピークへは、登りの途中の分岐（1770m）から左手に入ればよい。ただし、やや急できつい登りだ。でもピークからは360°の展望が広がる。その後ピークからは、緩やかな尾根道をポゼット峠へ下ってゆけばよい。

　1700m付近を越えると、ようやく樹林帯が切れ始め展望が開けてくる。続いて1770m付近で、ポゼット小針峰のピークへ登る道との分岐に出る。ここでは右手の山腹方向を選択する。その後はアルプのなかを2000m付近まで高度を上げ、再びル・トゥールやポゼット小針峰との分岐を経て、好展望のバルコニー道に入ってゆく。この辺りからポゼット峠までの道の周囲には、アルペンローゼの大群落が広がっている。最後にシャレ・ドゥ・バルムの小屋［Chalet de Balme］（レストラン）脇を過ぎれば、ポゼット峠は間もない。

　ポゼット峠は、とても広いなだらかな峠で、ポゼット小針峰からの下り道、シャラミヨンからの登り道、バルム峠へ至る道、そしてヴァロルシーヌ［Vallorcine］へ下る道との分岐点（5差路）である。

1）ポゼット峠経由でバルム峠へ

　トレ・ル・シャン［Tré-le-Champ］のバス停から車道沿いをモンテ峠方向に行き、樹林帯内のT字路分岐で、ポゼット小針峰への登り道に入ってゆく。しばらくは、ゆるやかな樹林帯内の道を登ってゆく。途中、ル・トゥール方面への分岐に出合うが、常にポゼット峠方面へ向かって行こう。標高

　ポゼット峠からは、バルム峠を目指して、尾根沿いのアルプのなかを登って行くが、標高2400m付近で、尾根から逸れて右手斜面に入り、ほぼ等高線に沿って行く。この付近からのシャモニ谷の展望は抜群であり、一帯は実に花の多いエリアだ。花々とモンブラン山群の対比がとても美しいだろう。

　バルム峠［Col de Balme, 2191m］は、フランスとスイスの国境であり、小さなコンク

タマキンバイ咲くポゼット峠付近（ヴェルト針峰とモンブラン）

リート製の目印がある。またここには、バルム峠小屋［Ref. Col de Balme］があり、宿泊も可能だ。この峠から見られる朝夕の光のドラマは最高である。

2）レ・グラン経由でフォルクラ峠へ

バルム峠［Col de Balme］からレ・グラン［Les Grands］方面へは、北側に延びるナン・ノワール谷の右斜面のトラバース道に入ってゆく。レ・グランまでは、まずナン・ノワール谷上部を北へ向かい、トゥリアン本谷に出合ったところで右に回り込み、続いてトゥリアン氷河をほぼ正面に見ながら谷奥へ向かってゆく。ただし、途中のナン・ノワール谷上部には盛夏でも残雪が残り、急斜面の雪渓トラバースを強いられることがあるので注意しよう。トゥリアン氷河から、さらに右手に広がるレ・グラン氷河が見え出すと、まもなくレ・グラン小屋にたどりつく。小屋は、自炊小屋で常に管理者がいるとは限らないので、補給などには注意。小屋一帯は花も多いアルプが広がり、レ・グラン氷河などの展望も素晴らしい。

レ・グラン小屋からは、直下の大岩壁を斜めに削って作られた岩道を下る。とても高度感があるが、ロープもつけられているので安心だ。これを下ると、続いて絶壁下に向かってジグザグ道を一気に下ってゆく。この辺りから樹木が増え始め、やがて樹林帯に入る。この下りをしばらく我慢し、斜度が緩

レ・グランへ向かうトラバース道からのトゥリアン谷

んだころ、シャレ・デュ・グラシエ［Chalet du Glacier, 1583m］（対岸右手に休憩小屋あり）の木橋前に出る。ここで激流に架かる橋を渡り、対岸で左に折れれば、あとはほぼ平らな道がフォルクラ峠まで続く。橋の手前と対岸に各々分岐があり、手前はル・トゥールへ、対岸はアルペットの窓経由でシャンペへ向かう道だ。

シャレ・ドゥ・グラシエからフォルクラ峠への間は、ほぼ樹林帯である。分岐から約40分でこれを抜けると、車の往来も多い、賑やかなフォルクラ峠［Col de la Forclaz, 1526m］につく。峠からは、開けた東西方向に高峰は見えないが、道路沿いをトゥリアン方向に行けば、南側にトゥリアン谷とトゥール針峰が見える。トゥール針峰はほぼ真南にあるので、朝夕共に輝いてくれるだろう。

シャレ・ドゥ・グラシエからフォルクラ峠へ

フォルクラ峠のホテル

HR-2b ル・トゥールとトゥリアン経由
via le Tour & Trient

- 地図とコース番号：[Map-01：HR-2b]
- 総距離：11.5km
- 歩行時間：→5h20/←5h25
- 出発高度：1417m　●到着高度：1526m
- 最高点標高：2210m　●最低点標高：1297m
- 累積標高差：登り1095m／下り965m
- 宿泊：フォルクラ峠、トゥリアン

1）ル・トゥール経由でバルム峠へ

トレ・ル・シャン［Tré-le-Champ］からル・トゥール［Le Tour］経由でバルム峠を目指す場合、まずモンロック［Montroc］に向かって行く。民家脇や山際の道を行き、鉄道のトンネル上部を通ると、モンロック駅前の交差点につく。ここから、車道をル・トゥール方向に行けばよい。また、モンロックからル・トゥールへは、シャモニ・バスで行くこともできる。ル・トゥールには、仏山学会の山小屋（CAF le Tour）やバルム峠方面へのゴンドラリフト駅（駅前にバス停あり）がある。ここからシャラミヨンへ歩いて登る場合には、ゴンドラリフト駅右脇を抜け、牧道に入ってゆく。牧道をそのまま上ってもよいが、途中から右手のジグザグの登山道に入り、頭上を行くゴンドラリフトを見ながら登ってゆく。途中、マウンテンバイク専用道もあるので注意しよう。

シャラミヨン［Charamillon, 1850m］につくと、ゴンドラリフト駅前に、レストランの建物と、バルム峠へ向かうチェアリフト駅が見える。バルム峠へ歩いて登るならば、ポゼット峠に向かう牧道を数分行くと、右手のアルプの斜面に入る登山道との分岐に出る。ここで、道標の指示に従い、バルム峠方向に登って行こう。もし、牧道をそのまま上ると、ポゼット峠に行くことになる。また、シャラミヨンからチェアリフトの上部に目を向けると、アルプの中腹に建物が見えるだろう。ここがシャラミヨン小屋［Chalet de Charamillon］である。ゴンドラリフト駅からは10分程度の登りだ。シャラミヨンからバルム峠［Col de Balme, 2191m］へは、なだらかな、そして広々としたアルプのなかを登ってゆく。初夏ならばアルペンローゼが、盛夏ならタンポポがたくさん咲いているだろう。振り返れば、シャモニ谷と白きモンブランが良く見え、花々との対比も美しい。なお、ゴンドラリフトを利用すると、頂上駅からバルム峠までは歩いて15分程度。

2）トゥリアン経由でフォルクラ峠へ

バルム峠［Col de Balme］から、まず北側のナン・ノワール谷［Nan Noir］（トゥリアン谷の支谷）へ下ってゆく。途中レ・エルバジェール［les Herbagères］の小屋を通り、一端谷の右岸を行くが、トゥリアン本谷が近づくと樹林帯に入ってゆく。その後は、急なジグザグの道を一気に下る。約40分我慢すれば、樹林帯が切れ、谷底のアルプに到着する。その後、小川の右岸を下り、トゥリアン谷中央近くで左手に折れ、続いてなだらかなアルプのなかをトゥリアンに向かって下ってゆく。アルプ越しに見える街並みがとてもよい。

その後、トゥリアン氷河から下る大きな川に架かる橋（ル・プーティ［Le Peuty］の分岐）に出たら、川沿いを下ってゆく。途中ピンク色で目立つ教会下を通り、道標もあ

るＴ字路に到着する。ここが、トゥリアン［Trient, 1297m］中心部。トゥリアンの宿（2軒）へは、ここを真っ直ぐ行けばよい。

続いてフォルクラ峠へは、この分岐で右折し、舗装道路上を教会へ登ってゆく。途中郵便局を通過するが、この辺りからの教会とトゥール針峰の眺めがよい。教会脇を過ぎて広い道路に出たら、車道沿いを右手へ数10m行き、次のＴ字路で左手の牧道に入る。ここから緩やかに登り、樹林帯へ入ってゆく。この牧道は、ル・プーティへ通じているので、途中から左手斜面の急な登山道に入る。ただし、この入口に道標が無いのでわかりにくいかもしれない（なお、2車線の車道は、大きなヘアピンカーブを経て、フォルクラ峠へ通じている、登山道はこれをショートカットする）。途中再び出合った車道を横切り、再び急な登山道を登ると、シャレ・デュ・グラシエからフォルクラ峠に至る水平な登山道に合流する（道標あり）。ここを左手に行けば、まもなくフォルクラ峠［Col de la Forclaz, 1526m］につく。なお、トゥリアン（郵便局前）からフォルクラ峠までバス（マルティニー行き）で移動できるが本数は少ない。

トゥリアン村とアルプ

トゥリアンの教会とトゥール針峰

山小屋・山岳ホテル案内

◆シャラミヨン小屋［Gîte d'Alpage － les Ecuries de Charamillon］

シャラミヨンから約10分登ったところ（1910m）、シャモニ谷、モンブランと赤い針峰群を一望可。用途別小屋に分かれ、内部はとてもきれい。

〈設備〉小屋4–5棟、〔本館〕レストラン・バー、〔寝室棟〕ドミトリー・ベッド部屋、〔トイレ棟〕男女別トイレ・洗面・シャワー（湯量豊富）、〔他〕コンセント有、WiFi可

〈夕食〉①前菜：ポタージュ（チーズ添え）、②主菜：パンのチーズ焼き＋生野菜サラダ、③デザート：ヨーグルト＋ブルーベリージャム

〈小屋からの展望〉モンブランを北側から望むため朝夕共に輝くが、夕方の方が断然よい。傍の索道が目障りなので、小屋左右いずれかに行くとよい。夜景も抜群で、シャモニの町明かりで染まるモンブランと星空が同時に見られる。

シャラミヨン小屋

夕食②

レストラン

カウンター・バー

HR-3　フォルクラ峠からシャンペ
Col de la Forclaz → Champex

　フォルクラ峠[Col de la Forclaz]からシャンペ[Champex]へ向かう区間には、2つの選択肢がある。1つはボヴィーヌ[Bovine]のアルプ越えで、もう1つがフネートル・ダルペット（アルペットの窓[Fenêtre d'Arpette]）という峠越えだ。前者は、比較的容易なコースで、ボヴィーヌからスイス・ローヌ谷の眺望やコンバン山群の眺めがよい。でも、途中の展望がボヴィーヌ付近に限られている。これに対し後者は、標高差が大きく、峠越え前後の斜度がとても厳しいものの、変化に富んだコースで素晴らしい展望を味わえる。できれば後者をお勧めしたいが、悪天候時や残雪がある場合は、安全なボヴィーヌ越えを選択しよう。また後者では、シャンペ手前のアルペットに一軒の山宿がある。これを利用すれば、一日に歩く距離を多少短くできる。

HR-3a　フネートル・ダルペット越え
via Fenêtre d'Arpette

- 地図とコース番号：[Map-02：HR-3a]
- 総距離：15.3km
- 歩行時間：→6h20/←6h00
- 出発高度：1526m　　●到着高度：1466m
- 最高点標高：2665m　●最低点標高：1466m
- 累積標高差：登り1140m／下り1200m
- 宿泊：アルペット小屋、シャンペ

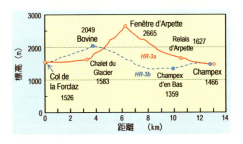

　フォルクラ峠からフネートル・ダルペット（アルペットの窓）へ向かうには、まず前区間で述べた、シャレ・デュ・グラシエ[Chalet du Glacier]に向かって行き、木橋脇の分岐を過ぎると、シャレ・デュ・グラシエのレストランの建物前に出る。

　シャレ・デュ・グラシエからは、まずトゥリアン川沿いを上流へ向かって登ってゆく。道自体はそのまま谷奥に続いているが、アルペットの窓へは、途中の分岐から左手斜面の登山道に入ってゆく。ここからは、トゥリアン谷の左岸斜面を斜めに登ってゆくが、これが長い。でも、途中はすべてアルプのなかのため、常に正面にトゥリアン氷河を頂くトゥール針峰が見え続け、右手にはバルム峠方面に連なる山々が見え続けてくれる。

　徐々に高度を上げてゆくと、トゥリアン谷が背後に見下ろせるようになってくる。峠への最後の登りは、急で非常に厳しい。最後に小石交じりで滑りやすい、急なジグザグ道を登ってゆくと、岩だらけでV字に切れ込んだ、アルペットの窓[Fenêtre d'Arpette, 2665m]の峠に到着する。峠は非常に狭い。休憩するには少し尾根沿いに登るとよいだろう。

　アルペットの窓からの展望はとても素晴らしい。ここまで登ると、トゥール針峰と、広大な氷原から流れ下るトゥリアン氷河が、大迫力で迫ってくる。また峠の反対側は、眼下にアルペットの谷が見え、その上にコンバン

山群が登場してくれる。

　峠からの下りは、まず下部の小さなカール に下ってゆく。しかし、下り始めがまた急峻 で、小石交じりで滑りやすい。小石を落とさ ないように、十分に注意しよう。下るにつれ 徐々に緩やかになるが、カール斜面低部には、 盛夏でも残雪が多い。続くカール底では、巨 岩をぬってゆくので、ペンキの印を十分確認 しながら進もう。

　岩場を抜けると、まず峠からの小谷の左斜 面をトラバース気味に下ってゆく。谷は、右 隣の小谷［Combe des Ecandies］に合流後、 左に折れて行く。この曲がり角の谷底にラ・ バルム［La Barme］と呼ばれる窪地がある。 小さな箱庭のようなところで、振り返るとそ そり立つ岩峰群に囲まれていて、とても素晴 らしい。

　ラ・バルムを過ぎると、その後は川の左岸 沿いをほぼ真っ直ぐ下ってゆく。一端樹林帯 に入るが、これを抜けて牧道に合流後、広い アルプのなかを下って行く。途中の分岐では 常にアルペットを目指せばよい。やがて民家 脇を通り抜けると、人で賑わう一際大きな建 物前に出る。ここが、アルペット小屋（ルレ ・ダルペット［Relais d'Arpette, 1627m］） である。一気にシャンペまで行くことが難し い場合に利用するとよいだろう。

　アルペット小屋からは、小屋前の車道を 下ってもよいが、ほぼ並行する登山道をお勧 めする。樹林帯内だが、脇に用水路が流れ、 盛夏だと涼しくてよいだろう。こちらを行く と、シャンペのゴンドラリフト駅裏付近で先 の道路に合流する。続いて車道を下るとすぐ、 シャンペ・ダンバとシャンペを結ぶ車道に合 流する。ボヴィーヌのアルプ越えコースと、 ここで合流することになる。車道を下り、樹 林帯を抜けると、前方に大きな町が見えてく る。ここがシャンペ［Champex, 1466m］だ。

アルペットの窓へ昇る途中からトゥリアン谷を望む

アルペットの窓から見下ろすアルペットの谷

シャンペ（コンバン山群も見える）

〈シャンペ［Champex］〉
　高級リゾートでホテルも多い。大きな湖の東岸 に街があり、とても賑やかで、湖畔から東側にコ ンバン山群も見える。中心部に、観光案内所だけ でなく、スーパーやパン屋もあり、とても便利。

HR-3b ボヴィーヌ・アルプ越え
via Alpe Bovine

- 地図とコース番号：[Map-02：HR-3b]
- 総距離：13.1km
- 歩行時間：→ 4h20/← 4h30
- 出発高度：1526m　●到着高度：1466m
- 最高点標高：2049m　●最低点標高：1359m
- 累積標高差：登り820m／下り880m
- 宿泊：シャンペ

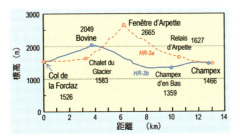

フォルクラ峠［Col de la Forclaz］の小さな建物脇（道標あり、ホテルとは車道を挟んで反対側）から、アルプのなかに延びる登山道に入ってゆく。ボヴィーヌまでは緩やかな登りだが、ほぼ樹林帯内で眺望は少ない。これを我慢すると突然木柵が現れる。ここがボヴィーヌ［Bovine, 2049m］アルプの入口、そして本区間の最高地点だ。前方にアルプが伸び、その背後にコンバン山群が見え、また少し山側に登れば、休憩スペースもある。

ここから、アルプの斜面のバルコニー道を緩やかに下ってゆくと、ボヴィーヌの小屋に着く。ここは夏期放牧小屋であるが、日中はレストランも営業している。目前のローヌ谷を見下ろしながら、休憩するとよいであろう。

小屋を過ぎ、ローヌ谷を見下ろしつつ、アルプの斜面を緩やかに右に回り込むと、一端隠れていたコンバン山群が再び見え出す。しかし、すぐに樹林帯が始まり、急な道を一気に下ってゆく。途中少しなだらかになるころ、沢をいくつか過ぎると、道幅が広くなってゆく。続いて民家脇を抜け、谷底のアルプに入ってゆく。まもなく車道とのT字路に出るが、ここが道標上のシャンペ・ダンバ［Champex d'en-Bas, 1359m］だ。ここからは、民家も散在するアルプのなかの牧道（舗装車道と並走）を、シャンペ方向に向かって行く。谷は狭隘だが、スイスの長閑な雰囲気が漂っている。牧道を谷奥に向かい、シャンペ・ダンオー［Champex d'en haut］を通ると、再び車道に合流する。この付近が、少し峠のようになっている。このまま車道脇を行くと、右手にシャンペのゴンドラリフト駅（バス停あり）がある。その後、車道をそのままシャンペへ下ってゆくと、アルペットからの道路が合流し、やがてシャンペの中心部に到着する。

ボヴィーヌ・アルプとコンバン山群遠望

HR-4　シャンペからルーヴィー小屋/モン・フォール小屋
Champex → Cabane de Louvie/Cabane du Mont Fort

　本区間は、シャンペ［Champex］からバーニュ谷［Val de Bagnes］東側斜面にある山小屋へ向かってゆく。これには、大きく分けて2つの選択肢がある。①ル・シャブル［Le Châble］経由でモン・フォール小屋［Cabane du Mont Fort］へ行くコース（途中1泊）と、②TDCコースの一部であるミレ峠小屋経由でルーヴィー小屋［Cabane de Louvie］へ行くコース（途中1〜2泊）である。

　コース①は既刊［1］で紹介されているものの、谷底の低地を行くため、盛夏ではとても暑く、高峰の眺望がない。オートルート（つまり高所トレイル）としては少々つまらないので、通常バスや電車利用でショートカットされる。これに対しコース②は、既刊［2］などで紹介され、高所トレイルから高峰や広い谷を見渡せ、とても素敵である。とくに、途中のモン・ブリュレ［Mont Brûlé, 2569m］山頂からのモンブランやコンバン山群のパノラマ展望が最高だ。

　また終着地の小屋からの眺望に関しては、一長一短がある。モン・フォール小屋からは、遠望のモンブラン山群を見えるものの、コンバン山群は見えない。これに対し、ルーヴィー小屋からは逆に、グラン・コンバンが見えるがモンブラン山群が見えない。でも、モン・フォール小屋では、小屋から20分も下れば両者を見ることができ、さらにゴンドラリフト利用で容易に行けるのがよい。

　ただし、これらのコース選択には、次区間のルーヴィー峠（プラフルーリ小屋方面）に行くコースを考える必要がある（区間HR-5参照）。ルーヴィー小屋からのコースは、すべて一般登山道なのに対し、モン・フォール小屋からのコースには、難易度の高いアルパインルート（落石危険地帯が多い）が含まれている。このため、次区間のコース選択により、到着地の山小屋が変わってくる。

　以上から、本書では両コースを示し、読者の選択肢を増やしておきたいと思う。最終的には、天候や残雪などのコース状況で決めるとよいであろう。でも、ここでのお勧めは、モン・ブリュレからの展望を望む、コース②である。ただし、5章で述べるTDCコースを別途歩くならば、コース①を選択してもよいであろう。ここでは、まず（4a）でコース①を、続いて（4b）でコース②を紹介する。

HR-4a-1　シャンペからミレ峠小屋
Champex → Cabane du Col de Mille

- 地図とコース番号：[Map-02：HR-4A]
- 総距離：14.8km
- 歩行時間：→6h50/←5h50
- 出発高度：1466m　●到着高度：2472m
- 最高点標高：2572m　●最低点標高：895m
- 累積標高差：登り1670m/下り680m
- 宿泊：オルシエール、ミレ峠小屋

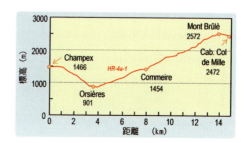

本区間のオルシエール［Orsières］からミレ峠小屋［Cabane du Col de Mille］へ登りは、モン・ブリュレ［Mont Brûlé, 2569m］のピーク越えで標高差が1700mもあり非常に厳しい。このため、途中オルシエールで宿泊する、或いは中腹のコメール［Commeire］まで、バスやタクシーなどで移動することを考えよう。ただし途中の宿は、オルシエールに2軒、コメールに1軒（こちらは高額）しかないので注意したい。また、シャンペからフィオネェ［Fionnay］までバスと鉄道で移動し、ルーヴィー小屋へ一気に行くことも可能である。

1）シャンペからオルシエールへ

シャンペ中心部から、湖畔の道路沿いを東端のT字路まで行き、広い車道から左手の道路に入る。最奥のホテル（Hotel Splendide）まで行き、ここから左脇の側道に入ってゆく。ここで、反対側へ向かうとTMBコースだ。

側道を少し行くと、ホテル前（Signal）から樹林帯内牧道の急な下りになる。途中車道脇を通り、さらに下って行けば、道はやがてゆるやかに左にカーブしてゆく。この辺りからアルプが広がり始め、アントゥルモン谷が見えだす（コンバン山群も見える）。しばらく行くと、サンブランシェとオルシエールとの分岐（1158m、シェ・レ・ルゥーズ［Chez les Reuses］集落上部）につく。（注意：この分岐自体には道標がない、直下の牧道分岐に道標あり）

ここから右手の牧道を下り、シェ・レ・ルゥーズの集落を抜け、眼下のオルシエールに向かって一気に下って行く。最後にやや急なアルプの斜面をジグザグに下ってゆくと、オルシエールの北側（線路脇）に出るので、その後は線路に沿って南下し、約300mでオルシエールの駅舎に到着する。

〈オルシエール【Orsières】〉

オルシエールは、アントゥルモン谷とフェレ谷入口の町、ここまでマルティニー［Martigny］から鉄道（サン・ベルナール・エクスプレス［St-Benard Express］）が通じている。有名なグラン・サン・ベルナール峠へは、ここからバスで行く。オルシエールには、ホテル（2軒）やレストランがある。また駅前に、小さなスーパー、バス停があり、駅舎内には観光案内所も併設されている。

2）オルシエールからミレ峠小屋

オルシエールの鉄道駅からは、まず旧市街に向けて広場を少し下り、「歩」マークに沿って右手の階段を降り、谷底の橋を渡って左折する。続いて街中心部手前で右折し、車道を横断後、高架下を抜けて牧道に入ってゆく。その後、レパ［Reppaz, 1158m］に向けて、牧道や車道沿いを登り、コメール［Commeire, 1454m］集落へ向かって行く（コメールまでは別途舗装車道も通じている）。コメールからは、入り組む牧道を登り、続いてLes Arpallesのアルプのカール斜面を左から回り込みつつ登ると、モン・ブリュレ

オルシエール旧市街

コメール（左下）上部から、背後はモンブラン山群

［Mont Brûlé］から北側へ伸びる尾根上の分岐点 Basset（2365m）につく。かなり長い行程だが、後半は、背後にモンブラン山群が見え続けてくれるので、辛さを紛らわせてくれるだろう。なお、途中には牧道の分岐が多いので、道標（「歩」マーク他）や地図を確認しながら進んでいただきたい。

分岐点 Basset（2365m）からは、見晴らしのよい、比較的なだらかな尾根道を登り切れば、モン・ブリュレ［Mont Brûlé, 2569m］のピークにつく。360度の展望を味わえ、モンブラン山群だけでなく、コンバン山群、モン・ヴェラン［Mont Vélan］、さらにはヴェルビエ方面も眺めることができる。とくに、巨峰グラン・コンバン［Grand Combin］が、白い釣り尾根の上に頭を出してくれているのがいい。また、ここから見えるモンブラン山群は、左端がグランド・ジョラスで、右端がトゥール針峰である。目立つのは中央付近のアルジャンチエール針峰だ。主峰モンブランも小さな頭を出してくれている。でも、ミレ峠小屋まで下ると見えなってしまう。

ここで眺めを十分堪能したら、ミレ峠に下って行こう。コンバン山群方向に延びる尾根の鞍部にミレ峠と小屋があるので、あとは緩やかな稜線に沿って、左手に大きく回り込みながら下ってゆけば、ミレ峠小屋［Cabane du Col de Mille, 2472m］に到着する。小屋の背

モン・ブリュレ山頂からのモンブラン山群

〈ミレ峠小屋へ行く別の方法〉

最も楽なのは、オルシエールからコメールまでバスなどで移動すること。でもバスの便は少ない（平日朝・夕の2便のみ）ため、タクシー利用をお勧めする。また、隣の集落リード［Liddes 1346m］かブール・サン・ピエール［Bourg St-Pierre］から登るこもできる。前者の方が短く（3h05）、後者は TDC コースの一部（4h20）。これらの町へはオルシエールからバスで移動可能。リードからは、西側の小谷（Torrent d'Aron川）の左岸を遡り、上部カール下の分岐（Erra d'en Haut, 2265m）で左に折れて、小屋に向かって行けばよい。さらに、ミレ峠小屋へはル・シャブル側の中腹にあるモエ［Moay, 1689m］からも登ることができる（3h15）。モエまではル・シャブルからバスで行け（2〜5本/日：曜日で異なる）、ミレ小屋へ行くのはこれが最短だ。

後にモンブラン山群が見え、レストランの大きな窓からは、グラン・コンバンが良く見える。

尾根上の分岐点 Basset

モン・ブリュレ山頂からのコンバン山群、左中央鞍部がミレ峠

◀朝日で輝くモンブラン山群
（ミレ峠小屋上部から）

=== 山小屋・山岳ホテル案内 ===

◆ミレ峠小屋 ［Cabane du Col de Mille］

　コンバン山群の主稜線北端のミレ峠上にある小屋。近年（2013年）建て替えられたばかりで、外観は鉄板で覆われ銀色に輝いているが、なかは真新しい木調の素敵な小屋。レストランがきれいで、その大きな窓やテラスから見える、アントゥルモン谷の眺めがよい。
　〈設備〉2F建て、〔1F〕レストラン、男女別トイレ・洗面台・シャワー（CHF 5）、〔2F〕6〜10人のドミトリー部屋のみ、〔他〕コンセント：食堂内、WiFi無
　〈夕食〉①前菜：ポタージュ、②主菜：生野菜サラダ、ハムステーキ＆ライス、③デザート：プリン
　〈小屋からの展望〉小屋からコンバン山群とモンブラン山群の一部（主にアルジャンチエール針峰）が見えるが、裏の尾根を Mont Brûlé 方向に少し登れば、モンブラン山群が全容をあらわしてくれる。ただ、主峰のモンブランは見えない。

ミレ峠小屋とモンブラン山群
（右がアルジャンチエール針峰）

ドミトリー・ベッド部屋

レストラン

夕食②

HR-4a-2　ミレ峠小屋からルーヴィー小屋
Cabane du Col de Mille → Cabane de Louvie

- 地図とコース番号：[Map-02：HR-4a-2]
- 総距離：14.2km
- 歩行時間：→6h10/←6h 20
- 出発高度：2472m　●到着高度：2207m
- 最高点標高：2472m　●最低点標高：1335m
- 累積標高差：登り 1050m／下り 1285m
- 宿泊：ルーヴィー小屋 Cabane Louvie

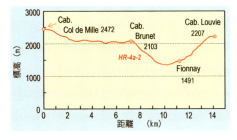

　本区間もやや長めで、ミレ峠小屋から、一端バーニュ谷底の［La Shleye, 1335m］へ下った後、フィオネェ［Fionnay, 1491m］経由でルーヴィー小屋［Cabane de Louvie, 2207m］へ登り返さないといけない。

まずミレ峠小屋からは、ブリュネ小屋[Cabane M. Brunet]を目指して行く。ここまでは、見晴らしのよい、山腹のトラバース道で、全般になだらかな道。でも途中アップダウンも多く、意外と時間がかかる。

　ミレ峠からは、目前のアルプを下り、続いてトラバース道に入ってゆく。途中、ル・シャブル方面に下る分岐を2ヵ所通り、最下部で小さな池と小屋のあるアルプ[Servay, 2074m]につく。ここから南側に回り込みながら、やや樹木の多いトラバース道を南下してゆく。

　前方にブリュネ小屋が見え出すと、一端車道に合流し、小屋目前で山道に入ればとブリュネ小屋[Cabane M. Brunet, 2103m]だ。実は、ル・シャブルからブリュネ小屋までしっかりした車道ができているため、一般車も結構入ってくる。このため、タクシーを利用すると、ル・シャブルからブリュネ小屋まで一気に行くことも可能。小屋からは、ルーヴィー小屋のあるバーニュ谷対岸の山々だけでなく、コンバン山群のプティ・コンバン[Petit Combin]も見える。

　ブリュネ小屋から車道を谷側へ100m程行くと、駐車場奥に谷底へ下る登山道入口がある。ここからの下りは、かなり急勾配で、また標高2000mを切る辺りから、樹林帯に入る（部分的に真っすぐ降下）。ここを注意深く下れば、民家が数棟ある、Lourtierとの分岐[La Barmasse, 1440m]につく。これを右手に折れて斜めに下って行き、最下部の民家脇で橋を渡り、対岸の車道のT字路分岐[La Shleye, 1335m]で、谷奥側（右手）に折れ、谷底右岸（道路や沢沿い）を約40分登れば、フィオネェ[Fionnay, 1491m]に到着する。フィオネェにはレストランがある。ただし、あまりにも狭隘な谷底なので展望はない。

　フィオネェでは、バス停前のホテルの建物の左脇から、ルーヴィー小屋への登山道が始まる。ここからいきなり急斜面で、標高差は

トラバース道からバーニュ谷・ヴェルビエ方面を見下ろす

ブリュネ小屋へのトラバース道

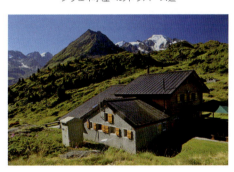

ブリュネ小屋、背後はプティ・コンバン

約800mのかなりきつい登りだ。でも、登山道はジグザグにつけられているので、ただ辛抱するだけである。

　登山道に入り高度を上げてゆくと、右手頭上に大きな滝が近づいてくるが、登山道は左手へ逸れてゆく。長い登りに堪え、標高2000mに近づくとようやく斜度が

緩み、最後は小屋までなだらかなアルプのなかを行く。ルーヴィー小屋［Cabane de Louvie, 2207m］につくと、目前に青く輝くルーヴィー湖が広がり、湖奥をルーヴィー峠もある緑色の岩尾根が壁のように取り囲んでいる。また振り返ると、狭隘な谷間の先に、コンバン山郡がそそり立ち、とても素晴らしい。

〈ル・シャブルからバスでフィオネへ〉
　ル・シャブルからフィオネへ、バスで移動できる。フィオネかモーヴォワザン［Mauvoisin］行きで30分、夏期3〜4本/日。このバスを利用すれば、シャンペから一気にフィオネまで行き、その日に内にルーヴィー小屋へ入ることも可能である。

ルーヴィー小屋からの湖と谷奥の山々

山小屋・山岳ホテル案内

◆ルーヴィー小屋［Cabane de Louvie］
　バーニュ谷東斜面のルーヴィー湖西端に建ち、HRコースで重要な山小屋、ヴェルビエから少し遠いがフィオネやモン・フォール小屋から近い。目前のルーヴィー湖は実に長閑。
〈設備〉木造2階建て、〔1F〕レストラン、トイレ・洗面・シャワー（CHF 4）各1ヵ所、ドミトリー・雑魚寝型大部屋（2Fにも）、〔他〕コンセント（各部屋内）、WiFi無。
〈夕食〉①前菜：コンソメ（ヌードル入り）、②主菜：生野菜サラダ、インゲン入り肉煮込みとライス、③デザート：小ケーキ
〈小屋からの展望〉西側にプティ・コンバンとグラン・コンバンが聳え、東側にはルーヴィー湖と谷奥の低い山々が見える。ただし、モンブラン山群は見えない。

ルーヴィー小屋

レストラン

ドミトリー・ベッド部屋

夕食②

HR-4b-1　シャンペからル・シャブル
Champex → Le Châble

　シャンペ中心部から、［4a-1］で述べたサンブランシェ［Sembrancher］とオルシエールとの分岐（1158m、シェ・レ・ルーズ Chez les Reusesの集落上部）で真っすぐ進み、長閑なアルプ内の牧道を下ってゆく。途中、標高1000mでSoulalex、900m付近でLe Grandeの小集落を抜け、最後に小高い丘を左から回り込み、ヘアピンカーブの車道をショートカットしつつ下ると、線路脇に出る。続いて線路高架下をくぐってすぐ左折し、サ

- 地図とコース番号：[Map-02：HR-4b-1]
- 総距離：13.5km
- 歩行時間：→4h15／←5h00
- 出発高度：1473m　●到着高度：821m
- 最高点標高：1466m　●最低点標高：712m
- 累積標高差：登り300m／下り940m
- 宿泊：ル・シャブル（ホテル）

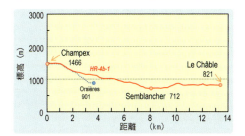

サンブランシェへの下り道

ル・シャブルの町。教会を中心に旧市街が広がる

ンブランシェに向かってゆく。でも道は、街入口で右に折れ、続いて広い車道（マルティニーとオルシエールを結ぶ）を横切ってゆく。

サンブランシェ［Sembrancher］は、アントゥルモン谷とバーニュ谷の2つの谷が合流するところで、旧市街は教会を中心とした静かな街だ。教会のある中心部から北に向かうとサンブランシェの鉄道駅がある。

車道を横切り、側道（牧道）をまっすぐ正面の谷へ進む。この谷が、バーニュ谷・ヴェルビエ方面だ。広い谷底のアルプ内をしばらく行くと、やがて右手の樹林帯斜面に入ってゆく。一端、牧道を登って行くが、途中の分岐で左手の山道に分け入る。ここから少し下ると、橋の手前で再び広い牧道に出るので、ここから川の左岸沿いを行く。右に緩やかに曲がると、やがて前方に池と共に谷奥の眺望が広がり始めるだろう。池を左手に見ながら牧道を進むと、目前の立派な車道（Y字路）に合流。ここで橋を渡らず、右手の舗装車道を進み、その後は広いアルプのなかを、前方に教会に向かってゆく。

この教会がル・シャブル旧市街の入口だ。大きな教会脇を通り、立派な建物が並ぶ市街地に入ってゆく。ここは、ホテルも数軒ある比較的大きな街だ。広場もある十字路で左折し、橋まで下って谷底の大きな川を渡る。眼下に、川沿いを行く線路に気付くだろう。右手側には、ル・シャブルの鉄道駅も見える。橋を渡ったT字路には、目立つ道標があり、正面には商店も多く並んでいる。ここで右手に折れれば、すぐル・シャブルの駅舎につく。なお、次区間のヴェルビエ方面に向かう道は、ここで車道に渡って左に50mほど行き、ホテルの建物の先で右折して細い側道に入ればよい。

〈ル・シャブル［Le Châble］〉
　ル・シャブルには、中心部や駅付近に、ホテルやドミトリーのある宿泊施設、スーパーマーケットやパン屋などの商店、そして駅舎内に観光案内所がある。割りと便利だ。ただし、ル・シャブルは、標高が820mと低いため、盛夏に宿泊すると暑さで寝苦しいだろう。またヴェルビエへは、ル・シャブル駅前からポストバスかゴンドラリフトで行くことができる。

HR-4b-2 ル・シャブルからモン・フォール小屋
Le Châble → Cabane du Mont Fort

- 地図とコース番号：[Map-02：HR-4b-2]
- 総距離：11.9km
- 歩行時間：→5h45/←5h00
- 出発高度：821m　●到着高度：2457m
- 最高点標高：2457m　●最低点標高：821m
- 累積標高差：登り1640m／下り60m
- 宿泊：モン・フォール小屋（2457m）

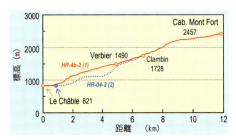

ル・シャブル[Le Châble]からモン・フォール小屋[Cabane du Mont Fort]へ行く場合、ルイネット[Ruinette]下部のクランバン[Clambin, 1728m]までに2つのコース選択肢がある。①ヴェルビエ[Verbier]の街経由と、②直接向かうコースである。後者②は、[1]で提案されているが、樹林帯内で展望が全くなく、牧道などが入り組みとても迷いやすい（道標も少ない）。これに対し前者①は、車道や民家など人工物が多いものの、アルプ内で展望が良く歩きやすい。歩く時間はどちらから行っても大差はない。ヴェルビエ経由①の方が、途中ショートカットのしやすさや、食料の補給などの点でもお勧めである。

またル・シャブルからは、ヴェルビエ（街の東端）、ルイネット経由でラ・ショー[La Chaux, 2266m]（モン・フォール小屋直下のアルプ）までゴンドラリフトが運行されている。このため、本区間は大幅にショートカットも可能。また、ル・シャブルからヴェルビエ中心部（ここからゴンドラリフト中間駅へは徒歩15分）へバスでも行け、観光案内所やスーパーに寄りたいなら、こちらを選択しよう。

1）ヴェルビエ経由でモン・フォール小屋へ

ル・シャブル[Le Châble, 821m]中心のT字路（橋の横）から車道沿いを約50m北西に行き、ホテルの建物先で右手に折れ、狭い側道に入る。これをしばらく斜めに登り、車道を横切ってCotterg（866m）の集落に入る。集落内の十字路を右折後、150m程度進み、左手のアルプの斜面を上る道に入ってゆく。これを30分程度登ると、次にフォントゥネル[Fontenelle, 1050m]の集落につく。ここが、2つの経路の分岐点だ。ここから上に向かえばヴェルビエ経由で、右手の平らな道を行けばモン・フォール小屋に直接向かってゆく。

ここでは、そのまま上方へ向かって行こう。この後は、ヴェルビエに向かうヘアピンカーブの多い車道を何度もショートカットしつつ高度を上げてゆく。後半は建物も多いが、前半はアルプ内なので、明るい道である。1287mでMédièresの集落を通り、1400m付近からヴェルビエ（Village地区）に入る。最後に急な舗装道を登り、広い車道に出たら右手に向かうとヴェルビエ中心部につく。

続いてヴェルビエ中心部からは、観光局前のY字路交差点を左手（真東）に入ってゆく（右手に行けばゴンドラリフト駅）。これを300mぐらいゆるやかに上がると、トラバース道路に出るので、右折してクランバン[Clambin, 1728m]に向かってゆく。クランバンにはレストランもあり、これを過ぎるとル・シャブルから直接登ってくる道との十字路分岐に出合う。

クランバンの分岐から急な登山道を登ってゆくと、やがてルイネット[Ruinette, 2255m]下で平らな道に合流す

ヴェルビエ下部のVillage地区

ラ・ショー付近の花畑とモンブラン山群

モン・フォール小屋と岩峰モン・フォール

モン・フォール小屋とモンブラン山群

る。ここで右折しラ・ショー［La Chaux］へ向かえば、すぐ広い道路（ルイネットとラ・ショーを結ぶ車道）に合流する。この辺りからアルプが広がり、バーニュ谷越しに、モンブラン山群を望むことができる。

　続いて車道を少し行くと、左手の斜面に入る登山道との分岐に出合う。ここが、モン・フォール小屋への道の入口（看板あり）。このまま平坦な牧道を行ってもラ・ショー［La Chaux, 2210m］経由で小屋に辿り着けるが、ここでは登山道に入る。続いてグラン・クルーからの尾根筋を回り込むと、前方にようやくグラン・コンバン［Grand Combin］が姿をあらわす。これにはとても感動するだろう。その間右手にはモンブラン山群がずっと見え続けてくれる。また前方左手には、岩峰ベック・ドゥ・ロス［Bec de Rosses, 3223m］とモン・フォール［Mont Fort, 3308m］が見え、モン・フォール寄りの中腹にモン・フォール小屋も見え始めるだろう。

　コンバン山群を見ながら、なだらかなアルプを斜めに登り、モン・フォール小屋［Cabane du Mont Fort, 2457m］直下まで来ると、一端小屋の右側に回り込み、裏手から入ってゆく。なお小屋に近づくと、残念ながらコンバン山群はベック・ドゥ・ロスから伸びる岩尾根に隠されてしまう。

2）直接モン・フォール小屋へ

　前項のフォントゥネル［Fontenelle, 1050m］の分岐から平らな牧道を行き、途中小さな教会脇を過ぎて樹林帯に入ると、やがてLe Châtelardの分岐に出る。ここから急登が始まる（Clambinへの道標を確認のこと）。樹林帯内をジグザグに高度を上げると、標高1600m付近で一端牧道に出るが、ここで左折し道路沿いを少し行き、再び山道に分け入る。「歩」マークには要注意だ。再び樹林帯内をジグザグに登り、小さな小屋脇を過ぎると、道は急斜面のトラバース道になってゆく。ただ、この付近は牧道も入り組み、地図上でも実に分かりにくく、とても迷いやすい。このトラバー

ヴェルビエ中心部

〈ラ・ショーとモン・フォール〉
　ラ・ショー [La Chaux, 2266m] は、モン・フォール小屋直下の広いアルプで、モンブラン山群とコンバン山群が共に見える。ル・シャブルやヴェルビエからゴンドラリフトで簡単に来られ、ここにはレストランもある。さらに、ここからロープウェイを乗り継いで、モン・フォール [Mont Fort, 3308m] 山頂へ行くことも可能だ。山頂は氷河に囲まれた岩峰で、ヴァレー州南部の全高峰群から、ベルナーオーバーランドの山々まで360度の展望を見渡せる。途中の乗り継ぎ駅が、尾根鞍部のジャンチアン峠 [Col des Gentianes]。

ス道を進むとヴェルビエとの分岐を経て、再び樹林帯内を急登する。約30分登れば、ようやくクランバン [Clambin, 1728m] の十字路分岐に到着する（ここでヴェルビエ経由の道と合流）。

〈ヴェルビエ [Verbier]〉
　ヴェルビエは、ヴァレー州のなかでも有名なスキーリゾート地。このため、中心部はホテルだけでなく、スーパーや登山用品店他、多くの店が並ぶ。観光案内所のあるY字路付近がヴェルビエ中心部。さらに、この観光案内所では、HRやTDCの山小屋の予約を丁寧におこなってくれるので、これはとてもありがたい。ヴェルビエに宿泊する価値も大きいだろう。

山小屋・山岳ホテル案内

◆ モン・フォール小屋
　[Cabane du Mont Fort]
　ヴェルビエからゴンドラリフト利用で手軽に来られ人気が高い。テラスからモンブラン山群の展望を望め、またレストランは古い木調のまま残され、とても味わいがある。
〈設備〉3F建て、〔1F〕レストラン、〔2F〕ドミトリー・ベッド部屋（電灯付）、トイレ・洗面台（飲料可、お湯が出る）・シャワー（5€）、〔3F〕ドミトリー・雑魚寝部屋、〔他〕コンセント（各部屋内）、WiFi無
〈夕食〉①前菜：ミネストローネ、②主菜：生野菜サラダ、パスタ（チーズ焼き）、③デザート：カスタードクリームのイチゴのせ
〈小屋からの展望〉テラスからモンブラン山群が見える（主峰モンブランも）。グラン・コンバンは見えないが、ラ・ショーやルイネット（北側）方向に約20分下れば、頭を出してくれる。

モン・フォール小屋

夕食①

古いままのレストラン

夕食②

夕食③

HR-5　ルーヴィー小屋／モン・フォール小屋からプラフルーリ小屋
Cabane de Louvie/Cabane du Mont Fort → Cabane de Prafleuri

バーニュ谷［Val de Bagnes］東側斜面にある、ルーヴィー小屋［Cab. Louvie］或いはモン・フォール小屋［Cab. Mont Fort］から、プラフルーリ小屋［Cab. Prafleuri］に行く区間は、HRの核心部の1つである。2～3つの3000m級の峠越えの連続で、岩稜と氷河が迫り、とても変化に富んで面白いコースだ。選択肢は3つあるが、峠の標高が高いので初夏までの残雪期には注意を要する。

まずルーヴィー小屋からは、全選択肢共通のルーヴィー峠［Col de Louvie, 2921m］とプラフルーリ峠［Col de Prafleuri, 2965m］を越えてゆく。道はすべて一般登山道で、比較的安全であり、両峠とも素晴らしい展望をほこる。

一方モン・フォール小屋からは、上記2つの峠の前に①テルマン峠［Col Termin, 2648m］か、②ショー峠［Col de la Chaux, 2940m］越えが加わるが、どちらもアルパインルート（青白の道標、上級者向け）が含まれる。①は距離が長いだけでなく、急斜面の危険なトラバースの連続と落石危険地帯の通過があり、また②は標高差が大きく、さらに氷河脇の急な雪渓（氷河上ではない）の登りと崩れやすい急峻なザレ場の下りがある。

どちらのアルパインルートも、道標は明確

ルーヴィー峠からの大展望（コンバン山群～モンブラン）

だが、悪天時の通過は避けたいところだ。実は、テルマン峠上部にはシャモアが数多く生息しているためか、落石がよく起こる。落石の危険度からは、ショー峠越えを選択する方がよいかもしれない。でも展望は、コンバンやモンブラン山群を見続けられる、テルマン峠越えの方が断然よい。最終的なルート選択には、天候や気温と共に、残雪などのコース状況を山小屋や観光案内所で事前に確認していただきたい。

ここでは、説明のしやすさから、最も長いモン・フォール小屋からテルマン峠越え（5a）、ショー峠越え（5b）、そしてルーヴィー小屋からルーヴィー峠越え（5c）の順で紹介する。

HR-5a　モン・フォール小屋からテルマン峠越えでプラフルーリ小屋
Cabane du Mont Fort → Col Termin → Cabane de Prafleuri

モン・フォール小屋から、一端ラ・ショー方向に少し下り、牧道の曲がり角から左手の登山道に入る（簡単な道標のみ）。ここから岩峰ベック・ドゥ・ロス西側斜面のトラバース道が始まる。地図では、ここからテルマン峠途中まではアルパインルート、でも落石など危険地帯は、後半の一般道側に集中している。

モンブラン山群を眺めながら、トラバース道を一端南西に向かい、ベック・ドゥ・ロス

- 地図とコース番号：[Map-03：HR-5a]
- 総距離：13.4km
- 歩行時間：→5h55/←5h50
- 出発高度：2457m　到着高度：2624m
- 最高点標高：2987m　最低点標高：2457m
- 累積標高差：登り905m／下り675m
- 宿泊：プラフルーリ小屋（2457m）

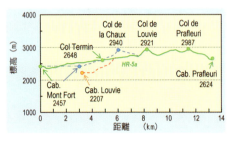

から延びる西側尾根筋を越えると、コンバン山群が見え始める。目立つのがコルバシエール氷河［Glacier de Corbassiére］を頂く巨峰グラン・コンバン［Grand Combin, 4317m］だ。周囲から孤立している分、とても立派だ。一方、モンブラン山群は常に見え続けてくれる

ベック・ドゥ・ロス北西斜面のトラバース道

ベック・ドゥ・ロス南西斜面を行く（右奥はコンバン山群）

のがいい。しばらくは、花も多く咲く、快適なトラバース道である。

モン・フォール小屋を出発して1h20分、途中のラ・ショーへ通じるT字分岐を過ぎると、いよいよ落石危険地帯であるガレ場のトラバースに入る。晴れていても、周囲には十分注意し、早々に通過する。またガレ場を抜けても、ほぼ垂直な崖のトラバースが続き気を抜けない。最後に石畳の道になると、まもなくテルマン峠［Col Termin, 2648m］につく。峠は、目前の小ピークとの間の狭い鞍部で、ルーヴィー小屋へ下る道との分岐。北東方向に目を移すと、狭い谷奥にルーヴィー峠方面の山並みが見え、目前の小ピークに登ればより広い展望がえられるだろう。

テルマン峠からルーヴィー峠へは、ベック・ドゥ・ロスの南東斜面を行く。途中、急斜面のトラバースや、小さなアップダウンが続くが、約15分でまずルーヴィー小屋へ下る道との分岐に、さらに徐々に高度を上げ約50分でショー峠からの道に合流する。途中、右下には、エメラルドグリーンに輝くルーヴィー湖［Lac de Louvie］が見え、背後にコンバン山群が見え続けてくれる。

ショー峠との分岐（2740m）を越えると、ルーヴィー峠への最後の登りだ。約30分で、なだらかで広いルーヴィー峠［Col de Louvie, 2921m］につく。ここには明確な道標があり、ひと安心する。なお、峠からの展望は、西側の眺望が良く、グラン・コンバンと共に、再びモンブランが登場してくれる。

落石も多い危険な崩壊地の横断

テルマン峠（右手がルーヴィー峠）

ルーヴィー峠へのトラバース道

反対の東側は、少し下り道に入ると眺めがよい。

ルーヴィー峠からプラフルーリ峠へは、一端、グラン・デゼール氷河［Grand Désert］の末端湖へ下ってから、再び登り返す。まず岩間をぬって北東に向かうと急な下り道に入る。盛夏でも雪渓が残るので注意が必要だが、高度を100mほど下げれば、すぐゆるやかになる。ただし、この先の道が地図と異なっている。地図では、右手（南側）の岩峰から下る大きなグラン・デゼール氷河と、その下の末端湖との間を行くことになっているが、実際の登山道は、末端湖の下（北側）へ下り、湖岸を回ってゆく。ここでは、迷わず登山道のペンキ印（明確な赤白の印）に従おう。

最下部の末端湖付近は、とても平らで広い（植物が少なく、砂礫が散らばる荒れ地）。明確な踏み跡も少ないので、ペンキ印が頼りだが、印の間隔も空いているので注意しよう。悪天時、とくにガスに覆われると道が分かりにくく、さらに降雪があると踏み跡だらけになる。よく誤って左手（北側）の谷（Siviez方向）へ入り込むので、方角には十分注意しよう。

末端湖脇を順調に過ぎれば、少し高度を上げたところで、しっかりした道標のある分岐点に到着する。ここが、Siviezとプラフルーリ峠との分岐（2826m）である。その後は北東方向に向かい、ペンキ印を頼りに、徐々に高度をあげてゆく。途中、砂礫や岩場が多いものの、峠に近づくにつれ明確な道が現れ、

ルーヴィー峠へのトラバース道から振り返る

グラン・デゼール氷河末端湖脇の分岐点

プラフルーリ峠直前の素敵な湖群。右奥が峠

プラフルーリ峠（モン・フォール側の展望）

迷いにくくなるだろう。

　プラフルーリ峠へは、ゆるやかな斜面を登った後、一端峠直前で湖が点在する小さなカールに下る。この湖畔を経て、最後の急な登りを辛抱すると、プラフルーリ峠［Col de Prafleuri, 2965m］に到着する。峠自体は狭

プラフルーリ峠からのディス谷側の展望

プラフルーリ小屋（中央）へ。右端がルー峠

いが、南西の尾根沿いに登れば、見晴らしのよい、広い岩場で休憩できる。峠からの眺望は、素晴らしい。西側には、ルーヴィー峠やモン・フォールが見え、東にはこれから行く山並みがすべて見える。モンブラン・ドゥ・シェイロン［Mont Blanc de Cheilon, 3869m］やピーニュ・ダローラ［Pigne d'Arolla, 3790m］が白く輝き、南西側にはローザブランシュ［Rosablanche, 3336m］が迫ってくる。

　プラフルーリ峠からは、プラフルーリ小屋に向けて、右手のプラフルーリ氷河を見ながら一気に下ってゆく。一端、真っ平な草地に出るが、これを横断し、再び下り始めると、眼下にプラフルーリ小屋が見えてくる。その後、一端谷底へ降りた後、小屋に向けて5分ほど登り返すとプラフルーリ小屋［Cabane de Prafleuri, 2662m］につく。小屋は狭隘な谷間に作られていて、残念だが高峰の展望はない。

〈ディクセンス・ダムへのショートカット〉

　シャンペやヴェルビエからプラフルーリ小屋下のディス湖畔（ディクセンス・ダム）まで、公共交通機関を使って一気に移動できる。もし悪天候などで峠越えが困難な場合に利用するとよいだろう。

　まずシャンペからオルシエール、ヴェルビエからル・シャブルへバスで移動し、サン・ベルナール・エクスプレス鉄道でマルティニー［Martigny］へ行く。ここからSBB鉄道に乗り換えシオン［Sion］まで行き、シオンからはローカルバス（黄色のポストバスではないので注意！）で、ディクセンス・ダム下（Dixence, Le Chargeur, 2141m）まで行く（4本/日：Sion発で約1h）。最後にダム上までロープウェイで上がれば、ダム湖畔に出られる。しかし、この移動はほぼ1日費やされるため、ディクセンス・ダム下のホテル（1軒のみ）利用も考えよう。なおダム湖畔からプラフルーリ小屋までの歩行時間は1h20。

山小屋・山岳ホテル案内

◆プラフルーリ小屋 [Cabane de Prafleuri]

ディス湖ダム西のプラフルーリ谷にある山小屋、古くは工事作業者用施設。1998年に開設され、HRコースでは欠かせない宿となった。ただし、狭隘な谷間にあり、目立った山の展望はない。

〈設備〉3F階建て、〔1F〕レストラン、トイレ（共用2個）・洗面（飲料不可）・シャワー（CHF 5）、〔2F〕ドミトリー・ベッドと雑魚寝型部屋、食事時の飲み水はボトルで購入要、〔他〕コンセント無、WiFi無

〈夕食〉①前菜：ポタージュ、②主菜：生野菜サラダ、肉煮込みとライス、③デザート：洋梨（缶詰）のクリームかけ＋クッキー

〈小屋からの展望〉高峰などの展望はない。

プラフルーリ小屋

夕食②

レストラン

ビュッフェ方式の朝食

HR-5b　モン・フォール小屋からショー峠越えでプラフルーリ小屋
Cabane du Mont Fort → Col de la Chaux → Cabane de Prafleuri

- 地図とコース番号：[Map-03：HR-5b]
- 総距離：10.4km
- 歩行時間：→5h35／←5h20
- 出発高度：2457m　●到着高度：2624m
- 最高点標高：2987m　●最低点標高：2457m
- 累積標高差：登り905m／下り675m
- 宿泊：プラフルーリ小屋（2457m）

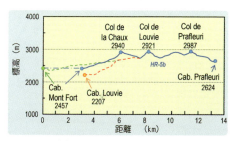

モン・フォール小屋からショー峠方面

ショー峠 [Col de la Chaux, 2940m] 越えは、ほぼ全行程がアルパインルート。ショー峠は、モン・フォールとベック・ドゥ・ロス峰間の狭い鞍部で、地図では峠の北側ルートが氷河上になっているが、現在では氷河が縮み、氷河右岸の岩稜地帯（部分的に雪渓あり）を登るだけだ。でも、この雪渓は急峻で、気温が低いと凍結していることもあり、アイゼンなどがあった方が無難である（8月中旬でも凍ることがあり、下る場合は危険）。また、峠の南側直下は、急峻でとても崩れやすいザレ場で、落石を防ぐのも難しい箇所だ。

モン・フォール小屋からは、まず牧道（ロープウェイ中間駅Gentianeへ向かう砂利道）を、ショー峠方向に向かってゆく。しばらくジグザグに高度を上げてゆくと、ショー峠とロープウェイ中間駅方面との分岐につく。大きな岩に、ペンキの文字がついているので注意し

峠直下の雪渓とガレ場

ショー峠からルーヴィー峠方面の展望

よう。ここからは、青白のペンキ印が頼りで(アルパインルートの始まり)、荒涼とした世界だ。まず、ショー氷河下部右岸のサイド・モレーンに入り、末端湖脇を通過する。前方の峠方向には、岩稜と雪渓の鞍部、その右手には、ベック・ドゥ・ロス峰と小さな氷河が見える。サイド・モレーン上を谷奥に詰めた後は、氷河左端の岩稜帯を目指し、雪渓上を登る。残雪が多いとペンキ印は見えにくいので、地図と地形を良くチェックしよう。視界が開けていれば、前方の峠直下に、青白の巨大なペンキマークが見えるので、これを目印に登っていく。雪渓が終わると、最後のガレ気味の急斜面を小さくジグザグに登ってゆけば、まもなくショー峠 [Col de la Chaux, 2940m] につく。ショー峠は狭く、北側の岩に小さな道標がある。峠からは、南北に岩稜が迫り高峰の展望はないが、西には登ってきた谷やモン・フォール小屋が見え、東には、岩稜に囲まれたカール谷を見下ろせる。

峠からは、カール底を目指して一気に下るのだが、最初の約100mは、とても崩れやすい急なザレ場なので、落石を起こさぬように注意する。これを過ぎると、今度は歩き憎い巨岩の連続である。ペンキ印に注意しながら岩間をぬって行くと、途中で左に折れて、急斜面のトラバース道を下ってゆく(そのまま谷を下らないよう注意)。おおまかにはカール底へ左周りに下る感じだ。

一端カール底まで下ってしまえば、もう危険な道はない。この後はしばらく、広いカール底のゆるやかな段丘のアップダウンを経て、ルーヴィー峠とテルマン峠との分岐点(2740m)に向かってゆく。砂礫の多い荒涼とした谷底だが、途中グラン・コンバンが見えるようになると少しほっとするだろう。なお、分岐に着く直前、小さな湖の脇を通る。この辺りが広々としていて、見晴らしが良く、休憩にはとてもよい場所である。この先の2740mの分岐にはよい休憩場所がない。なお分岐に達したら、後は前述の通り、ルーヴィー峠に向かって行けばよい。

ショー峠直下のザレ場とガレ場の下り

HR-5c ルーヴィー小屋からプラフルーリ小屋
Cabane de Louvie → Cabane de Prafleuri

- 地図とコース番号：[Map-03：HR-5c]
- 総距離：10.2km
- 歩行時間：→5h15／←4h30
- 出発高度：2207m　　到着高度：2624m
- 最高点標高：2987m　最低点標高：2207m
- 累積標高差：登り1000m／下り585m
- 宿泊：プラフルーリ小屋

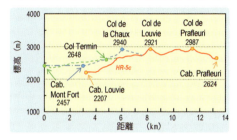

ルーヴィー湖奥で見かけたアイベックスの群れ

ルーヴィー小屋からルーヴィー峠に向かうには2つの道がある（いずれも一般登山道）。1つはテルマン峠経由で、もう1つはルーヴィー湖奥を経て、テルマン峠からルーヴィー峠に向かうトラバース道に合流するものだ。通常は後者を選択する。

ルーヴィー小屋からは、まず湖畔を時計回りに巡り、湖の対岸へ行く。その後、小さな放牧小屋脇を経て、沢沿いを谷奥に詰め、バーニュ谷奥に向かう登山道との分岐で左折後、左手斜面上部にあるトラバース道との合流点（2628m）まで登ってゆく。ルーヴィー小屋からこの合流点までは1h30程度である。この後は、前述のテルマン峠越えコース通り、ルーヴィー峠に向かえばよい。ここからルーヴィー峠までは1h25mである。

ルーヴィー湖東岸から小屋方面を望む

HR-6　プラフルーリ小屋からアローラ
Cabane de Prafleuri → Arolla

　本区間では、プラフルーリ小屋［Cabane de Prafleuri］から、ディクセンス湖畔を通ってディス谷を遡り、谷右岸の岩尾根の峠を越えて、アローラ［Arolla］へ行く。これには通常の2つコースがある。①リードマッテン峠［Col de Riedmatten］超えで一気に行く（7hを越える）コースと、②ディス小屋［Cabane des Dix］経由（小屋宿泊）でシェーブル峠［Pas de Chèvres］を越えて行くコースだ。ディス小屋からの展望は、オートルートの小屋のなかでも最上級クラス。こちらを選択しないのは実にもったいない。

　ただしコース②では、ディス小屋とシェーブル峠間で氷河を横断し、峠直前で約25mの垂直の岩壁にかけられた3段の梯子を登る必要がある。この氷河は、ほぼ平らでクレヴァスの心配もなく横断でき、シェーブル峠への梯子も、万一の場合はリードマッテン峠へ容易に迂回できる。このため、ディス小屋経由コースをメインとし、リードマッテン峠経由の直行コースをバリエーションとした。なお、ディス小屋泊まりで、アローラへ行く場合、余力のある方は、次区間のラ・サージュ［La Sage］まで一気に行ってもよいだろう。

〈シェイロン氷河の横断について〉
　通常、氷河の渡河は一般登山者向けではないが、ここはほぼ安全に歩くことができる。ほぼ平坦で、クレヴァスの心配がなく、明確な道標（鉄製ポールやペンキ印）がつけられているためだ。しかし、あくまで氷上を歩くので、少なくとも軽アイゼンがあった方が無難である。

HR-6a-1　プラフルーリ小屋からディス小屋
Cabane de Prafleuri → Cabane des Dix

- 地図とコース番号：[Map-03：HR-6a-1]
- 総距離：10.7km
- 歩行時間：→4h20／←3h40
- 出発高度：2624m　●到着高度：2928m
- 最高点標高：2981m　●最低点標高：2355m
- 累積標高差：登り790m／下り530m
- 宿泊：ディス小屋

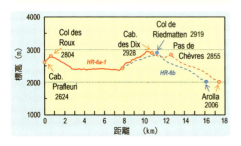

　プラフルーリ小屋から、まずディス湖畔［Lac des Dix］を目指すが、これにも2つの選択肢がある。1つが、小屋裏手の斜面を登り、ルー峠［Col des Roux］を越えるコース、もう1つは、狭い谷を下って、ディクセンス・ダムを経由するコース。歩行時間にあまり差はないが、前者が展望の点からメインコース。また、ダムからはロープウェイで谷底のLe Chargeur（2141m）に下れ、バスでシオン［Sion］に行ける。

　小屋から、ジグザグの登山道を登ると約30分でルー峠［Col des Roux, 2804m］につく。峠からは南側のディス谷を見渡せ、エメラルドグリーンのディス湖、モンブラン・ドゥ・シェイロン［Mont-Blanc de

ルー峠の様子

ルー峠下部からディス谷奥を望む。左奥がモンブラン・ドゥ・シェイロン

Cheilon, 3870m]などの白い峰々が輝いて見える。ルー峠からは、直下のRosablanche谷へ下ってゆく。途中、放牧小屋脇を通り、谷底の沢沿いを下ってゆけば、ディス湖畔の広い牧道（〜2400m）に合流する。ディス湖畔一帯はアルプなので、花々や放牧中の牛も多く、実に長閑だ。

湖畔の合流点から、ほぼ平坦な牧道を南下すると、約1h15で湖の最南端に着く。ここから急登が始まる。谷の左岸を約50m登ると、リードマッテン峠への分岐（地図上の分岐点）に出るが、そのまま左岸のサイド・モレーンに入ってゆく。でも、このモレーン上の登りがとても長い。左手に石屑だらけの氷河末端部を見下ろしつつ、徐々に高度を上げると、2700m付近でリードマッテン峠への新しい分岐に出合うが、そのままサイド・モレーン上を登ると、2850m付近で小さな道標があらわれる。ここでサイド・モレーンから離れ、右手のアルプに入り、大きな岩壁に近

づいてゆく。この付近のアルプは休息にとてもよい。続いて、目前の岩壁の急斜面を斜めに登る（盛夏でも雪渓が残る）と、小さな峠（2957m）につく。ここから眼下に、ようやくディス小屋が見えるだろう。

この小峠から南東側に、十字架の建つ小ピーク（Tête Noire, 2981m）がある。近いので行ってみよう。ここから360度の展望が広がり、とても素晴らしいのだ。南方に、モンブラン・ドゥ・シェイロン［Mont Blanc de Cheilon, 3869m］とピーニュ・ダローラ［Pigne d'Arolla, 3790m］、眼下に屈曲するシェイロン氷河［Glacier de Cheilon］が見える。ディス小屋の位置もよい。小屋は、シェイロン氷河脇の独立した小岩峰の上に建っている。また左手（東側）には、シェーブル峠のある岩尾根の上にダン・ブランシュ［Dent Blanche, 4357m］やツァテ針峰［Pointe du Tsaté, 3077m］などの岩峰群、その右手には何とマッターホルンが見える（この付近から

湖奥の登り道からディス湖を見下ろす

シェイロン氷河左岸モレーン上を行く

しか見えない！)。さらに北側に目を向けると、ディス谷下流域をすべて見渡せるだろう。

　小ピークで休憩後、小峠に戻り、今度はシェイロン氷河へ向けて下ってゆく。最後に氷河左岸の平坦部上を小屋に向かい、小岩峰へ登るとディス小屋［Cabane des Dix, 2928m］につく。ディス小屋は、シェイロン氷河と高峰群に囲まれ、素晴らしい展望をもち、あたかも円形劇場の中心にいるように感じられる。さらに盛夏だと、小屋の周囲（とくに北側斜面）に、黄色いポピーの花がたくさん咲いていて、花々と、氷河や岩峰との対比がとても素晴らしい。

氷河源頭の平坦部の先にあるディス小屋、背後のピークはダン・ブランシュ

小ピーク付近からの南側パノラマ。シェイロン氷河源頭とモンブラン・ドゥ・シェイロン（右）

━━ 山小屋・山岳ホテル案内 ━━

◆ディス小屋［Cabane des Dix］
　HRコースで、外せない宿。シェイロン氷河源頭部の広い平原内の小岩塔上に建ち、ほぼ360度のパノラマ展望が広がる。
〈設備〉3F建て、〔1F〕レストラン、トイレ（大小分離型）・洗面台（飲料不可）、シャワー無、〔2～3F〕ドミトリー・雑魚寝型部屋、〔他〕コンセント無、WiFi無。
〈夕食〉①前菜：野菜コンソメ、食前酒付き、②主菜：生野菜サラダ、肉煮込み＋ライス、③デザート：ヨーグルト、ビールの種類が多い。
〈小屋からの展望〉南側正面にモンブラン・ドゥ・シェイロンが構え、小屋周囲をシェイロン氷河が取り囲む。東側には、シェーブル峠越しに、アローラ谷の針峰群やダン・ブランシュも見える。またポピーの花は小屋北側斜面に多く咲く。

ディス小屋　　　　夕食①

レストラン　　　　夕食②

HR-6a-2　ディス小屋からシェーブル峠越えでアローラ
Cabane des Dix → Pas de Chèvres → Arolla

- 地図とコース番号：[Map-03：HR-6a-2]
- 総距離：6.7km
- 歩行時間：→ 2h55／← 3h20
- 出発高度：2928m　●到着高度：2006m
- 最高点標高：2928m　●最低点標高：2006m
- 累積標高差：登り 80m／下り 1000m
- 宿泊：アローラ

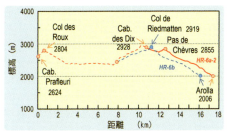

シェーブル峠（V字最下部）とリードマッテン峠（左端鞍部）

平らなシェイロン氷河を渡る

ディス小屋から、まず直下のモレーンへ下って、小屋のある小岩峰を左に回りこみ、石屑に覆われた氷河上に入る。氷河上には道標（鉄製ポールやペンキ印）があるが、おおよそ対岸岩尾根の鞍部（V字型の大きなくびれがシェーブル峠［Pas de Chèvres］）を目指してゆく。石屑の平原を渡りだすと、足元に氷があらわれ始め、いつしか氷河上を歩いていることに気付くだろう。途中コースを外さないように注意する。隠れたクレヴァスがあるかもしれないためだ。なお氷河横断の最後に、むき出しの氷河上を下る。斜度は緩いが固い氷上なので要注意だ。ここでは少なくとも軽アイゼンが必要となるかもしれない。

これを越え、対岸のモレーン内に入っても、ここからまた難関である。峠までは、大きな岩や石がゴロゴロして崩れやすい急斜面や、今にも崩れそうな岩場をぬって、斜めに高度を上げてゆく。上部では、さらに滑りやすい小石混じりの道になる。ルートは、一端シェーブル峠下を過ぎて北上し、リードマッテン峠直下で、ペンキ印の分岐に出合う。こ

こがディス湖からの登り道との合流点。続いて急斜面を登ればすぐ次の分岐（2つの峠への分岐）につく。ここを右手（南側）に行けばシェーブル峠に、左手に行けばリードマッテン峠に行ける。右手に垂直の岩壁に梯子が見えるだろう。梯子が苦手な方は、ここで左手に向かうとよい。ここから梯子下まで、崩れやすい絶壁のトラバース道を慎重に進めば、梯子下のやや広い棚で一息つける。

シェーブル峠への梯子は、ほぼ垂直の岩壁（約25m）にかけられ、3段で、中継部に鉄橋が設けられている（2014年に作り変えられ、より短く安全になった）。

長い梯子を登り終えると、そこはシェーブル峠。広く、見晴らしがとてもよい。渡河してきたシェイロン氷河越しに、対岸の山々が

ガレ場の急斜面を登る（右上が峠）

シェーブル峠直前の分岐（右奥に梯子がある）

アローラ谷上部の素敵な支谷を下る

モン・コロンからピーニュ・ダローラを望む
（アローラ支谷下部から）

斜面にへばりつくアローラ村

見え、ディス小屋はもはや点景だ。シェーブル峠から東のアローラ側は、とても明るい谷。正面にダン・ドゥ・ペロック［Dent de Perroc, 3676m］やツァ針峰［Aig. de la Tsa, 3668m］などの岩峰群が並び、ダン・ブランシュ［Dent Blanche, 4357m］の眺めも素晴らしい。

　シェーブル峠からは、急斜面を左斜めに下り、リードマッテン峠からの道と合流する（2738m地点）。この辺りはカール底のアルプで休憩によい。ここからは、なだらかな谷底のアルプを下ってゆくので、常に見晴らしが良く快適だ。右手にピーニュ・ダローラが輝き、途中から、台形状の山、モン・コロン［Mont Collon, 3537m］が登場する。モン・コロンは、アローラから真南に延びるアローラ谷［Val d'Arolla］最奥の山だ。2400m付近（放牧小屋跡）で左に折れてアローラ本谷へ回り込み、続いて谷底へジグザグに下ってゆくと、やがて樹林帯に入る。ここからは、牧道や散策道などが入り組み少し迷いやすい。注意しながら進むと、突然大きなホテル（Grand Hotel Kurhaus）前に出る。ここからは車道でも下れるが、ショートカットする小道を一気に下れば、アローラ［Arolla, 2006m］の中心部（バス停もある広場）につく。

HR-6b プラフルーリ小屋からリードマッテン峠越えでアローラ
Cabane de Prafleuri → Col de Riedmatten → Arolla

- 地図とコース番号：[Map-03：HR-6b]
- 総距離：16.2km
- 歩行時間：→6h05/←7h45
- 出発高度：2624m ●到着高度：2006m
- 最高点標高：2919m ●最低点標高：2006m
- 累積標高差：登り730m／下り1365m
- 宿泊：アローラ

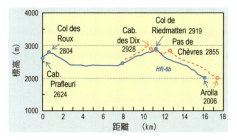

プラフルーリ小屋からは、リードマッテン峠［Col de Riedmatten］（或いはシェーブル峠）越えで、一気にアローラまで行くこともできる。この場合は、ディス湖南端近くの分岐から、非常に長いディス谷右岸斜面を登り、リードマッテン峠直下でディス小屋からの道に合流後、滑りやすい急峻な道（ロープ付き）を登り、リードマッテン峠にゆけ行けばよい。

リードマッテン峠［Col de Riedmatten, 2919m］は、スリット状に削られた狭間で、非常に狭く、休憩できる場所は全くない。峠を超えた先のアルプまで下れば休憩できるだろう。展望の点からは、リードマッテン峠越えからシェーブル峠越えに変えてもよいだろう。リードマッテン峠下部からアローラへの道は前項［HR-6a-2］と同じである。
（注意）ディス小屋へ登る途中に、新しい分岐（2700m付近、道標あり）があり、ここからシェイロン氷河の末端部を横断してゆくコースができている。しかし、これは地図には載っていない（2014-16年）。念のためプラフルーリ小屋で確認のこと。

〈アローラ［Arolla］〉
　エラン谷の支谷、アローラ谷の最奥にある村。村は谷の西側斜面に発達していて、東側に開けている。南側にモン・コロンが見立つ。中心部（広場周辺）には、ホテルが2軒（周辺を含めると5軒）、小さなスーパーや観光案内所、登山用品店もある。

リードマッテン峠からアローラ谷のパノラマ展望　中央の突起はマッターホルン

HR-7　アローラからラ・サージュ
Arolla → La Sage

- 地図とコース番号：[Map-04：HR-7]
- 総距離：10.7km
- 歩行時間：→3h35/←3h55
- 出発高度：2006m　●到着高度：1667m
- 最高点標高：2145m　●最低点標高：1425m
- 累積標高差：登り370m／下り720m
- 宿泊：ラ・サージュ

本区間は、アローラ[Arolla]からアローラ谷をレゾデール[Les Haudères]まで下り、エラン谷本谷のラ・サージュ[La Sage]まで行くが、ほぼ谷底を行くため、バス利用で、よく省かれる部分だ。でも、アローラ谷の西側斜面（アローラ赤い針峰群中腹）にある湖、ラック・ブルー[Lac Bleu]を経由すれば、高所トレイル（オートルート）らしくなる。このためアローラ谷底をそのまま下るコースはオプションとした。

またHRコースではないが、ラ・サージュからエラン谷の南側支谷の奥に、名峰ダン・ブランシュ[Dent Blanche]を間近に眺められる素敵な高台（ブリコラ[Bricola]）があるので、ここへ寄り道コースも付け加えておく。

なお、ラ・サージュには宿が2軒（ホテルとジット）しかないので、事前予約は確実にしたい。代わりはレゾデール[Les Haudères]かエヴォレーヌ[Evolène]泊まりとなる。

アローラの広場から平坦な車道を村奥に向かい、数10m先の道標脇から、左手の建物間の狭い小道に入り、裏斜面を登ってゆく。続いて山荘脇を通って樹林帯内の登山道に入り、山腹トラバース道を進む。途中、やや急斜面のトラバース（ロープ付き）やガレ場の横断もあるので注意しよう。アローラから歩き始めて約1h10で、アルプの広がるラック・ブルー[Lac Bleu, 2092m]に到着する。湖には小さな滝が流れ落ち、湖畔からダン・ドゥ・ペロック[Dent de Perroc, 3676m]やツァ針峰[Aig. de la Tsa, 3668m]などの岩峰群が良く見え、休憩にとてもよい場所だ。

ラック・ブルーからは、放牧小屋脇を通り、谷底までほぼ樹林帯内のジグザグ道下ってゆく。最後に建物脇を抜けて車道に出ると、すぐ前にラ・グイユ[La

青く輝くブルー湖

ブルー湖下の小屋からアローラ谷奥を望む

ラ・グイユからの下り道

Gouille, 1834m］のバス停がある。

　ラ・グイユからは、しばらく車道脇を行き、続いて谷の左岸斜面を斜めに下ってゆく。ほぼ樹林帯だが、これを抜け広い車道に合流したら、車道沿いを進み、レゾデール［Les Haudères］内に入ってゆく。道標のあるレゾデール中心部（バス停のある広場）は郵便局の裏手である。

　郵便局前広場からラ・サージュへは、谷の右岸斜面を斜めに登ってゆく。始めは民家内を行くので、道標をよく確認し、牧道入口に注意しよう。牧道を登ると1600m付近で一端車道に合流するが、すぐ左手の広いアルプに入ってゆく。一帯はとてもスイスらしい雰囲気だ。しばらく行くと、前方の丘の上にある小さな教会に気付くだろう。教会からの眺めがよいので、ここへ寄り道してもよい。この丘の下を通り、大きく右へ回り込みながら、立派なホテル（Hotel la Sage）脇を登ると、広い車道に合流する。この付近（Y字路）が、ラ・サージュ［La Sage, 1667m］中心部で、別の宿（ジット）があり、さらに車道を少しヴィラ［Villa］寄りに行ったところに、小さな商店もある。

レゾデール中心部の広場

〈本区間のショートカット〉
　アローラからラ・サージュへはバスで移動可能。レゾデール［Les Haudères］でラ・フォルクラ［La Forclaz］（或いはフェルペクル［Ferpècle]）行きに乗り換えて行く。エヴォレーヌ［Evolène］なら、シオン［Sion］行きに乗り、どちらもレゾデールから5分。

〈エヴォレーヌ［Evolène］〉
　エヴォレーヌは、エラン谷［Val d'Hérens］の中心地。町から谷奥のダン・ブランシュ［Dent Blanche］の三角峰が良く見える。メイン車道は、谷右岸の山際を通り、町は谷側の旧道沿いに固まっている。バスは、メイン車道を通り中心部を通らない。ホテル、レストランや土産物店も多くあり、大きな観光案内所が南側の駐車場脇に、さらに南のメイン車道との合流点に大きなスーパー（Coop）がある。

オプション1　アローラ谷底経由

アローラ村奥のホテル・グラシエ［Hotel Glacier］の東角から、谷底へ下る登山道が始まる。モン・コロンを背に、緩やかなアルプの斜面の下りだ。ラ・グイユ［La Gouille］まで（約2km）、谷底にアルプが広がり、民家も点在するスイスらしい牧歌的風景が続く。早春には、アルプが花畑で埋まり、とても素敵だ。途中 Satarma（1808m）をすぎ、ラ・グイユが近づくと、谷が狭隘になり始め、まもなくラ・グイユ［La Gouille, 1834m］につく。その後は、前項記載通りだ。

アローラ谷に広がるアルプの花畑

オプション2　フェルペクルからブリコラ散策

アローラ谷の東隣フェルペクル［Ferpècle］の谷奥に、名峰ダン・ブランシュを間近に眺められる高台（ブリコラ［Bricola, 2415m］）へのハイキングコースがある。バスでレゾデールからラ・サージュ経由でフェルペクルまで行け（夏期平日3本／日祝2本）、ここから登り1h50、下り1h10だ。

終点のバス停フェルペクル（地名はSalay, 1766m、ホテル1軒あり）から、牧道を谷奥へつめ、約10分で道標上のフェルペクル［Ferpècle, 1826m］を通り、次の分岐で左手の登山道に入る。谷の東側斜面を斜めに登り、ジグザグの急登の後、2200m辺りからトラバース道に入り、徐々に高度を上げると、高台のアルプ（廃屋小屋あり）、ブリコラ［Bricola, 2415m］につく。到着後、東側を見上げると、3角形の大岩峰があらわれる。これがダン・ブランシュ［Dent Blanche, 4357m］。ダン・ブランシュは4角錐の山で、ここから北西壁が見える。また西側には、ダン・ドゥ・ペロックやツァ針峰などの岩峰と氷河群が間近に見え、北側にはエラン谷北部を見下ろせる。

ブリコラからエラン谷を望む

鋭鋒ダン・ブランシュ

HR-8　ラ・サージュからジィナール
La Sage → Zinal

　アニヴィエ谷［Val d'Anniviers］は、谷奥で西側のモワリー谷［Val de Moiry］と東側のジィナール谷［Val de Zinal］の2つの支谷に分かれ、エラン谷のラ・サージュ［La Sage］から、ジィナール谷へは、中間のモワリー谷内で1泊して横断してゆく。

　モワリー谷までの前半には、①トラン峠［Col de Torrent, 2916m］越えでモワリー小屋へ行くか、②ツァテ峠［Col de Tsaté, 2868m］峠越えでモワリー・ダム［Barrage de Moiry］へ行く2つの選択肢があり、後半はいずれもソルボワ峠［Col de Sorebois, 2850m］越えでジィナールに下ってゆく。（注意：2013年よりソルボワ峠の道標は、峠すぐ南のピーク、コルヌ・ドゥ・ソルボワ［Corne de Sorebois, 2885m］と同じ名称に変更されたが、本書では峠としておく）

　①は、モワリー小屋［Cabane de Moiry, 2825m］で氷瀑を間近に眺められ、ソルボワ峠へのトラバース道でエーデルワイスに出合え、とてもお勧めであるが、長くて厳しい。一方②にすれば多少短くでき、峠からの展望もトラン峠の方がよい。コース選択に迷うところだ。これは予約が取れた宿によるかもしれない。

　モワリー谷の宿は、モワリー小屋［Cabane de Moiry］、モワリー・ダム［Barrage de Moiry］の小屋（レストランに併設 ,Gîte de Lac de Moiry）と、グリメンツ［Grimentz］村になる。モワリー・ダムの小屋は小さく予約が難しいが、グリメンツ［Grimentz］は宿も多い。またダムや湖南端の駐車場［Moiry Glacier］からグリメンツへバスでへ移動でき、盛夏にはジィナールへの直行便もある。

　また本区間後半には、便利なロープウェイがある。①ソルボワ展望台～ジィナール間と、②グリメンツ～コルヌ・ドゥ・ソルボワのピーク下［La Vouarda, 2693m］間（2013年新設）で、①でジィナールへの下りを、②でソルボワ峠への登りを省くことができる。

〈重要：アニヴィエ谷の便利なゲストカード〉
　アニヴィエ谷内の宿（ホテルだけでなく山小屋も）を利用すると、提供されるゲストカード［Anniviers Liberté］で、"翌日"谷内の交通機関での移動：〔①ポストバス（モワリー湖、グリメンツ、ジィナール、サン・リュック間）や、②索道（ソルボワ展望台のロープウェイやサン・リュックのケーブルカー他）の利用〕が無料になる（グリメンツ～ソルボワ峠間の新設ロープウェイのみ半額まで）。これはとても魅力的で、ショートカットする場合には、大きなコスト削減になる。ホテルだけでなく、小屋泊まりの場合も、必ずカード作成を依頼しよう。

HR-8a-1　ラ・サージュからツァテ峠越えでモワリー小屋
La Sage → Col de Tsaté → Cabane de Moiry

　本区間は長いが、ツァテ峠［Col du Tsaté, 2868m］の標高はトラン峠（2916m）より少し低く、登りの後半は、アルプ内の比較的なだらかな斜面で見晴らしもよい。また

ツァテ峠への登山口は、ラ・サージュ［La Sage］の他にラ・フォルクラ［La Forclaz］にもあり、両者からの道は標高1800m地点で合流する。

- 地図とコース番号：[Map-04：HR-8a-1]
- 総距離：10.7km
- 歩行時間：→5h50／←5h05
- 出発高度：1667m　　●到着高度：2825m
- 最高点標高：2868m　●最低点標高：1667m
- 累積標高差：登り1630m／下り505m
- 宿泊：モワリー小屋

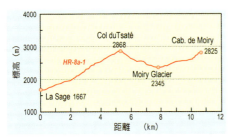

長閑なモトー集落

ツァテ峠からの西側展望。モンブラン・ドゥ・シェイロン輝く

まずラ・サージュ中心のY字路から車道を南下し、斜面を斜めに上がる牧道に入ってゆく。続いてラ・フォルクラからの牧道（半舗装）に合流後、開けたアルプ内にあるモトー［Motau, 1924m］集落に行く。モトーからは、樹林帯内のジグザグの登山道が始まり、一気に高度を上げて、放牧小屋の集まるル・ツァテ［Le Tsaté, 2164m］に出ると見晴しがよくなり、続いて比較的なだらかな斜面を登れば、放牧小屋や湖もあるルモワンツ・デュ・ツァテ［Remointse du Tsaté, 2480m］につく。ここまで大きなヘアピンカーブの牧道も続いているがとても長く、登山道はこれをショー

山小屋・山岳ホテル案内

◆モワリー小屋［Cabane de Moiry］

モワリー谷最奥の、モワリー氷河脇に建つ小屋。氷瀑が目前に迫り、とても迫力がある。3F建て旧棟と2F建て新棟があり、新棟にガラス張りの素敵なレストランがある。

〈設備〉2～3F建て、〔新棟：1F〕レストラン、〔新棟：2F〕ベッド部屋（下記大部屋よりCHF 5高い）、トイレ・洗面（湯あり、飲料不可）・シャワー（CHF 5）、〔旧棟：2～3F〕ドミトリー・雑魚寝型部屋、〔他〕コンセント無、WiFi無。

〈夕食〉①前菜：ポタージュ、②主菜：生野菜サラダ、肉煮込みとポテトフライ、③デザート：プリン

〈小屋からの展望〉狭い岩棚のため、撮影場所は小屋前のみ。目前の氷瀑と周囲の岩峰群が素晴らしいが、谷深いため朝夕はほぼ陰になる。撮影は氷瀑に光が当たっている日中がよい。

モワリー小屋

レストラン

▲ドミトリー・ベッド部屋

夕食②

トカットする感じだ。ルモワンツ・デュ・ツァテからは、なだらかな斜面を一気に登れば、約1hでツァテ峠［Col du Tsaté, 2868m］に辿り着く。峠は、南北に岩稜が迫るものの、東側にはヴァイスホルンも見える。また峠から東側の谷へ少し下れば、モワリー谷奥の山々や氷瀑も見える。

峠からは、約30分の下りで、谷を周遊する高所登山道に合流する。ここに小さな湖があり、谷奥の山々が投影してくれる。ここから一端谷奥に回ってからサイド・モレーンへ下り、眼下の小さな湖（氷河末端の堰き止め湖）へ下ってゆく。この湖脇の広い駐車場にバス停（Moiry Glacier）があり、グリメンツ行きバスが出る。ここから谷奥を眺めると、エメラルドグリーンの湖越しに氷瀑が迫り、実に壮観だ。

目指すモワリー小屋は、氷瀑左手の岩盤上に建っている。まず、右岸斜面のなだらかな道を登り、モワリー谷右岸に設けられた高所トラバース道に合流する。ここで右手谷奥（左手はソルボワ峠へ）に向かってサイド・モレーン上を行き、最後に目前の急な岩壁をジグザグに登りきれば、モワリー小屋に着く。

モワリー小屋［Cabane de Moiry, 2825m］は、テラス状の岩盤の上に建ち、間近に見える氷瀑は凄まじい迫力だ。小屋は、石造りの古い建物の奥に、一面ガラスで覆われたレストラン付きの新棟が作られ、とても過ごしやすい小屋に変貌している。

峠下の湖（Lac de la Bayenna）から氷瀑を望む

谷底のモワリー・グラシエ付近から谷奥を望む

〈モワリー氷河越えルート〉
　モワリー氷河［Glacier de Moiry］は、氷瀑下部（小屋直下）で一端平らになる。ツァテ峠から下ってきた場合、谷底の末端湖まで下らず、途中からサイド・モレーンを登り、この氷河上を横断することも可能だ（ただしアルパインルート）。距離的には短くなるが、氷河上に印はなく、クレヴァスも多くあり、氷河渡河技術や装備が必要。

モワリー小屋への登り道。左手がモワリー・グラシエ

最後にモワリー氷河サイド・モレーン上を行く

HR-8a-2　モワリー小屋からソルボワ峠越えでジィナール
Cabane de Moiry → Corne de Sorebois → Zinal

- 地図とコース番号：[Map-04：HR-8a-2]
- 総距離：11.5km
- 歩行時間：→5h55／←7h10
- 出発高度：2825m　　●到着高度：1675m
- 最高点標高：2850m　●最低点標高：1675m
- 累積標高差：登り590m／下り1710m
- 宿泊：ジィナール

モワリー湖右岸のバルコニー道をゆく

最高の展望を誇るソルボワ峠

モワリー小屋からソルボワ峠[Col de Sorebois, 2850m]（或いはコルヌ・ドゥ・ソルボワ[Corne de Sorebois]）経由でジィナール[Zinal]へ行くコースは、HRのなかでも外せないコースの1つ。

モワリー小屋から、まず前区間の末端湖へ向かって下り、途中の標高2542mの分岐で、今度は東斜面のバルコニー道（高所トラバース道）に入り北上してゆく。徐々に、エメラルドグリーンのモワリー湖が近づいてくる。盛夏であれば、この付近にエーデルワイスがたくさん自生しており、白い可憐な花が出迎えてくれる。バルコニー道は長いが常に好展望が続く。やがてダム上を通り過ぎたころ、ダムからソルボワ峠に登る道に合流する（2374m）。ここで、ダムの上に小さな小屋が見えるが、これがモワリー・ダムの小屋（2300m）。前日の宿として利用すると、ここが出発点だ。

合流点からソルボワ峠へ、やや急斜面につけられたヘアピンカーブの牧道や登山道を登ると、ソルボワ峠[Col de Sorebois, 2850m]に到着する。峠はなだらかな広い鞍部で、唐突にあらわれる4000m峰が居並ぶ光景にとても感動するだろう。左から、ヴァイスホルン[Weisshorn, 4506m]、ジィナールロートホルン[Zinalrothorn, 4221m]、そしてオーバー・ガーベルホルン[Ober Gabelhorn, 4063m]だ。また峠のすぐ北側に、360度の展望が広がるコルヌ・ドゥ・ソルボワ[Corne de Sorebois, 2896m]のピークがあり、約10分の登りで、ダン・ブランシュにも出合えるだろう。

峠からロープウェイ駅のあるソルボワ展望台[Sorebois, 2438m]への下りでは、アルプが続き、高峰群を見続けられる。まずピーク直下で右手に折れ、東側尾根筋を下る（以前は、峠からすぐの斜面をトラバースできたが廃道気味）。約20分で尾根の肩に

コルヌ・ドゥ・ソルボワのピークから南側の展望

ジナール村

ある、グリメンツへのロープウェイ駅（La Vouarda, 2693m）につく。ここから、カール谷内へ回り込み、中央部を眼下のロープウェイ駅舎目指して下ってゆく。ソルボワ展望台（2438m）のロープウェイ駅隣にレストランがあり、このテラスからの展望もよい。また、レストラン右下に、小さな山小屋（ソルボワ小屋［Cabane de Sorebois］、主に自炊小屋）もある。

ソルボワ展望台（2438m）からジナール［Zinal］へは、標高差約800mもある、U字谷急斜面の下りだ。まず駅舎前の牧道を南へ向かい、道標のある分岐からアルプ内へ入ると、すぐ急斜面が始まり、ほぼロープウェイの索道下をジグザグに一気に下ってゆく。途中 Alpage Sorebois（2090m）下部から樹林帯に入り、標高1700m付近で谷底のトラバース道に出合うと右に折れ、最後に谷底の橋を渡れば、ジナール［Zinal, 1675m］の中心部に到着する。

〈ジナール［Zinal］〉
　ジナールは、ジナール谷の素敵な村。ホテルが4〜5軒、観光案内所、土産物店、登山用品店や大きなスーパーもある。ここの案内所も親切で、アニヴィエ谷内だけでなく、次のトゥルトマン谷の宿を予約してくれ、非常にありがたい。村の東側の細い車道沿いに古民家が並び、素朴な雰囲気を味わえる。ただし、南方に聳える大岩峰ベッソ［Besso, 3668m］が、谷奥高峰群の展望を遮っているのが残念。

HR-8b-1　ラ・サージュからトラン峠越えでモワリー・ダム
La Sage → Col de Torrent → Barrage de Moiry

　ラ・サージュ［La Sage, 1667m］からトラン峠［Col de Torrent, 2916m］までは、標高差が1250mもあるものの、比較的なだらかな登りである。途中ベプラン［Béplan, 2536m］にある小さな湖では、エラン谷奥の山々が投影してくれて、とても気持ちいい。

　まず、ラ・サージュから車道を約20分、ヴィラ［Villa, 1742m］まで行く。車道終点手前の建物脇で右折し（道標あり）、側道に入ってゆく。始めは牧道を北上し、途中（道標に注意）からアルプの急斜面の登山道に入る。やや急だが、斜度がゆるむころ、民家が点在するコテール［Cotter］地区に入り、斜面を横切る牧道を横切って、再びアルプ内の登山道に入ってゆく。ベプラン［Béplan］付近までは、別途牧道も通じているが、基本的に登山道を行こう。途中、十字架のある見晴らしのよいテラスを通る。この登りでは、

- 地図とコース番号：[Map-04：HR-8b-1]
- 総距離：11.5km
- 歩行時間：→5h45/←4h45
- 出発高度：1667m　到着高度：2265m
- 最高点標高：2916m　最低点標高：1667m
- 累積標高差：登り1340m／下り720m
- 宿泊：モワリー・ダム小屋

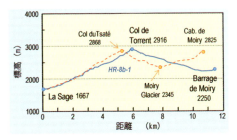

十字架のあるアルプから、中央右がレゾデール

エラン谷の山々が投影するベプラン湖
ピーニュ・ダローラ（左）と
モンブラン・ドゥ・シェイロン

常に谷奥の高峰と谷底の村々を眺められる。山々は、左端が名峰ダン・ブランシュ[Dent Blanche]、中央にダン・ドゥ・ペロック[Dent de Perroc, 3676m]の岩峰群、そして右手にはピーニュ・ダローラやモンブラン・ドゥ・シェイロンだ。ベプラン湖[Béplan, 2536m]についたら、対岸（北側）に回り、湖面に山々が投影するのを眺めてみるとよい。

ベプラン湖からやや急な斜面になるが、緩やかなジグザグ道なので、峠までは比較的容易に行けるだろう。トラン峠[Col de Torrent, 2926m]は広く、ここからの展望は素晴らしい。峠からは西側には、遠望だがモンブランも見え、東側にヴァイスホルンが見える。

展望を楽しんだら、トラン峠からモワリー・ダムへ下ってゆく。こちらも、全般になだらかなアルプ内で展望がよい。途中、湖 Lac des Autannes（2886m）近くを通り、南部の山々を眺めつつ高度を下げてゆくと、放牧小屋[Alpage de Torrent, 2481m]につく。ここは、ダム湖を周遊する高所周遊道（Haut Tour du Lac/Chermin, 2500m）との合流点。小屋からは、牧道を下り、やがて湖岸を周遊する道に合流する。ここを左手に行けば、すぐモワリー・ダム[Barrage de Moiry]の西端（2250m）で、ここからバス停やレスト

長閑なモトー集落

広いトラン峠

ランのあるダム東端へ行けばよい。なお、ダム湖畔の山小屋（Le Gîte de Moiry、湖畔のレストランが管理・受付）は、東端から少しソルボワ峠側に登ったところ（標高 +50m、+10分）。本区間の宿がグリメンツならば、ここからバスを利用する。

なお、次区間のソルボワ峠へは、モワリー・ダム東端（或いは小屋）からつづら折りの牧道を登って、［HR-8a-2］記載のコースに合流すればよい。

〈グリメンツ［Grimentz］〉
グリメンツは、モワリー谷入口の村。宿泊施設も多くあり、観光案内所、種々のレストランや土産物店、大きなスーパーもある。建物にはたくさんの花が飾られ、過ごすだけでも素敵な村だ。村南端にロープウェイ駅があり、ベンドラ展望台［Bendolla, 2112m］やソルボワのピーク［Corne de Sorobois, 2895m］直下の［La Vouarda, 2693m］へ行くことができる。ベンドラ展望台からは、南方モワリー谷奥のダムや高峰がよく見える。

〈ツァテ峠・トラン峠へ行くショートカット〉
ツァテ峠とトラン峠へ向かうコース内には索道が全くない。でも、中腹の集落（モトー［Motau］或いはコテール［Cotter］）までは車道が整備され、また上部アルプ（Le Tsaté或いはBéplan付近）まで牧道が通じている。このため、タクシーを利用すれば、途中の集落まで行けるだろう。これは、滞在した宿で相談してみるとよい。

モワリー湖畔からモワリー谷奥を望む

― 山小屋・山岳ホテル案内 ―

◆ジット・ドゥ・モワリー
［Le Gîte de Moiry］
モワリー・ダム湖畔から約50m上の高台にある、とても小さな小屋（収容20人）。湖畔のレストラン（Restaurant du lac de Moiry）が管理し、食事もここで取る、また小屋内で自炊も可。
〈設備〉1F建て、〔1F〕自炊設備（給湯有）、食堂、トイレ・洗面・シャワー、ドミトリー・雑魚寝型部屋（毛布、枕あり）、〔他〕コンセント（食堂他）、WiFi無
〈小屋からの展望〉小屋前のテラスから、モワリー谷奥と眼下のダムの展望がよい。

モワリー・ダム小屋

小屋から望むダム湖

小屋内部（談話室）

ドミトリー・ベッド部屋

オプション　ジィナール谷奥の山小屋巡り

ジィナール谷奥には、とても展望のよい山小屋がある。プティ・ムーンテ小屋［Cabane du Petit Mountet, 2142m］とグラン・ムーンテ小屋［Cabane du Grand Mountet, 2886m］だ。プティ・ムーンテ小屋では、正面にヴァイスホルン東壁が見

え、グラン・ムーンテ小屋では、4000m峰にぐるっと囲まれ、円形劇場の中心にいる気分を味わえ、スイスの山小屋のなかでも屈指の展望を誇る。高峰群とは、直線距離で数kmしか離れておらず、氷河も目前だ。早朝は、西側のダン・ブランシュ［Dent Blanche, 4357m］が輝き、夕方には東側のジィナールロートホルン［Zinalrothorn, 4221m］が赤く染まる。時間の経過と共に主役の山が入れ変わってゆくのも素晴らしい。グラン・ムーンテ小屋へは、①ジィナール谷底を南下するか、②ソルボワ展望台から高所バルコニー道を南下してプティ・ムーンテ小屋経由で①に合流するとよい。高所バルコニー道からは、午後の光線で輝く、高峰群の眺めが素晴らしく、途中から谷奥にマッターホルンも見える。

〈注意〉2015年、ソルボワ〜プティ・ムーンテ小屋間のバルコニー道の一部が崩れ、一般道からアルパインルートに格上げされた。わずか数100mの区間であるが、崩壊した土砂のなかを縫ってゆく。悪天時の通行は避け、また通行時には落石に十分注意のこと。

グラン・ムーンテ小屋近くからの大パノラマ。オーバー・ガーベルホルン（左端）からダン・ブランシュ、グラン・コーニエ（右端）

ジィナール谷西岸のバルコニー道から谷奥の大展望

グラン・ムーンテ小屋からの大パノラマ。ジィナールロートホルン（左端）からオーバー・ガーベルホルン

── 山小屋・山岳ホテル案内 ──

◆グラン・ムーンテ小屋
［Cabane du Grand Mountet］
アニヴィエ谷高峰群の登山基地。岩峰ベック北斜面の広々とした岩ゴロ地帯内にある。東西北の3方向を、氷河と4000m高峰群に囲まれている。
〈設備〉石造り3F建て、〔1F〕広いレストラン、〔2〜3F〕ドミトリー・雑魚寝部屋、〔別小屋〕トイレ（大小分離の落下方式）・洗面（飲用不可）、シャワー無、飲み水はボトルで購入要、〔他〕コンセント無、WiFi無
〈夕食〉①前菜：ミネストローネ、②主菜：鶏肉煮込み（カレー風）＋ライス、③デザート：フルーツポンチ
〈小屋からの展望〉ダン・ブランシュからオーバー・ガーベルホルンへの至る高峰群と氷河をパノラマ状に望め、東側のモレーン端まで行けば、ジィナールロートホルンが大迫力で迫る。

グラン・ムーンテ小屋とダン・ブランシュ

レストラン

夕食①

夕食②

HR-9　ジィナールからグルーベン
Zinal → Gruben

　アニヴィエ谷隣のトゥルトマン谷（トゥルトマンタール［Turtmanntal］）はとても小さく静かな谷で、この谷から言語圏が仏語から独語に変わり、州名も仏語のヴァレー［Valais］から独語のヴァリス［Wallis］になる。

　アニヴィエ谷の支谷ジィナール谷からは、アニヴィエ谷東斜面の好展望のバルコニー道を北上し、メイド峠（メイドパス［Meidpass, 2790m］）か、フォルクレッタ峠［Forcletta, 2874m］を超えてトゥルトマン谷へ入る。展望のよい、前者がお勧めだ。また両峠越えは、どちらも距離が長いが、途中の①山岳ホテル（ホテル・ヴァイスホルン）か、②ベラ・トラ小屋泊まりで、ゆったり行くことができる。①は、歴史的な山岳ホテルで、谷奥の高峰は見えないものの、時代を経た歴史を感じられ、②は、広々としたアルプ内にあり、マッターホルン他谷奥の高峰を見渡せ、翌日の湖巡りも楽しい。ここでは展望と、予約のしやすさから、ベラ・トラ小屋経由のメイド峠越えをメイン［9a-1, 9a-2］とし、その後フォルクラ峠越えコース［9b］を紹介する。

　なお交通機関を利用すれば、1日でメイド峠越えも可能だ。ジィナールから、バスでサン・リュック［St-Luc］に移動し（ヴィソワ［Vissoie］乗り換え）、ケーブルカーでティニューサ［Tignousa, 2180m］へ上って、峠へ向かうとよい。なお、サン・リュックは可愛らしい村で、ここからマッターホルンも見える（ホテルの他、観光案内所、スーパーあり）。

　またトゥルトマン谷の宿は、グルーベン（メイデン）［Gruben, Meiden］に2軒しかないので要注意だ。また谷奥には山小屋（トゥルトマンヒュッテ［Turtmannhütte］）もある。これは、ビスホルン直下の高台にあり、展望がよいので、ここへの寄り道も面白い。

HR-9a-1　ジィナールからベラ・トラ小屋
Zinal → Cabane de Bella Tola

- ●地図とコース番号：［Map-05：HR-9a-1］
- ●総距離：15.6km
- ●歩行時間：→5h05/←4h10
- ●出発高度：1665m　　●到着高度：2346m
- ●最高点標高：2447m　●最低点標高：1665m
- ●累積標高差：登り1005m／下り335m
- ●宿泊：ベラ・トラ小屋

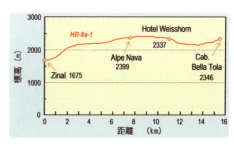

　ジィナール谷の東斜面に設けられたバルコニー道（高所トラバース道）は、谷奥の高峰群が見え続ける快適な道である。始めはややきつい登りだが、一端バルコニー道に上がれば、その後は緩やかで歩きやすい。しかし、景色に見とれて思ったより時間がかかるので注意しよう。

　まずジィナール観光案内所上の道路を上がって、左手から回り込み、大きな建物下の

T字路（道標あり）で左折して側道を詰め、樹林帯内の牧道に入ってゆく。砂防堤下のトンネルを抜け、右手からの牧道に合流後、民家脇を通ると、ジグザグの急登が始まる。これを頑張り、急斜面のアルプを登れば、小屋脇の分岐（2025m）につく。ここから振り返ると、谷奥の高峰が見えて気持ちいい。

小屋裏から、樹林帯の斜面を斜めに上がってゆくと、約25分で高所トラバース道に合流する（2173m）。ここから、とても長いバルコニー道が始まる。始めは少し樹木もあるが、その後は視界を遮るものはない。分岐から約1kmで1つ目の谷筋に入ってゆく。谷奥で放牧小屋 Barneuza Alpage（2211m）を通ると、さらに約1kmで2つ目の谷筋（Montagne de Nava）に入る。この谷を過ぎると、道標のある分岐アルプ・ナヴァ［Alpe Nava, 2399m］につく。ここが、フォルレッタ峠［Forcletta］への登り道との分岐で、この辺りが、ジナール谷奥の高峰を眺められる最高の展望地だ。ジナールロートホルン、オーバー・ガーベルホルン、マッターホルン、そしてダン・ブランシュの白い峰々を望め、休憩にも最適な場所である。

分岐からトラバース道をそのまま進むと、約500mで牧道を横断する。この付近が、トラバース道の最高地点（2430m）。その後、徐々に高度を下げつつ北上し、小さな尾根筋を超えると、前方斜面の肩にポツンと建つ建物が目に入ってくる。これが、ホテル・ヴァイスホルン［Hotel Weisshorn］。ここから2つの道が伸び、左側は直接、右側は牧道経由でホテルまで行ける。ホテル・ヴァイスホルン［Hotel Weisshorn, 2337m］は、Pointes de Nava という支尾根の北端の（テラス状の）台地に建てられ、北西側の展望がよい。残念ながら、南側谷奥の高峰群はほとんど見えない（ダン・ブランシュのみ）。

ここから、ホテル西側の高台を回り込み、岩峰ル・トゥノ［Le Toûno, 3018m］を正面に見ながら東に向かい、Montage du Toûno の谷へ入る。谷奥の沢を渡って左へ曲がり、牧道に入るとすぐ、小屋のあるトゥノの分岐（Toûno Le Chiesso, 2201m）につく。ここがメイド峠への登山口。ここでは、牧道をそのまま進み、小屋もある次の分岐（Chalet Blanc de Roua, 2179m）から斜面を登る牧道に入り、後はなだらかな登り（35分）でベラ・トラ小屋［Cabane de Bella-Tola, 2340m］に到着する。なお分岐から牧道をそのまま真っすぐ行っても、ティニューサ［Tignousa, 2180m］のケーブルカー駅経由で小屋に行ける。

アルプ・ナヴァ分岐付近からの谷奥の展望
左からオーバー・ガーベルホルン、
マッターホルン、ダン・ブランシュ

アニヴィエ谷北部とホテル・ヴァイスホルン

岩峰ル・トゥノとメイド峠（岩峰の左肩部）

ベラ・トラ小屋付近からアニヴィエ谷南部を望む

山小屋・山岳ホテル案内

◆ベラ・トラ小屋　[Cabane de Bella-Tola]

　サン・リュック上部、ベラ・トラ山西側中腹の広々としたアルプ内に建つ小屋。南側が大きく開け、谷奥の高峰群（マッターホルン含む）を見渡せ、とても明るく開放的。食事もとても美味しい。
〈設備〉2F建て、〔1F〕レストラン・バー、〔2F〕ドミトリー・雑魚寝型部屋、トイレ・洗面・シャワー（共用）、〔他〕コンセント無、WiFi無
〈夕食〉①前菜：ポタージュ、②主菜：パスタ（ラビオリ）トマトソースのチーズ焼き、③デザート：ショコラとアイスクリームの多層ケーキ
〈小屋からの展望〉テラスから広い展望を得られる。遠望だが谷奥の高峰群も見え、とくにマッターホルン、ダン・ブランシュがよい。星空も素敵。

ベラ・トラ小屋

レストラン

夕食②

夕食③

◆ホテル・ヴァイスホルン　[Hotel Weisshorn]

　アニヴィエ谷中央の東側斜面中腹にある、歴史的山岳ホテル。19世紀後半のヴィクトリア朝時代に建てられ、その後火災で焼失したものの、改修改築を重ねて現在に至る。サロンなど、そこかしこに歴史を感じられ、とくに夕食のコース料理はとても上品で美味しい。ドミトリーはなく、個室部屋のみ。古いためか、室内を歩くと床がきしむ音がするのも妙味。
〈設備〉4F建て、〔1F〕レストラン・バー・サロン他、〔2～4F〕個室（シングルもあるが基本はツイン）、洗面・シャワー（共用）・トイレ（中間階）、〔他〕コンセント（部屋内）、WiFi（バー他）
〈夕食〉①前菜：ポタージュ、②前菜2：生野菜サラダ＋生ハム添え、③主菜：サーモン・ムニエルのホワイトソースかけ＋ライス添え、④デザート：杏子パイ
〈小屋からの展望〉北側ローヌ谷方向の展望が良く、谷奥に見える高峰はダン・ブランシュのみ。眼下のサン・リュックなどの夜景が素敵だ。ただ、夕食時間が長く、日没の撮影が心配になるだろう。

ヴァイスホルン

ツインの個室部屋

レストラン

サロン

夕食③

夕食④

HR-9a-2　ベラ・トラ小屋からメイド峠越えでグルーベン
Cabane de Bella Tola → Meidpass → Gruben

- 地図とコース番号：[Map-05：HR-9a-2]
- 総距離：10.4km
- 歩行時間：→5h45/←3h40
- 出発高度：2346m　　●到着高度：1822m
- 最高点標高：2790m　●最低点標高：1822m
- 累積標高差：登り480m／下り990m
- 宿泊：グルーベン

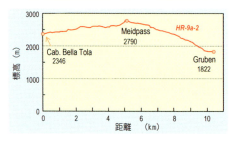

アルミナ湖脇を行きメイド峠へ

メイド峠直下を行く

ベラ・トラ小屋から、まず西側のベラ・トラ山 [Bella Tola] に向かって、なだらかな起伏のアルプを登り、奥の湿原の先で牧道に合流（Le Marais de Roua, 2484m）。続いて牧道を少し登り、ベラ・トラ山登山口との分岐（2590m）で右に折れると、すぐベラ・トラ湖の分岐 [Lac de la Bella Tola, 2579m] につく。ここで右手に入り、ベラ・トラ湖脇を通り、前方の岩尾根を越えると、やや大きな湖があらわれる。これがアルミナ湖 [Lac de l'Armina] で、湖越しの展望がよい。こ

こでは、湖の左側（東岸）を通り、続く斜面で徐々に高度を上げて行くと、やがて2625mの分岐で、トゥノ [Toûno le Chiesso] からメイド峠へ登る道に合流する。最後に、やや急なジグザグ道を登り、主尾根直下で右に回

メイド峠からの西側大展望、右端にモンブランも見える

メイド峠とヴァイスホルン（中央）

り込むと、尖塔が目立つの鞍部に入って行く。ここが、メイド峠（メイドパス [Meidpass/Meidenpass, 2790m]）である。

メイド峠からの眺めは素晴らしい。すぐ南側に岩塔があるものの、少し北側の尾根に上がれば、素晴らしい展望が得られる。岩塔の左に、氷河を頂き、白く輝くヴァイスホルン [Weisshorn, 4506m] が見え、西側遠方には、コンバン山群やモンブランも頭を出している。

メイドパスからは、まずカール底のメイド湖（メイドゼー [Meidsee]）へ下ってゆく。始めはやや急斜面だが、すぐなだらかになり、ヴァイスホルンを右手に見ながら湖へ向かって行く。湖畔で、南側に回ると、休憩によい広い場所に出る。なお、湖面に映るヴァイスホルンを見るため、北岸側に行きたいところだが、岩ゴロ斜面のみで道はない。

メイド湖からは、起伏の多いアルプの斜面を南東方向に下ってゆく。高度が下がると、ヴァイスホルンより手前のビスホルン [Bishorn, 4153m] が目立つようになるだろう。やがて、トゥルトマン本谷に近づくと、Ober Stafel（2334m）を通り、ミッテラー・スタフェル [Mittlere Stafel, 2234m] 集落直前の分岐（2266m）に出る。ここは、グルーベンに下る道と、南北に伸びるトラバース道との十字路分岐。ここを南側に行けば、フォルクレッタ峠に至る。

テラスのような台地上にあるミッテラー・スタフェルの集落を抜け、眼下の急斜面を斜めに下ると、標高2100m付近から樹林帯内に入り、このなかをジグザグに下って行く。谷底のアルプに出たら、川沿いの道を北に折れ、橋を渡れば、グルーベン [Gruben, 1822m] に到着する。ホテル・シュヴァルツホルンは最も目立つ大きな建物である。

スタッフェル集落付近を下る

メイド峠からの下り道

グルーベンの集落

〈ホテル・ヴァイスホルンからメイド峠〉

ホテル・ヴァイスホルンから行く場合は、トゥノの分岐 [Toûno Le Chiesso, 2201m] で、山側の牧道に入って行く。途中 La Raja（2308m）の小屋右脇を通り（小屋左手へ伸びる牧道ではなく、登山道に入ること）、沢沿いを登って Lac de Combavert（2440m）への道との分岐を経ると、やがてベラ・トラ山方面からの道と合流する（2625m）。ここから、前記のようにメイド峠を目指せばよい。

オプション　ベラ・トラ登頂

ベラ・トラ山頂下からの大展望
左奥がダン・ブランシュ、右奥はモンブラン・ドゥ・シェイロン

ベラ・トラ山［Bella Tola, 3025m］は3000m越えだが、容易に登れ、山頂から360度の展望が得られ、オプションによいコース。
ベラ・トラ山下の分岐（2590m）から登山道に入り、目前の急斜面を、北西側の支尾根へ向かってジグザグに登ってゆく。尾根上の分岐（2927m）で右に折れ、最後にザレ場や岩ゴロ斜面を登りきれば、十字架のあるベラ・トラ山［Bella Tola, 3025m］に着く。山頂からは、360度の展望が得られ、ヴァリス州南部の高峰群だけでなく、北側にベルナーアルプスの高峰群も見渡せる。とくに、南側のヴァイスホルンと氷河が美しい。山頂からの下りは、登りとコースを変え南側尾根を下り、Pas du Boeuf（2817m）峠、ベラ・トラ湖経由も面白い。ただし、下り始めの急なザレ場に注意。

HR-9b　ジィナールからフォルクレッタ峠越えでグルーベン
Zinal → Forcletta → Gruben

●地図とコース番号：[Map-05：HR-9b]
●総距離：16.8km
●歩行時間：→5h45／←4h45
●出発高度：1675m　　●到着高度：1822m
●最高点標高：2874m　●最低点標高：1675m
●累積標高差：登り1490m／下り1340m
●宿泊：グルーベン

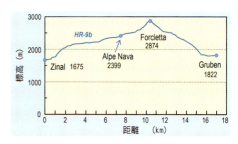

ジィナールから谷東斜面の高所トラバース道を、まず［9a-1］のアルプ・ナヴァ［Alpe Nava, 2399m］の分岐まで行き、ここから山側に入る。すぐ牧道に合流して、Pointes de Navaの南斜面をトラバースしつつ高度を上げ、徐々に右手に曲がると、大きな牛舎が目立つ放牧小屋アルパージュ・ナヴァ［Alpage Nava, 2523m］に着く。ここで小屋の右手を回り込み、アルプ内のなだらかな登山道を東側正面の岩壁に向かって行くと、岩壁際で左手から来る登山道に合流する。これがホテル・ヴァイスホルンからの道。これを過ぎ、急斜面を一気にジグザグに登ってゆけば約40分

でフォルクレッタ峠［Forcletta, 2874m］につく。フォルクレッタ峠は、南北に岩峰や支尾根が迫り、展望はやや限定的（ヴァイスホルンが見えない）、でも西側には、ダン・ブランシュ、グラン・コンバンとモンブランの白いピークが、谷対岸の尾根の上に浮かんで見えるだろう。

峠からは、ほぼ真東に伸びる、トゥルトマン谷の支谷（Bluomatttalli）へ下って行く。まず直下の急斜面を左に回り込みながら下った後、沢沿いを下って行く。標高2500m辺りで、左手のアルプの斜面へ入ると、やがて前方眼下にシャレ・ベルク［Chalet Berg, 2488m］の牧場の建物群が見え出す。この辺りから右手に目を向けると、尾根脇からビスホルンとヴァイスホルンが顔を出し始めるのに気付くだろう。牧場の建物群内を抜け、トゥルトマン本谷へ出合うころ、シャレ・ベルクから下る牧道に一端合流する。牧道が北向きに曲がると、谷下へ入る登山道入口の分岐（2366m）に出合う。ここで登山道に入り、すぐあらわれる次の分岐をそのまま真っ直ぐ行く。この分岐で逆に南下すると、トゥルトマン小屋へ行ける。

分岐から、しばらく牧道沿いを進み、続いて眼下の建物もあるアルプ（牧道のヘアピンカーブ端, Massstafal, 2235m）に直接下ってゆく。なお、ここへは、時間がかかるが牧道でも下ることができる。Massstafalからは、牧道を下り、次のヘアピンカーブ端（2204m）で登山道との分岐に出る。この分岐で、北へ伸びるトラバース道に入れば、Mittlere Stafel（2234m）集落を経てグルーベンに下って行ける。でも、ここでは右手の登山道に入り（或いは牧道をそのまま下ってもよい）、樹林帯内急斜面のジグザグ道を下ってゆき、谷底（1859m）に出たら、川の左岸沿いを北上してグルーベンに到着する。

ナヴァ放牧小屋と対岸のグリメンツ村

フォルクレッタ峠から西側の展望、右端にモンブランが見える

シャレ・ベルク付近、谷奥のビスホルンが頭を出す

トゥルトマン本谷合流地点から北側を望む

オプション1　ホテル・ヴァイスホルンからフォルクレッタ峠

　フォルクレッタ峠[Forcletta, 2874m]へは、ホテル・ヴァイスホルンから南東に伸びるTsa du Toûnoの谷をつめ、Bella Vouarda（2621m）の峠を抜けて行く道もある。

　ホテル・ヴァイスホルンからToûno Le Chiessoへ向かう途中の分岐から、道標に従い山側に入り（またホテル裏からの牧道経由で）、Tsa du Toûnoの谷へ入る。基本的に南側谷奥に見える鞍部 Bella Vouarda（2621m）を越えてTsa du Navaの谷に入り、左手の岩峰下を進み、フォルクレッタ峠下で前記コースに合流する。

オプション2　トゥルトマン小屋へ寄り道

シャレ・ベルクからトゥルトマン谷奥へのトラバース道を行く

　グルーベンからトゥルトマン小屋[Tourtmannhütte]へは、①谷底経由と、②谷の左岸中腹のトラバース道経由で行ける。②ならば谷奥のビスホルンとヴァイスホルンが良く見え、フォルクレッタの峠越えと絡めて利用できる。例えば［9b-1］で述べた、フォルクレッタ峠下のシャレ・ベルク［Chalet Berg］牧場下の分岐から、谷奥へ向かうトラバース道に入り、谷奥の湖を通り、目前の岩盤上に登れば、小屋のある高台につく。

山小屋・山岳ホテル案内

◆ホテル・シュヴァルツホルン
　［Hotel Schwarzhorn］
　トゥルトマン谷でよく利用される宿。ホテルのため個室が主だがドミトリーもある。食事も旨く、また売店で食糧などを入手可能。1Fのテラスで、谷奥の山々を眺めながら、のんびり過ごすのもよい。
〈設備〉5F建て、［1F］バー、［2F］入口、レストラン、小売店、［3～4F］個室（ツイン以上）、［5F］ドミトリー、トイレ・洗面・シャワー（共同）、［他］コンセント（各部屋内）、WiFi無
〈夕食〉①前菜：ポタージュ（小皿）、②主菜：生野菜サラダ、鳥肉煮込みとライス、③デザート：プリン
〈小屋からの展望〉狭隘な谷間にあり高峰群は見えないが、上層階の窓から谷奥の眺めがよい。

ホテル

夕食①

夕食②

夕食③

HR-10　グルーベンからザンクト・ニクラウス
Gruben → St. Niklaus

- 地図とコース番号：[Map-05：HR-10]
- 総距離：15.3km
- 歩行時間：→7h10／←7h25
- 出発高度：1822m　●到着高度：1100m
- 最高点標高：2894m　●最低点標高：1100m
- 累積標高差：登り1115m／下り1815m
- 宿泊：ザンクト・ニクラウス

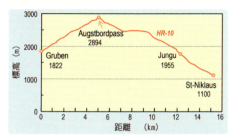

トゥルトマン谷からマッター谷へは、アウグストボード峠（アウグストボードパス [Augstbordpass, 2894m]）を超え、小さなユング村 [Jungu, 1965m]（ユンゲン Jungen とも呼ばれる）を通り、ザンクト・ニクラウス [Sankt (St.) Niklaus, 1127m] へ下ってゆく。アウグストボード峠は、トゥルトマン谷とマッター谷境界の長い尾根の北端にあり、峠から高峰は見えないが、ユングナーアルプ（ユング上部のアルプ）まで下れば、マッター谷の高峰群（ミヒャベル山群から谷奥のブライトホルン）が見える。また、ユングからザンクト・ニクラウスへの最後の下りはとても急だが、この間に小さなロープウェイが運行されている。翌日、ヨーロッパ道（オイローパヴェーク、[Europaweg]）を歩く場合には、さらにグレッヒェン [Grächen] かガセンリード [Gasenried] までバスで移動してもよいだろう。

まずグルーベン [Gruben] のホテル・シュワルツアルプ前から真東へ向かい、直ちに樹林帯内をジグザグに登る登山道に入ってゆく。標高2200m辺りの最初の分岐まで急登が続き展望はない。その後もアルプ内のジグザグの急登が続くが、標高2300mを越えるころ、ようやくなだらかになり、放牧小屋のある [Ober Stafel, 2396m] につく。その後は、小さなカール底のアルプをまっすぐ東に向かってゆく。徐々に高度を上げ、2700m付近から岩混じりとなる。最後に、岩ゴロ地帯をペンキ印に注意しながら抜けると、峠に到着する。アウグストボード峠 [Augstbordpass, 2894m] は比較的開けた峠だ。でもすぐ近くにある3000mを越える岩峰が邪魔をして、遠方の高峰群を見ることができない。

峠からは、ほぼ真東に伸びるマッター谷の支谷 [Inners Talli] を下ってゆく。中間地のユング村のあるユング谷（ユングタール [Jungtal]）は1つ南側の支谷で、両者を隔てる尾根を下部で回り込んで行く。

まず比較的なだらかな道を下り、標高2500m付近で分岐（道標あり：Junguへ）から、右岸斜面のトラバース道へ入ってゆく。ほぼ水平に近いが、大きな岩ゴロ地帯を通過してゆく。徐々にマッター本谷に近づくと、右側

アウグストボード峠

ユング上部のテラスからマッター谷を望む

の尾根を回り込み、やがてその突端に出ると、突然前方の視界が開ける。この辺りがユングナーアルプ（ユンゲン）の北端だ。正面には、谷越しにミヒャベル山群（ドームなど）が見え、右手奥にマッター谷が伸び、その先にブライトホルンが輝いている。本当に唐突にあらわれるので、とても感動するだろう。ここは広いテラスになっているので、休憩にとてもよい場所である。

ここから、ユング村に向かってジグザグに下ってゆく。途中から樹木も多くなり、またユング付近を散策するハイキングコースも多いので、各分岐の道標（行先はJunguかJungen）に注意しよう。

しばらく樹林帯内を下り、再び視界が開けると民家が集まるユング村に入ってゆく。急斜面のわずかな台地に民家が集まっていて、小さな教会があり、レストランも一軒営業している。村内の分岐で左手の台地端に向かえば、小さなロープウェイ駅があり、ユングとザンクト・ニクラウスを結んでいる。ここは、無人駅で周囲に柵もない。本数が少ない（1本/1～2h）だけでなく、キャビンは4人乗りで小さい（ゴンドラリフトのキャビン1個）。利用する場合は、インターホンで山麓駅と連絡を取る（対応はドイツ語のみ、出発直前しか応答してくれないので慌てない）。キャビンの出入りは手動。混むと時間がかかるので注意（約12分間隔で運行、4名/回）。混んでいる場合は、歩いて下った方が早いかもしれない。

ユングから歩いて下る場合、教会ある中心部を通り、レストラン脇から眼下の谷へ向かって、急斜面をジグザグに下ってゆく。でも、道自体の傾斜は緩やかで、下る途中には小さな祠がたくさんある。

まず、右手から下る沢（Jungbach）に向かって一気に下り、途中から一端トラバース気味に北側（マッター本谷）へ向かい（途中の展望がよい）、再び沢筋へ戻って橋を渡り、樹林帯斜面を斜めに下って行けば、ザンクト・ニクラウス駅南側上部に出る。最後に小さなアルプを下り（ロープウェイ山麓駅経由の道もある）、線路高架下をくぐれば、ザンクト・ニクラウス［St. Niklaus, 1127m］の中心部だ。また、ユングへのロープウェイ山麓駅からは、線路西側沿いを下れば、線路高架下に出られる。

テラス状台地あるユング集落

左：ユングの小さな手動ロープウェイ
右：山麓駅につながるインターホン

ユングからの下り道、対岸にグレッヒェン

HR-11　ザンクト・ニクラウスからツェルマット
St. Niklaus → Zermatt

ザンクト・ニクラウス[St. Niklaus]から、マッター谷を南下して終着地ツェルマットへ行くコースには、2つの選択肢がある。1つが、谷の東斜面につけられた高所トラバース道：ヨーロッパ道（オイローパヴェーク[Europaweg]）経由の2泊3日のコース、もう1つが、谷底の道を1日で行くコースだ。展望は、途中からマッターホルンが登場する前者が断然よい。しかし、ヨーロッパ道は非常に長いだけでなく、途中危険な箇所も多い（落石危険地帯や絶壁のトラバースの連続）ため、悪天時の通行は避けていただきたい。さらに、ヨーロッパ道後半は、近年崩壊や落石などによる通行止めの箇所が増え、大きな迂回を強いられていた。

〈注意〉2017年夏、ランダ上部の崩壊地中腹に新吊り橋完成。これで歩行時間を大幅に短縮も可能

一方谷底の道は単調な登りで安全だが、線路や車道脇を行き、高峰の展望がほとんどなく、電車利用でよくショートカットされる。

前者ヨーロッパ道コースでは、グレッヒェン[Grächen]かガセンリード[Gasenried]と、途中の山小屋（ヨーロッパ小屋）に宿泊する。後者の事前予約は重要だ。また、ガセンリードには宿が1つしかないが、グレッヒェンは宿や商店も多くあり便利。ただし、後者はグレッヒェンからガセンリードへの移動時間（45分）が余分にかかる。またザンクト・ニクラウスからは、グレッヒェンとガセンリードまでバスで移動できる（ガセンリードへは途中で乗り換え、本数は少ない）ので、前区間のユングからロープウェイで下った後、グレッヒェンなどへ一気に行ってもよい。

さらに、ヨーロッパ道の途中のテーシュアルプから、フルヴェ[Pfulwe]峠超えでフルーアルプ[Fluhalp]に下るアルパインルートについても触れておく。こちらは、素晴らしい展望が得られるものの、峠への登りが上級者向けなのが難点だ。

ここでは展望の点からヨーロッパ道経由コースを詳細に紹介し、マッター谷底コースをバリエーション、そしてフルヴェ峠超えコースはオプションとした。

HR-11a-1　ザンクト・ニクラウスからグレッヒェン／ガセンリード
St. Niklaus → Grächen/Gasenried

- 地図とコース番号：[Map-06：HR-11a-1]
- 総距離：4.4km（Grächenまで）
- 歩行時間：→ 1h55／← 1h30
- 出発高度：1100m　　● 到着高度：1615m
- 最高点標高：1615m　● 最低点標高：1090m
- 累積標高差：登り535m／下り40m
- 宿泊：グレッヒェン（ガセンリード）

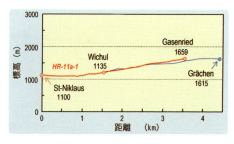

ザンクト・ニクラウス[St. Niklaus, 1100m]からグレッヒェン[Grächen]及びガセンリード[Gasenried]へは、U字谷の急斜面の樹林帯やアルプ内を、車道をショートカットしながら、ジグザグに登ってゆく。

どちらのコースも、まず一端谷底に下りて、天蓋付きの橋を渡って左に折れ、川沿いの民家内を北上後、車道を横切って、北東側急斜面の側道に入ってゆく（Feld, 1094m）。民家が途切れ、樹林帯やアルプ内の牧道を登り、ヴィッヒョル［Wichul, 1195m］集落を抜けると、すぐ村外れのT字路分岐に出る。ここが、グレッヒェンとガセンリードへ向かう道の分岐点だ。ここで左手斜めに上がる山道に入り、北東方向へ、ヘアピンカーブの車道をショートカットしつつ、樹林帯やアルプの急斜面をジグザグに登ってゆくと、やや大きな集落ニーダーグレッヒェン［Niedergrächen, 1478m］につく（車道のY字路分岐あり、バス乗り換え地点）。ここで教会脇（バス停）から斜面内の細い側道に入り、民家内の急な舗装道を1600m付近まで登ると、ガセンリードとグレッヒェンを結ぶ平らな車道に合流する。その後は、左手グレッヒェンを目指して行けばよい。

グレッヒェン［Grächen, 1615m］は、大きなリゾート地で、中心広場沿いに、教会、観光案内所、商店などが多くあり、北側の通り沿いには、郵便局やハニッグ展望台行きのゴンドラリフト駅がある。滞在にもよいところだ。グレッヒェンからは、北側にベルナーオーバーランドの山々が、また南側にはビスホルンが良く見え、ヴァイスホルンもまた、ビスホルンの背後に頭を出してくれる。

また、ガセンリード［Gasenried, 1659m］へ向かう場合は、途中のヴィッヒョル［Wichul, 1195m］の分岐で、右に折れ、南東方向に登ればよい。ここからは、車道を横断後、樹林帯やアルプの急斜面をジグザグに登り、最後に民家脇の側道を急登すれば、ガセンリードの教会脇で、平らな車道に合流する。バス停やガセンリードの唯一の宿（Hotel Alpenrösli）は、すぐ左手の広場周辺にある。ガセンリードから南に目を向けると、狭い谷奥の上にナデルホルン［Nadelhorn, 4327m］、ウルリッヒホルン［Ulrichshorn, 3925m］、リード氷河［Riedgletscher］が輝き、そして右手には、マッター谷越しにビスホルンやヴァイスホルンが見えるだろう。

ニーダーグレッヒェン上部のアルプ

ガセンリードから望むナデルホルンとリード氷河

ホテルも多くあるグレッヒェン

HR-11a-2　グレッヒェン／ガセンリードからヨーロッパ小屋
Grächen/Gasenried → Europahütte

- 地図とコース番号：[Map-06：HR-11a-2]
- 総距離：12.8km
- 歩行時間：→6h20/←6h00
- 出発高度：1659m　●到着高度：2265m
- 最高点標高：2708m　●最低点標高：1659m
- 累積標高差：登り1275m／下り660m
- 宿泊：ヨーロッパ小屋

グレッヒェンからスタートする場合、まずガセンリードに向かってゆく。中心広場から教会脇を抜け、ほぼ水平な車道を行く。途中から樹林帯内だが、開けるとニーダーグレッヒェン［Niedergrächen］からの車道に合流後、すぐガセンリードの教会前広場につく。

ガセンリードからは、そのまま車道を南に詰め、リード氷河から下る川に架かる橋を越えると、すぐ登山道入り口につく。ここから、しばらく樹林帯内のジグザグの急登が続き、2000m付近で森林限界を越えて、尾根の西側へ回り込み、緩やかなアルプの起伏を超えると、アルプの丘の上［2574m］に到着する。

ここは、ナデルホルンから北西に伸びる支尾根の端で、実に見晴らしがよい。その北端には、ベルナーオーバーランドの山々を背景にして、コミカルなサン・ベルナールの石像が立っている。西にはヴァイスホルンやビスホルン、そして南東にウルリッヒホルンが輝き、好天ならば、多くのハイカーで賑わうところだ。

石像のある丘から、いよいよトラバース道に入ると、すぐ、崩れやすい絶壁や危険な岩石崩壊地のトラバースが始まる。ここから落石危険地帯の連続になるので、慎重に、そしてすばやく行動しよう。足元に十分注意し、崩壊地通過時は、ペンキ印のコースを外さないように注意したい。誤ったところに入ると、非常に崩れやすいからだ。

ヨーロッパ道入口にある
サン・ベルナール像

ヨーロッパ道北端からマッター谷対岸の高峰
左端がヴァイスホルンとビスホルン

ヨーロッパ道の危険なガレ場のトラバース

崩壊地帯を抜けても、急斜面のトラバースが続き、ミッテルベルク [Mittelberg, 2571m] を過ぎると標高2708mの道標（地名はない）に出る。ここが本区間の最高地点。この後も、部分的には緩やかな斜面もあるが、急斜面のトラバース（ロープあり）が多く、気を抜けない。さらにガレンベルク [Galenberg, 2581m] 分岐の先の谷筋では、ちょっと怖い吊り橋を渡る。よく揺れるので慎重に行こう。その後は、徐々に標高を下げ、樹木が増えだすと、突然山小屋があらわれる。それがヨーロッパ小屋だ。小屋は、樹木の多い急斜面のなかにあり、到着前後の道からも、ほとんど見えない。

ヨーロッパ道からマッター谷南部を遠望

ヨーロッパ小屋（オイロパヒュッテ）[Europahütte, 2265m] は、ヨーロッパ道を歩く人にとって必須の宿で、事前予約は確実にしたい。このとき、次区間のテーシュアルプ [Täschalp] にあるオイロパヴェークヒュッテ（ヨーロッパ道小屋 [Europaweghütte]）と間違えないように注意する。小屋のテラスからは、マッター谷越しに対岸の高峰群が良く見える。ヴァイスホルンやジナールロートホルンだ。残念だが、マッターホルンは見えない。

ヨーロッパ小屋から対岸のヴァイスホルンを望む

山小屋・山岳ホテル案内

◆ヨーロッパ小屋 [Europahütte]

ヨーロッパ道中央部にある重要な小屋。収容30人と小規模。急斜面にへばりつくように建てられ、西側のテラス下が絶壁のため、ここから対岸の高峰が良く見える。

〈設備〉木造2F建て、[1F] レストラン、トイレ・洗面・シャワー（CHF 5）、[2F] ドミトリー・雑魚寝型部屋とベッド型小部屋、[他] コンセント無、WiFi無

〈夕食〉①前菜：コンソメ、②主菜：肉煮込み（カレー風味）＋ライス、③デザート：カスタード＆生クリーム

〈小屋からの展望〉小屋周囲が樹林帯のため、展望はテラスからがよい。ほぼ正面にヴァイスホルン、左手にジナールロートホルンが見え、早朝真っ赤に輝く。ただしマッターホルンは見えない。

ヨーロッパ小屋

レストラン

夕食①

夕食②

HR-11a-3　ヨーロッパ小屋からツェルマット
Europahütte → Zermatt

- ●地図とコース番号：[Map-06：HR-11a-3]
- ●総距離：21.6km（Randa 経由）
- ●歩行時間：→ 8h30/ ← 7h55
- ●出発高度：2265m　●到着高度：1615m
- ●最高点標高：2355m　●最低点標高：1615m
- ●累積標高差：登り1400m／下り2030m
- ●宿泊：ツェルマット

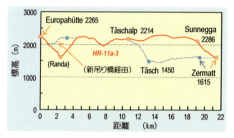

逆コースを行く場合は注意する（ヨーロッパ道のサイト（p.245）で確認できるが、滞在ホテルや直接ヨーロッパ小屋へ尋ねるのが確実）。ここでは、念のためランダ［Randa］への迂回路を入れて紹介する。

〈最新情報〉
　2017年夏、前者ランダ上部の迂回路の途中、標高2000mの地点に、長さ"500m"の吊り橋が完成（世界最長）。これで、1h30程度短縮可。揺れ低減の工夫がなされているが、高所恐怖症の人は迂回路を行くしかないだろう。

　ヨーロッパ小屋［Europahütte］からの最後の区間は、マッターホルンが見える好展望のトラバース道（ヨーロッパ道）を、トゥフタレン［Tufteren］（或いはスネガ［Sunnegga］）まで南下し、ツェルマット［Zermatt］に下ってゆく。しかし、近年、激しい崩壊や頻繁な落石により、ヨーロッパ小屋とキン小屋［Kinhütte］下の分岐［Wildkin］間で、下部へ大きく迂回することが必要になっていた（谷底のRanda近くで標高1620m、標高差±600mのアップダウン追加）。さらに2013年から、テーシュアルプ［Täschalp］とトゥフタレン間も、落石多発で通行止めになった。こちらは、迂回路がないため、テーシュアルプから下り、谷底をツェルマットまで歩くしかなくなっている。なお、キン小屋の分岐［Wildkin］付近には、エーデルワイスがたくさん咲いている。迂回路を登り返したとき、その辛さを忘れさせてくれるだろう。

　これらヨーロッパ道の情報は、コースを南下する場合は、ヨーロッパ小屋で得られるが、

　ヨーロッパ小屋［Europahütte, 2265m］から南下し、すぐのドーム小屋［Domhütte］への登り口で、崩壊したトラバース道ではなく、ランダに向かって一気に下ってゆく（迂回路へ、この途中に新しい橋あり）。樹林帯をジグザグに下り、岩石崩壊地の下部を横断すると、本区間最下部の分岐（1620m）につく。ここから急斜面をジグザグに登り返し、再びトラバース道に合流すると、キン小屋との分岐［Wildkin, 2225m］だ。この分岐付近には、エーデルワイスがたくさん咲いている。分岐からキン小屋へ登る登山道は、エーデルワイス・ヴェークと名付けられている。

キン小屋分岐近くの登山道

ランダ上部の崩壊地に作られた落石防護道

テーシュアルプ、ヨーロッパヴェーク小屋とヴァイスホルン

　キン小屋分岐からは、小さなつり橋を渡り、絶壁の狭い道（ロープ付き、鉄板だけの道あり）を行き、続く大規模な岩石崩壊地帯で、コンクリート製の防壁道やトンネルを抜けてゆく。その後は、ほぼ安全な道を行き、テーシュアルプ［Täschalp, 2214m］に到着する。テーシュアルプは、マッター本谷から窪んだ小谷で、正面にヴァイスホルンが見え、ここにオイロパヴェークヒュッテ（ヨーロッパ道小屋）がある。
　テーシュアルプからトゥフタレン［Tufteren, 2215m］へは、マッターホルンを見ながらの、ほぼ平らで快適な道を行く。トゥフタレンからは、ツェルマットへ直接下れるが、すぐ樹林帯に入ってしまうので、そのままトラバース道を行き、スネガ［Sunnegga, 2288m］に行くとよい。スネガからツェルマットへは、ケーブルカーで下れるが、余力があれば素敵なフィンデルン［Findeln］の集落を通って下るとよいであろう。また、ステリー湖［Stellisee］によれば、湖面に映るマッターホルンを見ることもできる。

〈テーシュアルプから下る〉
　テーシュアルプから谷底へ下る場合、ほぼ真っ直ぐテーシュへ下るコースと、ツェルマット寄りのSchlangen（Schlangengruebe, 1540m）へ斜めに下るコースがある。テーシュより先には、ツェルマットまで鉄道駅が無いので、鉄道を利用する場合は前者を、すべてを歩く場合は後者を選択しよう。

◀ ステリー湖からの
明けるマッターホルン

オプション　フルヴェ峠経由でフルーアルプ

　テーシュアルプ[Täschalp, Otaffe, 2205m]からテーシュアルプ奥のテーシュ小屋方面に向かい、アルパインルートのフルヴェ[Pfulwe, 3155m]峠を超え、フルーアルプ[Fluhalp]へ下るコースも代替え案の1つ。峠から、マッターホルンの雄姿が見え、とても感動する。ただし、峠からフルーアルプへの下山路側は、ペンキ印もあり、明確で比較的容易に歩けるものの、テーシュ側の登り、とくに峠直下（最後の標高差200m）は、氷河の名残りの氷雪、そして崩れそうな岩ゴロの急斜面で、ペンキ印も一部途絶え、ルートファインディング技術が必要。なお、途中のテーシュ小屋[Täschhütte]を経由すると遠回りになる。

フルヴェ峠からのテーシュアルプ方面、右奥の高峰はドーム

標高が3155mもあるフルヴェ峠、マッターホルンが登場

マッターホルンとフルーアルプ小屋

HR-11b　マッター谷底経由ツェルマット
St. Niklaus → Randa → Zermatt

- ●地図とコース番号：[Map-06：HR-11b]
- ●総距離：19.3km
- ●歩行時間：→6h00/←4h55
- ●出発高度：1100m　●到着高度：1615m
- ●最高点標高：1642m　●最低点標高：1100m
- ●累積標高差：登り660m/下り165m
- ●宿泊：ツェルマット

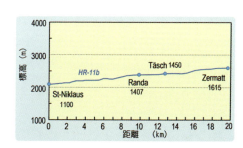

　ザンクト・ニクラウス[St. Niklaus]からツェルマットへは、登山鉄道（Brig-Visp-Zermatt間を結ぶMatterhorn-Gotthard-Bahn鉄道、氷河特急の一部）の線路、或いは谷底の川沿いの牧道や山道を登って行く（一応メイン車道上は避けられている）。狭隘な谷間なので、高峰の展望はほとんどないが、ラ

ザンクト・ニクラウス旧市街

ンダ［Randa］やテーシュ［Täsch］付近で少し開け、谷奥のブライトホルンやクライン・マッターホルンが見える。こちらを行くと、残念ながら、マッターホルンが見えるのは、ツェルマット到着直前になる。

ザンクト・ニクラウスからは、まず旧市街の狭い石畳の道、続いて舗装車道を谷奥へ進み、突き当たりのY字路（すぐ左手がメイン車道）で、右手の側道を上がってゆく。しばらくこれを登り、鉄道線路下を抜けるとすぐ左に折れ、線路沿いの車道（或いは牧道）を進んでゆく。やがて Ze Schwidernu［1163m］、Mattsandの集落を抜け（途中、川の右岸、左岸と入れ替わり、Mattsand付近では溜池を迂回）、Herblingen［1246m］集落対岸を通り、徐々に高度を上げながら、谷奥へ進んでゆく。途中、一時的に高巻きをする部分もあるが、川の右岸沿いを行くと、やがてランダ［Randa］手前で、右手左岸に巨大な崩壊地が見えてくる。これを回り込むように設けられた右岸の牧道を進むと、一端メイン車道に合流する。でも、ランダ直前で橋を渡り、左岸沿いの牧道へ入る（そのまま右岸車道を行けばランダ［Randa, 1407m］鉄道駅へ）。またこの橋は、トパリ小屋［Topalihütte］へ向かう登山道の入口（TMのバリエーションコース）である。

ここからは、川沿いに設けられた快適な道を行く。途中、ゴルフ場や素敵な小池（Schalisee）脇を過ぎると、やがてテーシュ［Täsch］駅対岸を通り、キャンプ場入口（Schopf, 1435m）に出る。そのままキャンプ場脇を通り、少しづつ高度を上げてゆくと、左手から来る鉄道線路の脇を進み、Schlangengruebeの分岐（1540m, Täschalpからの下り道と合流）を経て、最後にツェルマットへ向かう鉄道トンネル上部を高巻きしてゆく。この高巻きの最高地点で、ようやくマッターホルンが登場する。最後は、前方にツェルマットの街を見ながら進み、鉄道駅直前の分岐（Spiss, 1607m）で線路に下って、これを横断後、目前の車道を南下すれば、ツェルマット［Zermatt, 1615m］の駅前広場に到着する。

Herblingen　集落対岸を行く

歩道脇をMGB登山鉄道が行く

COLUMN

〈高所トレイルで出会う動物たち〉

　山のロングトレイルを歩く上での楽しさは、氷河を頂いた山々を眺めるだけでなく、足元の花々や動物たちに出会えることである。

　高所トレイルで、良く出会う代表的な動物は、次の3種であろう。彼らとは、早朝や夕方に出会える確率が高い。このため、山小屋滞在は、動物たちに出会える好機という意味でも有意義になると思う。

1）アルプス・マーモット
　　（Alpine Marmot）

　アルプの地中に迷路のようなトンネル状の巣穴を作る、体長50cm程度で太ったリスのような小動物。警戒心がとても強く、人など他の動物が近づくと、仲間に警報（ピー、或いはキーというとても甲高い声）を発して巣穴に潜ってしまう。こちらが、動かず静かにしていれば、可愛らしい姿を見せてくれる愛嬌ものだ。アルプのいたるところに、10～20cm程度の穴が開いているのだが、これがマーモットの巣穴である。アルプのなかを歩いていると、巣穴から出て動きまわる様子と共に、何度もこの声を聴くことになるであろう。

2）アイベックス（Ibex）

　アイベックスは英語名で、独語名はシュタインボック［Steinbock］、仏語名はブゥクタン［Bouquetin］。体長2m以上にもなる大型のヤギ科の動物で、角は緩やかに湾曲し、長さが50cm～1m以上と実に立派だ。堂々と歩いている様はアルプスの主の貫禄がある。比較的警戒心が小さいので、ある程度までは近づける場合もある。アルプスのいたるところで見かけることができるが、大抵は数頭単位である。でもバーニュ谷ルーヴィー湖畔や、アンザスカ谷トラン峠付近などで大群を見かけたことがある。

3）シャモア（Chamoix）

　アルプスカモシカとも呼ばれ、体長1m強、体高80cm程度の中型のヤギに似た動物で、20cm程度の短い角を持つ。よく群れで行動しており、アルプだろうが急峻な岩場だろうが、軽快に走り抜ける様をよく見かけるであろう。シャモアも警戒心が強く、こちらから近づくのは難しい。でも、朝夕にはよく山小屋近くまで出向いてくれる。シャモアはアルプス内でどこでもよく見られ、HRならばバーニュ谷のテルマン、ルーヴィー峠でよく見かけることができる。

アルプス・マーモット

アイベックス

シャモア

COLUMN

〈アルプスの素晴らしき花々たち〉

　各トレイルでは、低いところで標高800～1000m、高所では主に1500～2500m付近を歩き、そして峠では3000mを超えてゆくため、その標高差は約2000m以上と非常に大きい。従って、各標高での花々の種類や開花時期は大きく異なっている。また、良く写真で見られるような大きな花畑は、通常牧草地（アルプ）となっているため、花々の状態は、開花状況だけでなく、その後の刈取り状況（干し草として保存）や牛・羊の放牧時期に大きく左右されてしまう。

　例えば、1000～1500mの低地アルプでは、6月上旬から花が咲き始め、6月下旬には干し草として刈り取られるか、牛の放牧で食べられてしまう。これに対し、2000m以上の高所アルプでは、6月下旬～7月初旬に咲き始め、8月上旬まで花々が残ってくれる。でも、ここでも7月中旬あたりから始まる牛や羊の放牧と共に徐々になくなってゆく。一方標高2500m以上になってくると、周囲に氷河が見られるようになり、岩稜や岩屑だらけの世界で、花々の少ない荒涼とした世界となってしまう。従って、標高と共に大きな植生の違いを目の当たりにするであろう。

　ここでは、日本でも有名なアルプスを代表する花（アルプス3大名花）を紹介しておこう。花々の詳細は、前著［1］か専門の本（例えば［9-10］）を参照していただきたいと思う。

1）アルペンローゼ（Alpenrose）

　ツツジ科の低木で、日当たりのよい高所アルプに良く大群落を作っていて、初夏に赤い2～3cmの小さな花をたくさんつける（小さなシャクナゲに近い）。各谷で見られるが、シャモニ谷のポゼット小針峰山腹などが有名で、標高2000m付近のため、6月末～7月初旬あたりが花のピークとなる。なお、開花時期は個体差が大きく、一気に咲くのではなく、そこかしこに赤い花の小群落を作る。

2）ジャンチアン（Gentiane、或いはリンドウ）

　ジェンチアンは英語名で、仏語名ではジャンチアン。背丈10cm程度のリンドウで、長さ4～5cmもある、ラッパ状の青紫色の大きな花弁をつける。雪解け後の春から初夏にかけて、日当たりのよいアルプでよくみられ、盛夏になるにつれ、開花場所は標高が高いところに移って行く。なお、アルプスには、ほとんど見分けのつかない3種のジャンチアンがあり、またこれとは別の小型のリンドウも多く咲く。

3）エーデルワイス（Edelweiss）

　ウスユキソウの仲間で、花弁の大きさは3～5cmで、盛夏に咲く。今では滅多に見られないものの、HRでは、モワリー湖東岸の高所トラバース道、TDCではモーヴォワザン湖上部、シャンリオン小屋、そしてパノシエール小屋付近で多くみられる。とくに、パノシエール小屋付近のサイド・モレーン上では、素晴らしい群落に出合えるだろう。

アルペンローゼ

ジャンチアン

エーデルワイス

３ トゥール・モンテローザ
Tour Monte Rosa（TMR）

早朝のモンテローザ東壁：モンテ・モロ峠から

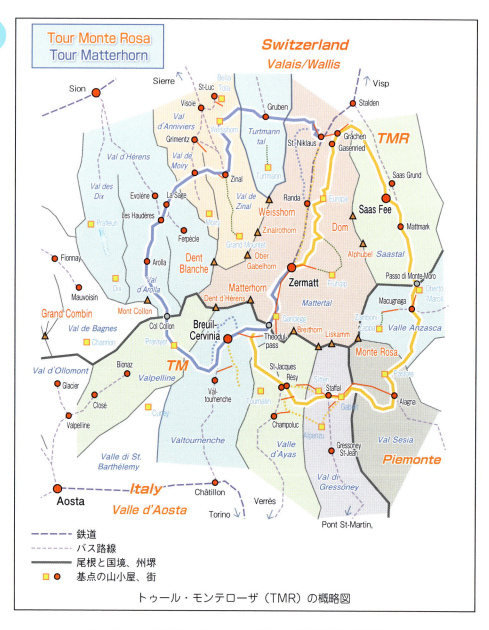

トゥール・モンテローザ（TMR）の概略図

　トゥール・モンテローザ［Tour Monte Rosa, TMR］は、概要で述べた通り、スイスとイタリア国境付近にある、モンテローザやドームなどのミヒャベル山群を一周する山岳ロングトレイルである。総距離は約160km、総累積標高差は約13kmで、7つの谷を通って行く、10日間程度のコースである。最高標高地点は3306mのテオデュール（伊：テオドゥーロ）峠［Theodulpass/Colle del Teodulo］だ。途中マッターホルンも見

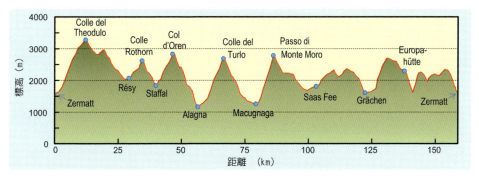

トゥール・モンテローザ（TMR）の全標高差図

えるが、メインはモンテローザを四方から眺めることである。ただし、モンテローザという山は、実はいくつものピークの集合体で、最高峰はデュフール峰［Dufourspitze/Punta Dufour, 4618m］、通常これをモンテローザとしている。

　TMRは、スイスのツェルマットからスタートし、反時計回り（左回り）に巡る。まず、マッター谷ツェルマット［Zermatt］からテオデュール峠を超え、イタリアのトゥールナンシュ谷北部（ブルイユ・チェルヴィニア［Breuil-Cervinia］）を通って東へ向かい、アヤス谷、グレッソネイ谷、セシア谷（アラーニャ）を順に横断し、続いてアンザスカ谷（マクニャーガ）へ北上後、モンテ・モロ峠を超えてスイスのサース谷に入り、サース・フェーを通過後、最北のグレッヒェンを回ってマッター谷に入り、ツェルマットまで南下する。

　TMRには、公式ルートがあるものの、地図やパンフレットによって多少異なっているため、本書では現地道標に合わせている。また、スイスからイタリアに入るテオデュール峠越えでは、一部氷河上を歩く必要がある。これは一般登山者向けではないので、TMRをブルイユ・チェルヴィニアから開始することを検討してもよいだろう。ここでは、ツェルマット開始の左回りで9区間に分けてみた。

　各区間の注意点は以下の通り。

・区間2）：ガンデック小屋からテオデュール峠間は氷河上を歩く。また、途中のチーメ・ビアンケ湖から、ゴンドラリフトでブルイユ・チェルヴィニアに下れるため、ここで2区間にも分けてもよい。またレジーの山小屋が満杯のときはサン・ジャック［St-Jacques］泊まりにする。

・区間3）：ロートホルン峠越えが最新のメインコースで、ベタフォルカ峠越えはバリエーション。

・区間4）と5）：少し長めの設定なので、途中のシッテン［Sitten］か、アラーニャ［Alagna］泊まりで適宜日程を緩めてもよい。

・区間7）：ショートカット前提の長い区間設定なので、モンテ・モロ峠の小屋泊まりで2区間に分けてよい。

・区間8）と9）：HRコースと同じなので、すでに歩いた人はここを省くとよい。詳細は2章を参照していただきたい。

・また区間2〜3）のトゥールナンシュ谷（ブルイユ・チェルヴィニア）からグレッソネイ谷（ガビエット）へは、アルタ・ヴィアNo.1［Alta Via 1］コース経由でも行くことができ、これは6章で紹介する。

　TMRでも、公共交通機関（索道やバス）を利用すれば、行程を大幅に短くできる。例えば、イタリア側の区間3）と4）では、ほ

とんど歩かなくて済む。ただし、イタリアの索道は、全般に運行期間が短いので注意しよう（すべてが動くのは7月中旬〜8月末、その前後は週末のみか部分稼働など）。なお、交通機関をすべて利用すると、下記のように最短6日間で巡ることができ、区間5）を除いて1日の行程を6h以下にできる。

〈TMRコースの日程と区間のコースタイム〉

区間	コース	行き所要時間	帰り所要時間
TMR-1	ツェルマット → ガンデック小屋	→ 4h35	← 3h10
TMR-2	ガンデック小屋 → テオデュール峠 → チーメ・ビアンケ湖 → チーメ・ビアンケ峠 → レジー	→ 6h20	← 8h15
TMR-3	レジー → ロートホルン峠 → スタッファル → ガビエット	→ 6h20	← 5h50
TMR-4	ガビエット → オレン峠 → アラーニャ → パストーレ小屋	→ 6h10	← 6h30
TMR-5	パストーレ小屋 → トゥルロ峠 → マクニャーガ	→ 8h00	← 7h40
TMR-6	マクニャーガ → モンテ・モロ峠 → マットマルク・ダム → サース・フェー	→ 9h50	← 9h10
TMR-7	サース・フェー → ハニッグアルプ → グレッヒェン	→ 9h50	← 9h10
TMR-8	グレッヒェン → ヨーロッパ小屋	→ 7h05	← 6h00
TMR-9	ヨーロッパ小屋 → ツェルマット	→ 8h10	← 7h55

〈現地語表記〉

区間	コース
TMR-1	Zermatt → Gandeghütte
TMR-2	Gandeghütte → Theodulpass → Lacs de le Cime Bianche → Colle superiore delle Cime Bianche → Résy
TMR-3	Résy → Passo Rothorn → Staffal → Gabiet
TMR-4	Gabiet → Col d'Olen → Alagna → Rifugio Pastore
TMR-5	Rifugio Pastore → Colle del Turlo → Macugnaga
TMR-6	Macugnaga → Passo Monte Moro → Mattmark → Saas Fee
TMR-7	Saas Fee → Hannigalp → Grächen
TMR-8	Grächen → Europahütte
TMR-9	Europahütte → Zermatt

〈ショートカットを考慮した日程例〉

	コース
1	ツェルマット ⇒ トロッケナー・シュテーク → ガンデック小屋 → テオデュール峠 → チーメ・ビアンケ湖 ⇒ ブルイユ・チェルヴィニア（→ 2h30）
2	ブルイユ・チェルヴィニア ⇒ チーメ・ビアンケ湖 → チーメ・ビアンケ峠 → レジー（→ 5h）
3	レジー → ロートホルン峠 → サンタンナ［Sant'Anna］⇒ ガビエット ⇒ サラーティ峠［Passo dei Salati］⇒ アラーニャ ⇒ パストーレ小屋下 → パストーレ小屋（→ 4h） ※ベタフォルカ峠経由のリフト利用ならば、総歩行時間は1h20
4	パストーレ小屋 → トゥルロ峠 → マクニャーガ（→ 8h）：短縮不可
5	マクニャーガ ⇒ モンテ・モロ峠 → マットマルク・ダム ⇒ サース・フェー（3h）
6	サース・フェー → ハニッグアルプ → グレッヒェン ⇒ ツェルマット（→ 5h45）

※行程中の「⇒」が交通機関利用区間で（ ）が歩行時間

TMR-1　ツェルマットからガンデック小屋
Zermatt → Gandeghütte

- ●地図とコース番号：[Map-07：TMR-1]
- ●総距離：9.0km
- ●歩行時間：→4h35/←3h10
- ●出発高度：1615m　●到着高度：3029m
- ●最高点標高：1615m　●最低点標高：3029m
- ●累積標高差：登り1415m／下り0m
- ●宿泊：ガンデック小屋

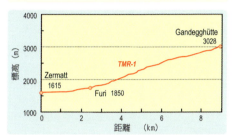

ツェルマット［Zermatt, 1615m］からガンデック小屋［Gandeghütte, 3029m］への登りは、標高差が1400mもあり、初日としては少々きつい。でもゴンドラリフトを利用すれば、ツェルマットからガンデック小屋下のトロッケナー・シュテーク［Trockener Steg, 2931m］まで一気に移動できる。

ガンデック小屋は、氷河に挟まれた岩稜帯上にあり、東側眼下にテオデュール氷河などを見下ろせ、ブライトホルンが間近に迫る、素晴らしい展望をもつ。また、次区間のテオデュール峠［Theodulpass］に、宿泊可能なテオドゥーロ小屋［Rifugio Teodulo］もあるが、標高が3316mもあるため、高山病のリスクを考えると、宿泊は避けた方がよいだろう。

まず、ツェルマットの鉄道駅前から谷奥のフーリ［Furi, 1867m］を目指して行く。フーリへの道はいくつかあるが、ここでは最短のズム［Zum］集落経由を紹介しよう。教会のあるメイン通りを南下し、マッターホルンを見上げながら、川沿い（左岸）を谷奥に向かって行く。樹林帯前の分岐でズム方面に入り、次の分岐で右に行くとズム［Zum］集落（1765m）だ。これを抜け、次のT字路分岐から右手のアルプを登ってゆくと牧道に合流し、フーリ［Furi, 1867m］のゴンドラリフト駅につく。

駅前の道路の曲がり角（Gandeghütteへの道標あり）で建物脇を入り、最初のT字分岐で右手に折れ（道標にはSchwarzseeの記載しかないが）、集落内を通り、レストラン（les Marmottes）脇のアルプの急斜面を登ってゆくと、次の分岐（この道標にはGandeghütteの表示あり）で左手に行き、急斜面のトラバース道に入ってゆく。

展望のよいトラバース道が終わると、フルク［Furgg］のゴンドラ駅方面との分岐で、小さな橋を渡り、牧道を横切って、急な登山道に入ってゆく。この牧道はフーリとフルク駅を結ぶもの（フーリの最初のT字路分岐で道標指示通り左手に行くと、遠回りだが牧道経由でここに出る）。急斜面を登り、ややなだらかになると、2450m付近でツェルマットを見下ろせるベンチ前に出る。ここからドームなどのミシャベル山群も良く見え、休憩によいだろう。でも長閑な草地はこの辺りまでで、徐々に荒涼した世界に入ってゆく。続い

フーリ集落、左手斜面を登ってゆく

途中のベンチからツェルマットを見下ろす

小屋から下部テオデュール氷河とブライトホルン

てトロッケナー・シュテークからの尾根筋を回り込み小谷に入ると、徐々に岩がゴロゴロし始め、やがて平らな谷底でトロッケナー・シュテークとの分岐に出る。さらに谷奥につめて岩稜帯を登ってゆくと、前方に山小屋があらわれる。これが、ガンデック小屋［Gandeghütte, 3029m］だ。この辺りは初夏までは残雪が多いので注意しよう。ガンデック小屋は、上部テオデュール氷河［Oberer Theodulgletscher］、下部テオデュール氷河［Unterer Theodulgletscher］間に挟まれた狭い岩稜帯の東端に建っており、東側の展望が素晴らしい。絶壁下に下部テオデュール氷河、ゴルナー氷河が見え、ブライトホルン［Breithorn, 4165m］やモンテローザの山々が神々しく輝いているだろう。

なお、トロッケナー・シュテークのゴンドラリフト駅から行く場合は、駅舎南側にある登山道入口から岩稜帯を登る（小屋の看板あり）。小屋まで30分程度。岩稜の尾根に沿って登り、ロープウェイの索道下や鉄柱脇を抜け、尾根の左手（東側）に向かえば、ガンデック小屋につく（2016年からロープウェイ増設工事で車両用道路などができている、工事状況に注意）。

山小屋・山岳ホテル案内

◆ガンデック小屋［Gandegghütte］

テオデュール氷河に挟まれた岩稜帯上に建ち、東側が絶壁、眼下に巨大氷河が見え、モンテローザやブライトホルンが大迫力で迫る。ただし、小屋の標高が高いので宿泊には注意。

〈設備〉木造3F建て、〔1F〕レストラン、靴置き場他、〔2～3F〕ドミトリー・ベッド部屋、小屋裏手に、トイレ・洗面などの水場（飲料不可）。飲料水はボトルで購入要、〔他〕コンセント（レスト内）、WiFi：無

〈夕食〉①前菜：ポタージュ、②前菜：生野菜サラダ、③主菜：ソーセージとジャガイモ・チーズ焼き＋温野菜添え、④デザート：チョコムース

〈小屋からの展望〉小屋周囲のテラスから、ほぼ360度の大展望、北側にブライトホルン、東側にモンテローザ、ミヒャベル山群など。マッターホルンを見るには、西側の岩尾根上へ上がるとよい。

ガンデック小屋

レストラン

夕食①

夕食②

TMR-2　ガンデック小屋からアヤス谷・レジー
Gandeghütte → Résy (Val d'Ayas)

- 地図とコース番号：[Map-07：TMR-2]
- 総距離：18.7km
- 歩行時間：→6h20／←8h15
- 出発高度：3028m　●到着高度：2066m
- 最高点標高：3316m　●最低点標高：2066m
- 累積標高差：登り575m／下り1495m
- 宿泊：レジー（山小屋2軒）

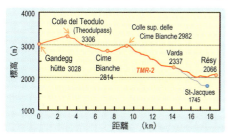

本区間はやや長い行程で、ガンデック小屋から、テオデュール（伊語：テオドゥーロ）峠 [Theodulpass/Colle del Teodulo, 3290m] を越えてイタリアのトゥールナンシュ谷 [Valtournenche] に入り、直下のカール底にあるチーメ・ビアンケ湖 [Lacs de le Cime Bianche] へ下り、左手支尾根上のチーメ・ビアンケ峠を超えて、隣のアヤス谷 [Val d'Ayas] のレジー [Résy, 2070m]（或いはサン・ジャック [Saint-Jacques, 1697m]）に下って行く。

ここでは、マッターホルンのイタリア側登山基地として有名な、ブルイユ・チェルヴィニア [Breuil-Cervinia, 2025m] を経由しないが、チーメ・ビアンケ湖からブルイユ・チェルヴィニアまで、ゴンドラリフトで手軽に下れるため、ここへ寄り道して2つの区間に分けてもよい。

最終宿泊地は、アヤス谷のレジー [Résy, 2070m] が丁度よい（山小屋2軒：Rif. Ferarro/Rif. Guide Frachey）。谷底のサン・ジャック [Saint-Jacques, 1697m] にも宿があるが、翌日の行程が長くなる。なおアヤス谷では、サン・ジャックと、谷の中心のシャンポリュック [Champoluc, 1579m] 間で、無料のシャトルバス（20分ごと）が運行されおり、簡単に移動できる。これを利用すると、途中のFracheyから、Ciarcerioや Alpe Mandriaに上がるチェアリフトも利用できるだろう。

〈テオデュール峠の氷河ルート〉
　ガンデック小屋からテオデュール峠 [Theodulpass, 3290m] へは、数kmだが氷河上を行く。ここは、あまり標高差がなく、ほぼ平らな雪原で、見た目にはクレヴァスがないが、クレヴァスがどこに隠されているかわからないことに注意。氷河上の歩行では、適切な装備と渡渉技術（ザイルでお互いをつなぐなど）が必要だ。なお氷河上の歩行は、気温の低い早朝がより安全で（雪面が凍り、落石のリスクも小さい）、雪の緩む盛夏の午後は避けた方がよい。また歩行者がスイスからイタリア側へ、索道利用で直接行くことはできない。でもスキーヤーならば、氷河上に整備されたピステ（スキー専用の滑走路）上を行くことで移動可能である（通常クライン・マッターホルンからテスタ・グリジアへ下る）。

クライン・マッターホルンから氷河越えルートを望む。下部がテオデュール峠と小屋。中央がマッターホルン。

では、3つの小区間に分けて紹介しよう。

1) テオデュール峠越え

ガンデック小屋前からすぐ、青白印のアルパインルートが始まる。テオデュール峠 [Theodulpass, 3290m] までは約3 kmで1h程度の道のりだ。まず、氷河に挟まれた岩稜帯を、東から西側に斜めに抜け、その後マッターホルンを右手に見ながら氷河脇を登ってゆき、標高3108mでテオデュール氷河 [Theodulgletscher] への取り付き点につく (2016年から、この付近でロープウェイ増設工事開始、通行時注意)。

氷河上には、その取り付き部を含め、何も標識はないが、テオデュール氷河のほぼ中央部に設けられたピステ (氷河上の雪原に整地されたスキー専用道) 端を登って行く。

まず取り付き点からピステまで、クレヴァスに注意しながら、斜めに斜面を上がって行く。ピステにたどり着いた後はピステ端を登ってゆく。このとき猛スピードで下ってくるスキーヤーには十分注意しよう。

しばらくは、2つの岩峰 (テオデュールホルンとクライン・マッターホルン) 間のとても緩やかな広い雪原を登ってゆく。右手にはマッターホルンが見え続け、前方の雪原の先にテスタ・グリジア [Testa Grigia, 3450m] の建物が見え、その右手の白い雪の鞍部がテオデュール峠だ。峠に近づくと、右側の岩峰上にテオデュール小屋が見え始め、小屋下まで来たら、ピステを離れて雪の鞍部 (テオデュール峠) へ、やや急な斜面を登って行く。

テオデュール峠 [Theodulpass, 3290m] は、氷河上というより、雪尾根、それも整地された雪道だ (テオデュール小屋とテスタ・グリジア間を結ぶ雪道)。ここから、一端岩稜上に建つテオデュール小屋を目指そう。なお小屋下から北西に延びる雪道がイタリア側への下山路だ。小屋のテラスからは、テオデュール氷河を見下ろせ、クライン・マッターホルン方面の展望が素晴らしい。マッターホルンはテラスの反対側にあるため、テオデュール峠付近からの方が良く見える。

氷河取り付き地点、左奥へ

氷河上ピステ脇を行く

テオデュール峠とテオデュール小屋

2) チーメ・ビアンケ湖へ

テオデュール峠からチーメ・ビアンケ湖へは、南側の巨大なカールの西側斜面 (マッターホルン側) へ回り込んで下ってゆく。まずは眼下のスキーリフト駅 (Cappella

Bontadini, 3042m）を目指そう。ここまで牧道も通じているが、残雪が多い場合は雪道を下って行くとよい。リフト駅に着くと、建物脇を回り込んですぐの分岐（ペンキ印）から、左手の砂利道へ入ってゆく。この分岐から牧道を下るとプラン・メゾンへ行き、こちらはTMコース。

砂利道を下り、次のペンキ印の分岐（2980m）で南に折れると、その後は、なだらかな起伏のある、実に荒涼とした丘陵地帯を進んでゆく。小さなアップダウンを繰り返しながら、ペンキ印に沿って行くと、やがて前方にチーメ・ビアンケの青い湖［Lacs de le Cime Bianche］とロープウェイ（ゴンドラリフト）駅の建物が見えてくる。その後、湖の南側を通り抜ければ、駅の建物（2814m）に着く。駅舎内にはレストランもあり、休憩に最適だ。ここから先レジーまで、補給などができないので注意しよう。

3）レジー（サン・ジャック）へ

チーメ・ビアンケ湖脇の駅舎（2814m）から、南東に延びる牧道を登ってゆく。南西側のGoillet湖への牧道を下らぬよう注意。少し高度を上げると、牧道脇からカール全体を見渡せる。続いて2950m付近で牧道を離れ、右手の鞍部へ向かって斜面を横切ってゆく。この鞍部がチーメ・ビアンケ峠［Colle superiore delle Cime Bianche, 2982m］。峠は、とても広く平らで、人工物も多い（貯水

中間地チーメ・ビアンケ湖へ

池あり）。中央に道標があるが、なぜかレジー方面の表示が無い（2014年取材時、標識下と、峠の南南東端にペンキ印あり）。ここから誤って、南西に延びる牧道や、トゥールナンシュ谷方向へ下らないように注意する。

地図を確認しながら、南南東に向かい、丘の左手を進めば、左側足元にいきなり急峻な谷が広がり、谷底の湖［Grand Lac］を見下ろせる。そのまま崖っぷちをトラバースした後、眼下の湖に向かって急降下し、湖から流れ出る小川を渡ったら、その左岸に沿ってゆく。しばらく、南東に延びる谷（Comba d'Aventine）を下ってゆくが、途中で平地と、急斜面の地形が交互にあらわれる。氷河谷特融の階段状の地形だ（氷食谷階段と呼ばれている［8］）。

左手から別の支谷（Camba de Rollin）が合流した後、平らなアルプMase（2403m）につく。廃屋もあり、のどかで休憩によいだ

マッターホルン下部の荒涼としたカール底を行く

とても広いチーメ・ビアンケ峠

チーメ・ピアンケ峠下からのパノラマ展望

ろう。続くなだらかな斜面を下ってゆくと、やがて明確な道標のある、Vardaz（2337m）の分岐につく。新旧TMRで、ここから先が異なっている。以前は、そのまま谷を下ってFiery経由でレジーやサン・ジャックに向かっていたが、現在は、ここで左に折れヴェラ谷［Comba de Véraz］に向かって行く。

まず小さな起伏を越えて隣の沢へ移り、コース〔6C〕との十字路分岐を経て、川沿いを下ってゆく。続いて急流脇の岩場（ロープあり）を下り、眼下の平らなアルプ（Plan de Tzere, 2178m）に下ると、アルプを横断し対岸の山際へ進む。山沿いのT字路分岐で右に折れて、谷左岸を下り、北東側のヴェラ谷［Comba de Véraz］へ回り込んでゆく。しばらく谷奥へ進むと、突然前方が開け、広い平らなアルプ Plan de Verra Dessons（2053m）につく。アルプの先には、素敵なヴェラ谷奥の山々が見え、こちらを経由させている理由がわかるだろう。

アルプ内の分岐で右手に折れて、谷左岸に行き、ここから広めの牧道を南方へ下って行く。途中から左手の登山道（注意：Ferraro小屋の案内あり）に入り、樹林帯の道を少し登って東へ回り込むと、突然視界が開け、南に伸びるアヤス本谷と数棟の建物が目に

峠西端から支谷 Aventine へ

支谷 Aventine のアルプ

Vardaz（2337m）の分岐

入ってくる。ここがレジー［Résy, 2066m］で、最初の建物群がフェラーロ小屋［Rif. Ferraro］、その下がフラシェイ小屋［Rif. Guide Frachey］だ。小屋は、尾根の南側斜面に作られているので、背後の高峰群は見えないが、南へ伸びる長閑なアヤス谷が良く見える。なお、ここから谷底に下れば、サン・ジャック［St-Jacques, 1745m］に行くこともできる。

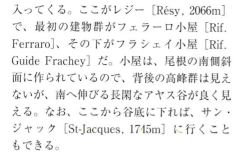
レジーの斜面に立つ山小屋群

― 山小屋・山岳ホテル案内 ―

◆ フェラッロ小屋
 ［Rifugio G.B. Ferraro］
　アヤス谷奥のレジーの宿の1つで、増築を繰り返した建物の集合体だ。夕食が非常に旨く、8品のコース料理で、とても量が多い。展望がない代わりに、料理がすばらしい。
〈設備〉木造3～4F建て、階段を挟んで半階づつの構造、〔1F〕レストラン、〔2～3F〕ドミトリー・ベッド部屋、トイレ・洗面・シャワー（各2ヵ所）、〔4F〕屋根裏：雑魚寝部屋〔他〕コンセント（各部屋内）、WiFi無
〈夕食〉①前菜1：キーシュ、生ハム（2種）、②前菜2：ラビオリ、③前菜3：野菜コンソメ、④主菜：子豚ロースト＋温野菜、⑤デザート：チーズ各種、シュークリーム盛り合わせ（どのコースも好きなだけ食べられる！）
〈小屋からの展望〉
　小屋付近から、南側に伸びるアヤス谷を見下ろせる。

フェラッロ小屋

レストラン

夕食①

夕食①

夕食②

夕食③

ドミトリー・ベッド部屋

夕食④

夕食⑤

夕食⑤

TMR-3 レジーからグレッソネイ谷・ガビエット
Résy → Gabiet (Val di Gressoney)

- 地図とコース番号：[Map-07：TMR-3]
- 総距離：13.4km
- 歩行時間：→6h20/←5h50
- 出発高度：2066m　●到着高度：2370m
- 最高点標高：1814m　●最低点標高：2687m
- 累積標高差：登り1170m／下り900m
- 宿泊：ガビエット（山小屋2軒）

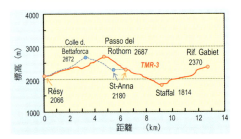

アヤス谷［Val d'Ayas］のレジーから、グレッソネイ谷［Val di Gressoney］に入るとき、通常①ベッタフォルカ峠［Passo di Bettaforca, 2672m］か、②ロートホルン峠［Passo del Rothorn, 2687m］を越えて行く。②が最新コース（TMRの道標あり）で、①が旧コース。どちらでも、峠を越えて下る途中のシッテン［Sitten］で合流し、教会のある台地サンタンナ［Sant'Anna］を経て、谷底のスタッファル［Staffal］へ下った後、東側の小谷（Vallon di Mos）を登り、中腹のガビエット湖［Lago Gabiet］まで行く。途中のシッテンやサンタンナは、モンテローザなどの高峰群が良く見える好展望地で、シッテンの丘の上には、素敵な山岳ホテルがある。日程に余裕があるならば、ぜひここに一泊することをお勧めしたい。

なお峠越えコースを比較すると、①は単調で楽だが、延々リフト下の牧道歩きで展望がない。②は、マッターホルンやモンテローザが見え、湖沼もあり変化に富んでいる。峠越えの楽しさでは、②に軍配が上がろう。また峠からは、どちらも近くの岩稜が邪魔で高峰は見えないものの、①ならば、北側尾根へ上がることで高峰群を見渡せる。ここでは、②をメインに、①をオプションとする。

放牧小屋 Mandra 付近のアルプ

小池に映るマッターホルン他の山々

レジー［Résy］のフェラーロ小屋前の平らな道を東に向かい、すぐの分岐で右手アルプ内の石畳の道に入って行く（牧道はベッタフォルカ峠へ向かう）。続く沢の分岐で、左手のTMRコースを選択し、樹林帯を登ってゆく（右手はAV1）。徐々に方向を南に変え、小さなアルプや牧道を抜けると、放牧小屋（レストランあり）のある Mandra（2271m）につく。続いて、チェアリフト下をくぐり、緩

峠東側直下の小池から峠を振り返る

シッテンからのモンテローザ山群

やかなアルプを登ってゆくと、リフト駅や小池のある鞍部（2384m）に着く。この辺りから振り返ると、ブライトホルンやマッターホルンの頂きが見え、小池にこれらがうつってくれるだろう。

鞍部からは、牧道を少し下り、左手斜面の登山道に入ってゆく（分岐の印に注意）。続く小谷の沢沿いを登ってゆくと、前方高みに鞍部が見え出す。これがロートホルン峠[Passo del Rothorn, 2687m]。徐々に高度を上げ、最後は大きな岩ゴロ地帯を、ペンキ印を頼りに抜ければ峠につく。峠はやや狭い鞍部で、南北に岩稜が迫り、北側の高峰群は見えない。

峠の東端からは、眼下の小さな池へ下ってゆく。続いて、この池から始まる沢沿いを下ってゆき、2450m辺りで左手の岩稜の尾根を回り込む。すると、突然岩尾根の陰から、モンテローザ山郡の真っ白なピークが飛び出す。ここから先は、常にモンテローザを眺めながら、やや急斜面のアルプを下ってゆく。眼下には、シッテン[Sitten]の山宿やリフトも良く見えるだろう。正面右端のピークがモンテローザで、その左手にリスカムが輝く。

シッテンまで下ると、ベッタフォルカ峠から下る牧道に合流する。目前に見える建物がホテル・シッテン[Hotel Sitten]、東側下に見える平らな台地にリフト駅や教会が見えるだろう。後は、牧道を10分程度下れば、サンタンナ[Sant'Anna]に到着する。

サンタンナの小さな教会

サンタンナからリスカムを望む

サンタンナのアルプには、チェアリフトとロープウェイ駅、レストラン、そして南寄りに小さな白い教会(Sant'Annaの由来)がある。教会まで行けば、グレッソネイ谷底を見下ろせ、振り返れば広いアルプ越しに、氷河を頂いたモンテローザやリスカムが良く見える。

サンタンナからスタッファル[Staffal]へ下る道は、ロープウェイ駅から少し北にあるT字路分岐から北側へ向かえばよい。谷底まで牧道が通じていて、谷北部を回り込みつ

グレッソネイ谷北端のスタッファル

素敵なガビエット湖

つ、ジグザグに下ってゆく。やがて谷底に近づくと、ホテルや民家などの建物が多くなり、谷底の川の右岸車道を下れば、ゴンドラリフト駅や駐車場のあるスタッファル [Staffal, 1843m] につく。ここには、ホテルが数軒、レストランや小さなスーパー、観光案内所もある。また、ここのバス停から、ポン・サン・マルタン [Pont St-Martin] 経由で、アオスタやミラノ方面に行くことができる。

　スタッファルからガビエット [Gabiet] へは、ゴンドラリフトで行くことができるが、歩く場合には、左岸の観光案内所のある建物右手の道標脇から、急なアルプ斜面に入ってゆく。基本は、ほぼ真東に延びる支谷（Vallon di Mos）の右岸沿いを行く。始めは牧道をショートカットする形で高度を上げ、Moos-Mos手前で牧道脇の登山道に入ってゆく。牧道もまた谷奥に延びていて途中で合流するが、

もちろん登山道を行こう。途中の分岐では、TMR（或いは7A）のペンキ印に注意する。

　右岸に沿って進むと、2050m辺りから樹木が減り始め、続く急斜面をジグザグに急登する。これを辛抱すれば、2300m辺りで谷を見下ろす高台（十字架あり）に出る。これを過ぎれば、ガビエット [Gabiet] のゴンドラリフト駅はもうすぐだ。ただし駅付近は、建物が散在し、牧道が入り組んでいて分かりにくいだろう。

　最後に、ゴンドラリフト駅脇を通り、レストラン（Lys小屋）の建物に上ってゆく。なお本区間の宿によって、ここから行先が異なってくる。ガビエット [Gabiet] には2つの宿があり、ポンテ小屋 [Albergo del Ponte, 2388m] とガビエット小屋 [Rifugio del Gabiet, 2370m]。前者なら、このままオレン峠方向に数分登ればよく、後者なら、南東側にあるガビエット湖 [Lago Gabiet] へ向かって行き、約10分程度の登りだ。個人的には、湖畔に近いガビエット小屋がお勧めだ。ガビエット湖は、常に多くのハイカーで賑わい、湖奥には、モンテローザから続く岩峰群がそそり立っている。やや荒涼とした感じだが、とても静かで心地よいだろう。

〈本区間でのショートカット〉

　本区間では、公共交通機関利用で多くの部分をショートカットできる。まずベッタフォルカ峠越えでは、峠への登りの後半と、峠からサンタンナへの下りをチェアリフトでショートカットできる。続いて、サンタンナからスタッファルまでロープウェイで、続いてスタッファルからガビエットまでゴンドラリフトで移動できる。さらに、次区間で説明するが、ガビエットからサラーティ峠を経てアラーニャまで一気に移動できるので、次区間を含め大幅なショートカットも可能である。

オプション　ベッタフォルカ峠越え

　ベッタフォルカ峠[Passo di Bettaforca, 2672m]へは、レジーからほぼ真西に延びる牧道を登って行けばよい。途中の Alpe Bettaforca から峠まで、チェアリフトも動いている。峠までは単調な登りで、あまり展望もないので、チェアリフトで移動してもよいだろう。

　ベッタフォルカ峠は、とても狭い鞍部で、展望はなく索道などの人工物が多い。ここから北側尾根沿いを登れば、サンタンナに下るチェアリフト駅（レストランあり）を経て、ベットリーナ峠まで行け、途中から高峰群（リスカム〜モンテローザ）のパノラマ展望を望め、お勧めの寄り道である。

　ベッタフォルカ峠からシッテン、サンタンナへは、ほぼチェアリフト下にある牧道を下って行く。でも牧道の左側の小尾根が邪魔をして、高峰はほとんど見えない。リフトで下った方が、見晴らしがよいであろう。（ただし、チェアリフトに乗るとシッテンを通過する、サンタンナからシッテンの山宿まで登り返すと約20分）。途中シッテンで、ロートホルン峠から下ってくる登山道が合流し、牧道をそのまま下れば、サンタンナ[Sant'Anna, 2180m]に到着する。

フォルクレッタ峠（建物がある辺り）

ベットリーナ峠へ向かう途中からのモンテローザ山群

山小屋・山岳ホテル案内

◆ガビエット小屋
　　[Rifugio del Gabiet]

　ガビエット湖近くに建つ立派な山小屋で、ほぼ山岳ホテル。ドミトリーだけでなく、小奇麗な木調の個室が多い。トイレ、シャワーもきれいで落ち着く。

〈設備〉4F建て、〔1F〕レストラン、〔2～3F〕個室・ベッド部屋（ドミトリーあり）、トイレ・洗面・シャワー（各階、数多い）、〔他〕コンセント（各部屋内）、WiFi無

〈夕食〉(Grごとの配膳) ①前菜：パスタ（フジッリ）・トマトソース、②前菜：コンソメ、③主菜：ハムステーキ＋温野菜添え、④デザート：プリン

〈小屋からの展望〉テラスと共に部屋の窓から、グレッシネイ谷を望める。ただし、右手の尾根が邪魔して、谷奥の高峰は少ししか見えない。

　　ガビエット小屋　　　　　個室部屋

　　レストラン　　　　　　　夕食①

　　夕食②　　　　　　　　　夕食③

◆アルベルゴ・シッテン
　　[Albergo Ristro Sitten]

　TMRで貴重な山岳ホテル、グレッシネイ谷で最も展望がよい場所に建つ。部屋数は12と小規模だが、レストランが広く、三方がガラス張り、周囲に展望テラスあり。夕食のコース料理はとても美味だ。

〈設備〉1F建て、〔1F〕巨大なレストラン、〔B1F〕ツインなどの個室（トイレ・シャワー付き）、〔他〕コンセント（各部屋内）、WiFi（レスト内）

〈夕食〉①前菜：チーズパイ野菜のせ、②前菜2：リゾット／パスタ他、③主菜：チキンのベーコン巻＋温野菜、④デザート：アイスクリーム、（②～④は各々選択制）

〈小屋からの展望〉テラスから、リスカム、モンテローザ（ヴィンセント、デュフール他）をパノラマ状に見渡せる。西側の尾根を少し上がってもよい。星空撮影にも好適。ただし、高峰の南側のため、朝・夕焼けは望めない。

　　山岳ホテル・シッテン　　レストラン

　　夕食①　　　　　　　　　夕食②

夕食③　　　　　　　　　夕食④

TMR-4 ガビエットからパストーレ小屋
Gabiet → Rifugio Pastore

- ●地図とコース番号：[Map-08：TMR-4]
- ●総距離：15.6km
- ●歩行時間：→6h10／←6h30
- ●出発高度：2370m　●到着高度：1575m
- ●最高点標高：2881m　●最低点標高：1190m
- ●累積標高差：登り925m／下り1760m
- ●宿泊：アラーニャ、パストーレ小屋

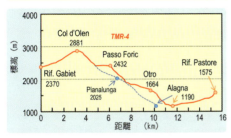

本区間では、グレッソネイ谷から、オレン峠［Col d'Olen, 2881m］を越えて、セシア谷の支谷オトロ谷を下り、アラーニャ［Alagna, 1190m］を経て、セシア谷を北部のパストーレ小屋［Rif. Pastore］へ行く。やや長めだが、公共交通機関を利用すると全く歩かずに移動できる。しかし、オトロ谷途中の素敵なオトロ［Otro］集落を見過ごすのはもったいないだろう。アラーニャ地区には、独特の建物群が残されていて、これがとても味わい深いからだ。またアラーニャ自体に滞在するのもよいのだが、次区間の行程がTMRのなかで最も長く、厳しいため、前日にパストーレ小屋に入っていた方がよい。これで、何とか1日でマクニャーガにたどり着けるからだ。

また古い地図やパンフレットには、オレン峠付近に2つの山小屋が記載されている（Rif. Città di Vegevanoと Rif. Guglielmia）。しかし、両方とも現在は閉鎖されているので注意しよう。

また、オレン峠からアラーニャへは、オトロ谷を下る以外に、隣のオレン谷を下る道もある。こちらなら途中（2025m）からゴンドラリフトを利用してアラーニャへ下ることも可能だ。これは、バリエーション・コースとして紹介しよう。

また本区間では、公共交通機関を利用して、全行程をショートカットできる。ゴンドラリフトでガビエットからサラーティ峠へ上がり、続いてロープウェイとゴンドラリフトを乗り継いでアラーニャまで下ればよい。さらに、パストーレ小屋までは、ローカルバスで移動できる。

1）ガビエットからオレン峠へ

ガビエットからオレン峠へは、ほぼゴンドラリフトの索道下や牧道上を歩いてゆく。2600m辺りまではアルプなどの草地もあるが、それより上部では荒涼とした世界になる。

ガビエット小屋からは、まず谷中央部へ戻り、峠へ向かう牧道に合流する。しばらく牧道を登り、途中から牧道をショートカットする登山道に入る。やがて標高2750m付近で、牧道を横断し、目前の急斜面のピステ（幅広い砂利の斜面）を登り、その上の広い台地に上る。ただし、ピステ入口には道標がないので注意。もし牧道をそのまま登っても、その先の分岐（ここにも道標はない）で右手に入れば、同じ台地に出られる。この台地の端（TMRの印あり）から、ようやく本格的な登山道に入ってゆく。

なおこの辺りから上を見上げると、目前の岩峰ピーク［Corno del Camoscio, 3026m］の両側に鞍部が見える。左手がサラーティ峠で、右手がオレン峠、オレン峠側は荒々しい岩稜帯だ。

オレン峠への登りの途中から振り返る

オレン峠

　岩稜ピークを右手に巻きながら、岩ゴロ地帯を登ると、まもなくオレン峠［Col d'Olen, 2881m］に到着する。峠は狭く、ごつごつした岩場で、小さな道標とケルンがある。峠からは、グレッソネイ谷が見下ろせて気持ちがよい。

オプション1　サラーティ峠へ寄り道

　サラーティ峠［Passo dei Salati, 2936m］は、オレン峠のすぐ北側にあり、岩峰東側

サラーティ峠からのヴィンセント峰

の巻き道で約15分。ショートカット時に利用。サラーティ峠には、西側にグレッソネイ谷に下るゴンドラリフト駅、東側にアラーニャに下るロープウェイ駅、そして北西側牧道を数100m行けば、インドレン展望台［Indren, 3280m］行きロープウェイ駅がある。インドレン展望台からグレッソネイ谷のパノラマ展望も素晴らしい。ここは、モンテローザ南端の高峰（Piramide Vincent, 4215m）の登山口で、氷河末端上にある。さらに、ロープウェイで展望台につく直前、西側の岩尾根脇から、モンブランも頭を出してくれる。

2）アラーニャへ：オトロ谷を下る

　オレン峠から、岩峰の東側を巻く道をサラーティ峠方面へ少し行くと、廃屋の石壁手前に重要な分岐がある。ここが、オレン谷やオトロ谷への下山口だ（道標は岩に書かれたペンキ印のみ、廃屋の石壁に鉄板の道標あり）。

　ここから、右下のオレン谷に下って行く。始めは、急斜面につけられたジグザグの登山道で、一気に高度を下げてゆく。標高が2400mになったころ、フォリック峠［Passo Foric, 2432m］へ向かうトラバース道と、オレン谷下部に下る道との分岐に出る。この分岐も、岩にペンキで書かれた文字と矢印があるだけだ。分岐手前に別の踏み跡もあるので注意しよう。

　そのままオレン谷を下れば、ゴンドラリフト駅があるアルペ・ピアナルンガ［Alpe Pianalunga, 2025m］に行けるが、ここでは、

オトロ谷とオレン谷への下り分岐（2400m）

オトロへの下り道

分岐からほぼ平らなトラバース道に入り、目前の岩尾根（Rothore Corno Rosso, 3023mからの尾根、絶壁に見える）に向かってゆく。片側が絶壁の尾根筋に出ると、そこが丁度フォリック峠［Passo Foric, 2432m］だ。峠には、この谷では珍しく道標（サインポスト）が立っている。なお峠からは、尾根筋に沿って明確な下り道が伸びているが、こちらに行ってはいけない。TMRコースは、目前のなだらかなアルプのなかを南方のオトロ谷［Valle Otro］へ下ってゆく。地図を見て、良く方角を確認しよう。アルプのなかをしばらく行けば、明瞭な登山道が現れるので、ひと安心するだろう。

　アルプのなかを下り始めると、まず細い沢沿いを行く。2200mぐらいまで下ると、少し谷左岸をトラバースし、続いて急斜面を200mほど一気に下って行く。再び沢沿いに出たところで、花も多く咲く緩やかなアルプに入って行く。前方のPlanmisura（1844m）の牧場の建物群が徐々に近づいてくるだろう。Planmisura牧場脇を通過し、オトロ谷の左斜面を大きく左に回り込みながら徐々に下って行く。途中 Scarpa、Dorfの集落を過ぎると、やがてオトロ谷の中心地、Follu（1664m）に到着する。この辺りの集落の建物は、セシア谷独特である。とくに、山々を背景にした、アルプ内の建物群には、とても趣を感じられる。なおFolluには、レストラン兼宿泊可能な山小屋［Rif. Zar Senni］もある。

Scarpaの牧場付近

オトロ谷の中心部（Follu）

アラーニャ［Alagna］
　南北にとても長いセシア谷の北端にある街。中央の広い石畳の道に沿って、ホテルや種々の商店が並び、独特の建物が多くある。とくに、通りから一歩脇に入ると、古民家が並んでいて素晴らしい。メイン車道は、谷の東寄りの川沿いを通り、谷奥のパストーレ小屋へ向かうローカルバス、或いはミラノ方面に向かうバスは、この川沿いにある広い駐車場から出発する。なお、次区間のマクニャーガ［Macugnaga］へ、公共交通機関を使って迂回するのは、とても大変（別途記載）。

アラーニャ中心部

アラーニャ様式の建物群

Folluから西に向かうと、すぐ樹林帯に入り、アラーニャへ急降下してゆく。徐々に北へ向きを変え、標高が1300m付近まで下ると車道に出合う。ここから車道を少し北上し、再び樹林帯内を抜け、建物が見え出すと、アラーニャの街の西端だ。最後に山際の石畳の道を北へ向かえば、やがて教会前広場に出る。ここが、アラーニャ［Alagna, 1190m］の中心部。広場の脇には、観光案内所もある。

オプション2　バリエーション：オレン谷を下る

オレン峠からアラーニャまでの標高差は1700mもあるため、膝にかなり応えるだろう。でも、オレン谷途中のアルペ・ピアナルンガ［Alpe Pianalunga］からゴンドラリフトでアラーニャへ下れば、多少楽をできる。

オレン峠下の標高2400mのフォリック峠との分岐から、今度はオレン谷へ下って行く。まだ遠いが、眼下にロープウェイ（ゴンドラリフト）駅も見えるだろう。見晴らしのよいアルプのなかを下って行くと、徐々に斜度が緩んでゆく。前方にはセシア谷対岸の山々が見えるものの、モンテローザなどの高峰は、手前の尾根が邪魔で見えない。

アルペ・ピアナルンガのゴンドラリフト駅（レストランあり）に着くと、ここからアラーニャまで、とても長い牧道を下ってゆく。牧道を少し下って標高1945mまで来ると、道路脇のアルプ内に建物群が見える。ここが、Rif. Città di Mortaraの山小屋。食事や宿泊も可能で、ここで休憩もできる。そのまま牧道を下って行くと、やがて樹林帯に入って行く。この辺りから、ヘアピンカーブが続き、なかなか高度が下がらず、とても長く感じるだろう。これを辛抱すると1550m付近で、本谷奥からくる牧道に合流し、続く1400m付近で開けたアルプに出るとPiane集落につく。さらに下り、右手にDosso（1357m）集落が見えるころ、アルプ内の小道に入って行く。牧道からでも行けるが、この小道がアラーニャへの近道。最後に、樹林帯内を抜け、ゴンドラリフトの索道下を通り、中心部の教会へ一気に下って行く。途中のPiane, Dossoなどの集落の建物もアラーニャ様式である。

途中からアラーニャ市街を見下ろす

3）アラーニャからパストーレ小屋へ

中心の教会から石畳の広い道を谷奥側へ進み、ホテル・モンテローザ前で広い車道に合流後、川岸（右岸）の車道を約30分（約2km）谷奥へ行く。途中から、対岸（左岸）の小道を行き、St-Antonioの橋（1385m）で再び右岸に戻り、川沿いの登山道を登って行く。ここから少し急になるが、樹間から対岸斜面の素敵な滝が見えるだろう。最後に樹林帯が途切れてアルプ［Alpe Pile，1575m］に出ると、突然パストーレ小屋［Rifugio Pastore］があらわれる。パストーレ小屋は、アラーニャ様式の小さな建物の集まりだ。小屋の北西側に小さなアルプが広がり、その先にモンテローザの山々がそびえ立つ。モンテローザ側にテラスも設けられていて、山々を眺めながら休憩できる。翌日の長い行程に備え、ゆっくりするとよいであろう。

またアラーニャからローカルバス（〜1本/h）で、小屋の下部、谷奥左岸の滝の下（Acqua Bianca）まで行ける。ここからは、一端谷奥に進み、パストーレ小屋に向かうとよい。

パストーレ小屋への川沿いをゆく

山小屋・山岳ホテル案内

◆パストーレ小屋［Rifugio Pastore］

アラーニャ様式の小屋が幾棟も集まった、CAI経営の山小屋。谷底にあるが、小屋のテラスと目前のアルプから、モンテローザ山群が良く見える。

〈設備〉機能別に4〜5棟、1〜2F建て、［本館］レストラン、［宿泊棟］（1〜2F建て）ドミトリー・ベッド部屋棟と個室棟あり、［別棟］トイレ・洗面・シャワー、［他］コンセント無、WiFi無。トイレ棟がレストラン、宿泊棟から離れていて少し不便。

〈夕食〉①前菜：ポタージュ、①前菜2：パスタ（チーズ味）、③主菜：ポレンタ＋牛肉ステーキ＋ジャガイモ・チーズ焼き、④デザート：ブルーベリー・ケーキ

〈小屋からの展望〉テラスから、目前のアルプの先にモンテローザ山群（ヴィンセントなど）がよく見える。朝焼けは比較的よいが、夕焼けは逆光。

パストーレ小屋

レストラン

夕食②

夕食③

TMR-5　パストーレ小屋からマクニャーガ
Rifugio Pastore → Macugnaga

- 地図とコース番号：[Map-08：TMR-5]
- 総距離：16.5km
- 歩行時間：→8h00/←7h40
- 出発高度：1575m　　●到着高度：1327m
- 最高点標高：2731m　●最低点標高：1233m
- 累積標高差：登り1290m／下り1545m
- 宿泊：マクニャーガ

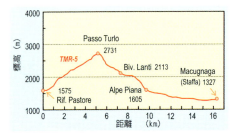

登り中腹のAlpe Mittlentheil、背後はモンテローザ

トゥルロ峠

パストーレ小屋からトゥルロ峠 [Colle del Turlo, 2731m] を越え、支谷のクワラッザ谷 [Valle Quarazza] を下り、アンザスカ本谷 [Valle Anzasca] のマクニャーガ [Macugnaga] までへ行く、1日の行程としては最も長い区間。途中での補給も難しいため、パストーレ小屋から、なるべく早く出発することをお勧めする。また万一の場合、支谷入口のクワラッザ [Quarazza] からマクニャーガまで車道（未舗装だが広い）が通じているので、タクシー利用ならば、最後の1hをショートカットできるかもしれない。また、峠から下る途中（Lanti）に避難小屋があるが、ここは自炊小屋（水場と、簡素なベッドや毛布あり）である。なお、公共交通機関を利用して、本区間をすべて迂回するのはとても大変である（詳細は7章参照）。

パストーレ小屋からは、まず目前のアルプを谷奥へ向かい、屋根付きの橋を渡る。対岸すぐの十字路分岐（Alpe Fum Bitz, 1603m）から、正面の樹林帯に向かう石畳の道に入ってゆく。始めは、樹林帯内をジグザグに登り、途中2ヵ所の分岐でトゥルロ峠方向へ行き、標高1900m辺りで樹林帯を抜けて、アルプの斜面に出ると、Alpe Mittlentheil（1925m）につく。右手（南側）にセシア谷が良く見下ろせて気持ちいいだろう。なおトゥルロ峠越えの道は、この辺りから、とてもゆるやかで立派な石畳の道になる。つづら折りの道で、ゆっくり高度を上げてゆく。楽だが、なかなか高度を稼げず時間がかかる。標高が2600mを越える辺りから、周囲が草地からガレ場へと変わり、ようやく登山道の斜度もあがってくる。でも、峠まで単調な登りなので、意外に疲れずに到着するだろう。

トゥルロ峠 [Colle del Turlo, 2731m] は、

クワラッザ谷への長閑な下り道

賑わうクワラッザ湖畔

狭い切り通しで、石造りのベンチが1つ、壁面にマリア像が祭ってある。峠からは、南側にセシア谷、北側にクワラッザ谷を見下ろせる。左手（西側）にモンテローザの高峰群があるはずだが、間の山々（Pizzo Bianco, 3215m）が邪魔をしていて、ほとんど見えない。ちょっと残念だ。

峠からクワラッザ谷へ下ってゆく。始めは巨岩もゴロゴロしている急斜面のガレ場であるが、こちらも整備された立派な石畳の道が続く。これを、つづら折りに下ってゆき、斜面の斜度が緩み出すと、避難小屋（Bivacco Lanti, 2113m）につく。でも、途中の下り斜面自体の斜度が大きいので、登山道上に残雪があると少々危険である。パストーレ小屋で確認しておくとよいであろう。

避難小屋からは、谷の東側のアルプの斜面をトラバース気味に、ゆったり下ってゆく。ここも整備された石畳の道。クワラッザ谷を見下ろしつつ、谷対岸の山々（Pizzo Bianco他）を見ながら、快適な道を北上後、Alpe Schena（2005m）を過ぎて左に曲がると、一気に谷底へ下ってゆく。ここから樹林帯に入り、ようやく本格的な登山道になる。小さなジグザグを繰り返して高度を下げ、樹林帯を抜けると、La Piana（1603m）のアルプに到着する。その後、再び樹林帯に入り、谷底右岸をしばらく下ってゆく。1554mの橋で対岸へ渡り、今度は左岸を行く（右岸も行けるが増水時は危険）。続いて、2つ目の橋があるCocette（1360m）を通過する。ここには数棟の建物があるが、売店などはない。途中、ときどき素敵な渓谷（甌穴もあるゴルジュ）を見下ろせるだろう。Cocetteからは、平らな広い牧道を行き、やがて観光客で賑わうクワラッザ［Quarazza, 1309m］（ダム湖畔でレストランあり）にたどり着く。ここが、クワラッザ谷がアンザスカ本谷に合流する地点で、このまま谷底へ下れば Becca（1200m）村に出られる。

クワラッザからは、西側の本谷上流を目指して左に折れてゆく。ここからマクニャーガまでは、未舗装ながら広い車道が、谷の

マクニャーガ［Macugnaga］

モンテローザ山群東壁を眺められる、アンザスカ谷の中心的な観光地。中心はスタッファ［Staffa］地区、ホテルや種々の商店、そして観光案内所がある。観光案内所前広場からモンテローザ山群が見え、左から主峰のデュフール［Dufour, 4618m］，ノルドエンド［Nordend, 4608m］だ。ただし、左手前の尾根が邪魔をして、モンテローザの全貌は見えない。

また、マクニャーガからドモドッソラ［Domodossola］間でバスが運行されており、バス停は広場南端のホテル前。マクニャーガでは、夏期モンテ・モロ峠［Passo Monte Moro］へ行くロープウェイ（次区間参照）と、ベルヴェデーレ展望台［Belvedere］まで行くチェアリフトが運行されている。チェアリフト駅は谷奥へ向かって20分のペチェット［Pecetto］地区にある。

マクニャーガの広場、背後がモンテローザ

右岸沿いに続いている。途中最下部のIsella（1226m）村脇を通って少し登ると、クワラッザから約1h、マクニャーガへの分岐（道標にStaffaの表示あり）につく。ここで、右手の橋を渡って樹林のなかを少し登ると、ついにマクニャーガのスタッファ［Macugnaga, Staffa, 1327m］に入る。スタッファの中心広場へは、車道を数100m西に向かって行けばよい。

オプション　ザンボーニ・ザッパ小屋へ

ベルヴェデーレ展望台［Belvedere, 1932m］から約45分で、モンテローザ東壁直下にあるザンボーニ・ザッパ小屋［Rif. Zamboni Zappa, 2070m］へ行ける。途中、ベルヴェデーレ氷河末端の岩ゴロ地帯（ほぼ平ら）を通るが、比較的容易な道。小屋からは、巨大で、まさに屏風のような東壁全貌を眺められる。各ピークは、北からPunta Nordend（4608m）、主峰Punta Dufour/Dufourspitze（4618m）,Punta Zumstein/Zumsteinspitze（4563m）,Punta Gnifetti/Signalkupe（4554m）だ。あまりに近くから見上げるため、首が痛くなる。早朝、真っ赤に輝く東壁を眺められれば、最高であろう。また、小屋からLoccie湖への往復ハイキングも楽しい。

モンテローザ東壁とLoccie湖

山小屋・山岳ホテル案内

◆ザンボーニ・ザッパ小屋［Rifugio Zamboni Zappa］

　アンザスカ谷の最奥、モンテローザ東壁直下のアルプ内に建つ大きな山小屋。すぐ東側に、巨大なモレーン、その先にモンテローザ東壁がそそり立つ。
〈設備〉本・別館2棟、〔本館1F〕レストラン、〔本館2～3F〕個室のベッド部屋、トイレ・洗面（飲料不可）・シャワー（€3）、〔別館1～2F〕ドミトリー・ベッド部屋、〔他〕コンセント（本館廊下）、WiFi：無、飲料水はボトルで購入要。
〈夕食〉①前菜：パスタ（マカロニ、ボロネーゼ）、②主菜：ポレンタ＋牛ロースト＋生野菜サラダ、③デザート：チョコ・ケーキ（①～③共に3種から選択）
〈小屋からの展望〉小屋東側のモレーン上（祠あり）から、モンテローザ東壁が、幾筋もの氷河、氷壁と共に、屏風のように迫る。早朝、東壁全体が真っ赤に輝いてくれる。

夕食①

夕食②

ザンボーニ・ザッパ小屋

レストラン

TMR-6　マクニャーガからモンテ・モロ峠越えでサース・フェー
Macugnaga → Passo Monte Moro → Saas Fee

- ●地図とコース番号：[Map-09：TMR-6]
- ●総距離：15.1km
- ●歩行時間：→9h50／←9h10
- ●出発高度：1327m　●到着高度：1803m
- ●最高点標高：2870m　●最低点標高：1327m
- ●累積標高差：登り1705m／下り1240m
- ●宿泊：モンテ・モロ峠、サース・フェー

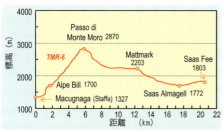

本区間では、国境のモンテ・モロ峠 [Passo Monte Moro] を超えて、イタリアから再びスイスに入ってゆく。でも、マクニャーガとモンテ・モロ峠との標高差は1700mもあり、とても厳しい。また時間的にも、一気にサース・フェーまで行くのは長過ぎるため、交通機関を使って部分的にショートカットするか、モンテ・モロ峠の山小屋に1泊するのがよいだろう。ショートカット可能な部分は、①マクニャーガ～モンテ・モロ峠間（ロープウェイ）、②マットマルク・ダム～サース・フェー間（バス）である。なお、本区間を迂回する場合は、マクニャーガからドモドッソラ [Domodossola] までバスで移動し、鉄道で国境を越え、ブリーグ [Brig] を経て、ウィスプ [Visp] からバスでサース・フェーに入ればよい。また、モンテ・モロ峠は標高が高く、急峻な岩場越えなので、残雪があると危険。初夏までは、残雪状況を事前に確認していただきたい。また、モンテ・モロ峠直下にある山小屋 [Rif. Oberto-Maroli] に宿泊すると、早朝、赤く輝くモンテローザ東壁を眺めることができ、これも素晴らしい。

1）モンテ・モロ峠へ

マクニャーガ・スタッファの広場から、観光案内所左脇の側道に入る。約5分で、モンテ・モロ峠へ向かうロープウェイ駅前、さらに5分ほどでつく小さな教会脇を通り、そのまま谷奥（西）へ向かうと、車道脇にモンテ・モロ峠に向かう登山道入口があらわれる。小さな道標を見逃さないようにしたい（橋及び広い駐車場の手前）。

登山道入口からすぐ正面の樹林帯に入ってゆき、まずロープウェイの乗り換え中間地のアルペ・ビル [Alpe Bill, 1700m] へ登ってゆく。途中はほぼ樹林帯で、やや急なジグザグ道だ。標高2000mに達するころ、左手にアルプが見えると、やや平らになるので、ここを右手（東）に向かえば、ロープウェイ中間駅のアルペ・ビルに到着する。ここからモンテ・モロ峠へは、さらに長い登りで、標高差は約1300m。始めは樹林帯内だが、途中から見晴らしのよいアルプ内の登山道で、ほぼ背後（西側）にモンテローザを眺めながら急斜面をゆったりジグザグに登ってゆく。でも後半は、荒涼とした、

峠への登り口付近

峠下のマロリ小屋

モンテ・モロ峠のマリア像

そして岩がゴロゴロした急斜面内の細かいジグザグの登りだ。途中、峠へ向かうロープウェイの索道下を行くので、多少興ざめするが、これらを辛抱すれば、オベルト・マロリ小屋［Rif. Oberto-Maroli］につく。また、小屋直下では、小屋下に見えるガレ場を直登するのではなく、右手の岩場内に設けられた石段を登ってゆくので、ペンキ印などに注意しよう。

続いて小屋からは、西側の急斜面（石段）を登れば、約10分でロープウェイ頂上駅（2800m）につく。この辺りは、やや人工物が多い。頂上駅からモンテ・モロ峠へは、峠の南斜面の岩場につけられたペンキ印をたどり、最後は、巨大な岩壁（スラブ）上を、鎖の手すりや木製ステップを頼りに登ってゆく。すると巨岩の先に、金色に輝く大きな聖マリア像（Madonna delle Nevi, 雪の聖母）があらわれ、ここが峠である。像の周囲には、これを巡る狭いテラスが設けており、ここから360度の展望が開け、東西に伸びる国境の尾根と共に、北側にサース谷（ミヒャベル山群と共に）、南側には登ってきたアンザスカ谷（モンテローザを含む）を見渡せる。なお、ここへはロープウェイを利用して一般観光客が来るので、途中の岩場や像周りが渋滞することがある。

山小屋・山岳ホテル案内

◆ **オベルト・マロリ小屋**
［Rifugio Oberto Maroli］

国境のモンテ・モロ峠の南面直下に建つ、CAI経営の小屋。岩稜帯の窪地にあるが南東側が開け、モンテローザ山群の眺望がとても素敵だ。
《設備》本・別館2棟、〔本館〕レストラン＆バー、〔別館〕ドミトリー・ベッド部屋、トイレ・洗面・シャワー（€3）、〔他〕コンセント（各部屋内）、WiFi無
《夕食》①前菜：サラダ・ビュッフェ、②前菜：ラザーニャ（ミネストローネ他）、③主菜：ローストチキン＋ジャガイモ添え（ポレンタ他）、④デザート：杏子ジャムパイ（②③は3種から選択）
《小屋からの展望》近年増築された広いテラスから、モンテローザを眺められる。周辺では、ロープウェイ駅上部に小池があり、モンテローザが投影してくれるが、索道など人工物がとても多い。

マロリ小屋

レストラン

ドミトリー・ベッド部屋

上：夕食②　下：夕食③

2）サース・フェーへ

　峠の像からスイス側に入るには、ペンキ印に沿って、像直下の岩場の南側を回り込んでゆく。岩場を越えて、ひと段落すると、そこにスイスの道標があらわれる。峠からスイスのサース谷への下りは、始め大きな岩（スラブ）や、岩がゴロゴロしたところ（盛夏まで雪渓あり）を下ってゆく。下り道からは、前方にマットマルク湖が、左手（西側）尾根上にミヒャベル山群の白い峰々が輝く。このため、午前中に下る方がよい。

　やがて右下にタリボーデンの平地が見え始め、ここへ斜めに下って行く。途中から、徐々に草地が増え、花々も多くなる。広々とした平地が広がるタリボーデン [Talliboden, 2400m] につくと、ここでようやく一息入れられる。盛夏ならば、川沿いの湿地にワタスゲの花が咲き、とても素晴らしい。この平地の中央に分岐があり、タリボーデンからは沢沿いを、マットマルク湖南端のディステラルプ目指して下ってゆく。エメラルドグリーンの湖とミヒャベル山群が絶えず目に入る、実に長閑な下りだ。

　マットマルク湖は、南北に細長く、北端にダムがあり、湖の両岸に登山道が設けられていて、南端のディステラルプ [Distelalp, 2224m] の分岐では、どちらを行くかを選択できる。TMRコースは右岸（東側）を行き、ダム東端を経て、サース谷下部へ下ってゆく。でも、ダム西端にレストランとバス停が

ワタスゲ咲くタリボーデン

マットマルク湖南端（奥にダムがある）

峠から岩場の下り、眼下はマットマルク湖

あるため、バスを利用する場合には、湖西岸を行った方が近い。ダム上を渡れるので、どちら側から行ってもよい。

　続いてダム東端からは、大まかに言うと、サース谷右岸斜面を斜めに下ってゆく。ダム端から、始めは見晴らしのよい水平な道を、続いて急斜面をジグザグに下り、見晴らしのよい快適な道が続く。途中 Eiu Alp（Eienalp, 1930m）の放牧小屋前を通ると、樹林帯のなかを緩やかに下って行き、Meiggoru（1740m）で谷底の車道に合流後、橋を渡って対岸へ行く（貯水池あり）。その後、左岸沿いを下れば、サース・アルマゲル [Saas Almagell, 1673m] のT字路分岐につく。川の対岸がアルマゲルの中心部。ここからサース・フェー [Saas Fee] へは、サース本谷と西側フェー氷河谷との間の支尾根の北端を回り込んでゆく。まず、左岸のほぼ平らな道を進み、左手に回り込み始めると、徐々にフェーの街とドームを始めとするミヒャベル山群が

姿をあらわすだろう。最後に、街に入り、舗装車道に合流後、谷に架かる大きな橋を渡れば、サース・フェー［Saas Fee, 1803m］中心のバスターミナル前広場に到着する。

サース谷底を行く

サース・フェー［Saas Fee］：
　スイスのヴァレー州内で、ツェルマットに次ぐ有名な観光地。サース谷内の主な街は、フェー［Fee］、グルンド［Grund］、アルマゲル［Almagell］の3ヵ所で、フェーが最も大きい。近年、サース谷でも宿泊者に渡されるゲストカードで、谷内のほぼすべてのバスや索道を無料で利用できるサービスが開始された。長期滞在には、とても便利。また観光案内所は、バスターミナル前の広場の一角にある。街には、数多くのホテルだけでなく、さまざまなレストランや、登山用品店、スーパーなどの各種商店も多い。

サース・フェー（背後はミヒャベル山群）

オプション　サース谷の寄り道ハイキング

　サース谷は、夏期とても多くの索道が運行され、これらを使ったハイキングコースも多い。このなかでのお勧めは、クロイツボーデン方面のコース。サース・グルンド［Saas Grund］からゴンドラリフトで、クロイツボーデン［Kreuzboden, 2400m］、さらにワイスミース直下のホーサース［Hoosaas, 3200m］展望台まで行け、ミヒャベル山群からモンテローザまでパノラマ状に見渡すことができる。とくに、ホーサースのレストラン兼山小屋に泊まれれば、早朝ミヒャベル山群が輝くのを見られる。また、クロイツボーデンから、アルマゲラーアルプ［Almargelleralp］を経て、サース・アルマゲル［Saas Almagell］上部まで行くトラバース道は、ミヒャベル山群を眺めながらの大パノラマ道。最後アルマゲルへはチェアリフトで下れる。ただし、アルマゲラーアルプからの後半は、絶壁のトラバースで、吊り橋や、岩場につけられたロープやステップ箇所が多く、やや上級者向けである。

トラバース道からのミヒャベル山群とサース・フェー

TMR-7　サース・フェーからグレッヒェン
Saas Fee → Grächen

- 地図とコース番号：[Map-06：TMR-7]
- 総距離：16.7km
- 歩行時間：→6h45／←7h05
- 出発高度：1803m　●到着高度：1615m
- 最高点標高：2370m　●最低点標高：1615m
- 累積標高差：登り1080m／下り1260m
- 宿泊：グレッヒェン

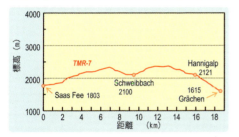

サース・フェー北端部 Barenfalle

アルマゲラーアルプからミヒャベル山群

本区間は、サース・フェーから、サース谷西側斜面に設けられた長いバルコニー道（バルフリン道［Höbenweg Balfrin］とも呼ばれる）を北上し、最北端のハニッグアルプ［Hannigalp］を経て、隣のマッター谷に入り、少し南下してグレッヒェン［Grächen］に至る、非常に長いコースである。途中で補給などができないので、十分な事前準備が必要。トラバース道の標高は2000m強と森林限界付近なので、見晴らしのよいアルプと樹林帯内歩きを繰り返し、途中数ヵ所、岩石崩壊地のガレ場を通過するので、落石などには十分注意する。さらに、ハニッグアルプ直前に、ほぼ垂直な崖のトラバースがある。ロープなどが張られているが、狭い道なのでここも注意しよう。

サース・フェーからは、まず街の北東端を目指す。バスターミナル前広場から、中心の石畳の道を、北側の街外れに向かってゆけばよい。徐々に左手に回り込むと、車道の曲がり角（Barenfalle, 1883m）から、道標に従

い登山道に入って行く。しばらくは樹林帯のなかだ。なお、サース・フェーのハニッグ展望台［Hannig, 2336m］へのゴンドラリフトを利用したくなるが、TMR道から離れているので、利用する価値はあまりない。

続いて、Senggboden（2045m）の分岐とバルミボーデン［Balmiboden, 2120m］を過ぎると、森林限界を越えアルプの斜面へ入って行く。しばらく行くと、最初のガレ場を通過するが、危険な沢（Binderbach）ではトンネルをくぐるので安全だ。次に、Stafelalpji（2137m）の分岐を経て、見晴らしのよいラムグラーベ［Lammugrabe, 2296m］につく。ここは休憩にもよいだろう。

その後、巨大なガレ場を通過するので、落

トラバース道途中のテラス状台地（ベンチあり）

危険な崖のトラバース

石に十分注意したい。これを越えると、大きな谷筋に入ってゆき、沢に架けられた橋シュバイバッハ［Schweibbach, 2100m］を渡り、再び尾根筋に出ると見晴らしがよい高台に出る。ここにベンチが設けられている。その直後、Rote Biel（2280m、Seetalhornへの登り口）の分岐を通り、再び落石危険地帯を通って、本区間のトラバース道の最高地点であるストック［Stock, 2370m］につく。でも、この先から、絶壁につけられた狭いトラバース道が始まる。金属ワイヤーがつけられているが、落石に十分注意しながら、慎重に行こう。最後に、歩きやすくなった道を北上し、樹林帯を抜けると、広いアルプのハニッグアルプ上部に着く。ここが、本区間の最北端である。アルプ内にベンチもあり、休憩によいが、周囲が樹木に囲まれていて展望がない。でも、ここから南側尾根筋を少し登れば、北側にアレッチ地区の高峰群の素晴らしい展望を味わえるので、余裕があればこれを往復するのもよい。

続いて、スキーリフトに沿って、西側のアルプを下ると、ハニッグアルプ［Haniggalp, 2121m］のゴンドラリフト駅に着く。建物の屋上が展望のよい休憩場所になっていて、ここからワイスホルンやビスホルンが良く見える。

ハニッグアルプからグレッヒェンへは、ゴンドラリフトで下れるが、歩いて下る場合は、まず建物東側から南へ回り、小さな道標に従い右手の建物間に入り、その後ゴンドラリフト下の樹林帯の隙間（ゴンドラ下の伐採地）を下ってゆく。ここは、やや急な山道。途中から広めのピステ内の下りに変わり、続いて左手に行く牧道に合流する（道標あり）。ピステを下るとゴンドラリフト山麓駅に行けるが、ここでは牧道に入り、素敵なズム湖［Zum See］（ホテルあり）を経由しよう。ズム湖からは、道標に注意しながらグレッヒェンへの牧道を下って行けば、街の上部道路に合流後、建物間の側道を下って、グレッヒェンの中心広場につく。ここに、教会や観光案内所がある。

グレッヒェン［Grächen］

マッター谷とサース谷を分けるミヒャベル山群の主稜線の北端にある街、ホテルや種々の商店も多くある。中心の広場周囲に、教会や観光案内所があり、広場からワイスホルンやビスホルンが見える。グレッヒェンからは、マッター谷底のザンクト・ニクラウスへバスで移動でき、バス停は広場から少し北へ行ったY字路脇の郵便局前。また、ハニッグアルプへのゴンドラリフト駅はその先にある。ゴンドラリフト駅を越えて、さらに北側へ行くと、マッター谷とアレッチ地区の高峰群を眺めることもできる。

〈本区間のショートカット〉

サース・フェーからTMR終点のツェルマットまで、バスと鉄道で容易に移動できる。まず、バスでStalden（バス停位置に注意）まで行き、その後鉄道でZermattまで南下すればよい。

トゥール・マッターホルン
Tour Matterhorn(TM)

早朝のマッターホルン、ツェルマット(トロックナー・シュテーク)

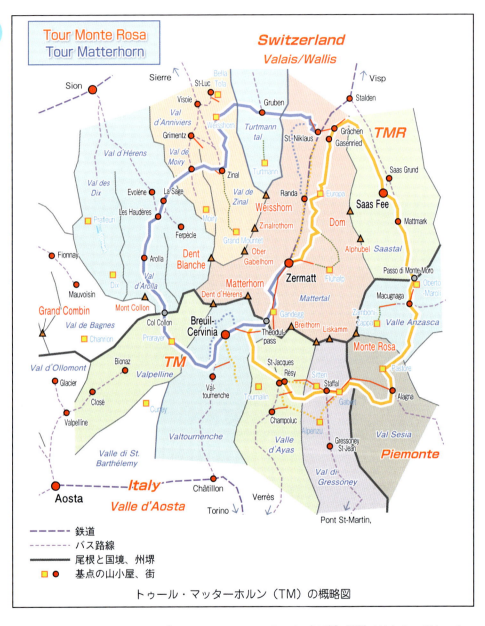

トゥール・マッターホルン（TM）の概略図

　トゥール・マッターホルン［Tour Matterhorn, TM］は、言わずと知れたマッターホルンを一周する山岳ロングトレイルであるが、2002年に設定された、新しいコースだ。仏語ではトゥール・デュ・セルヴァン［Tour du Cervin（TC）］、伊語ではトル・デル・チェルヴィーノ［Tour del Cervino（TC）］と呼ばれている。このなかで、現地の専用地図やパンフレットのタイトルとしてはTour de Cervinが多いのだが、ここでは日本人にな

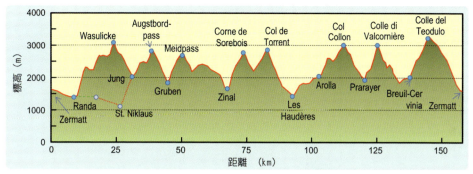

トゥール・マッターホルン（TM）の全標高差図

じみやすいマッターホルンを用いる TM を略号として使うことにした。TM コースもまた、地図やパンフレットなどで微妙に異なっている。

TM は、総距離 150km、累積標高差は約 12km で 7 つの谷を通って行く。通常、スイスのツェルマットからスタートし、反時計回り（左回り）で巡るように設定されている。まず、ツェルマットからヨーロッパ道経由でマッター谷を北上し、ザンクト・ニクラウスから、エラン谷のアローラ［Arolla］までヴァレー州南部を横断する。その後アローラから南下して、イタリアとの国境のコロン峠［Col Collon, 3082m］を越え、ペリーヌ谷［Valpelline］のプラライエール小屋［Rif. Prarayer］に下り、続いてヴァルコルニエール峠［Col de Valcornière/Colle di Valcornera, 3075m］を越えて、トゥールナンシュ谷［Valtournenche］のブルイユ・チェルヴィニアへまで北上する。最後に、スイスとの国境のテオデュール峠［Theodulpass/Colle del Teodulo, 3316m］を越えてツェルマットに戻ってくる。

このなかで、ツェルマット〜アローラ間は HR と、ブルイユ・チェルヴィニア〜ツェルマット間は TMR とほぼ同じであるため、残りのアローラからブルイユ・チェルヴィニア間が独自区間ということになる。

また TM では、氷河上を歩く部分が、テオデュール峠越えとコロン峠越えの 2 ヵ所になる。とくに、コロン峠越えは本格的な氷河上（峠北面側のみだが）を歩くため、一般登山者向けではない。さらにイタリア側のコロン峠からブルイユ・チェルヴィニアの区間も、氷河はないものの、難易度の高い（EE レベル）岩稜地帯の登降があり、残雪期の行動は難しい（7 月末〜9 月初旬が安全）。なお氷河コースには、クレヴァスもあるため、適切な装備と共に、氷河上を歩く技術（或いは山岳ガイドなどの経験者との同行）が必要であることを付け加えておく。

TM コースは、次頁のように 10 区間程度に設定されている。8）と 9）が独自区間で、区間 1〜7）は HR、10）は TMR とほぼ重なる部分だ。これらをすでに歩いた人は、ここを省いてよいであろう。以上から、本章では、独自区間の 8〜9）と、10）の一部分を詳細に説明する。また独自区間 8）と 9）には、公共交通機関（索道やバスなど）でショートカットできる部分はほとんどない。

〈TMコースの日程と区間のコースタイム〉

区間	コース	行き所要時間	帰り所要時間
TM-1	ツェルマット → ヨーロッパ小屋	→ 7h55	← 8h30
TM-2	ヨーロッパ小屋 → ザンクト・ニクラウス	→ 7h30	← 9h
TM-3	ザンクト・ニクラウス → アウグストボード峠 → グルーベン	→ 7h25	← 7h10
TM-4	グルーベン → メイド峠 → ジナール	→ 7h10	← 6h40
TM-5	ジナール → ソルボワ峠 → モワリー・ダム	→ 7h10	← 5h55
TM-6	モワリー・ダム → トラン峠 → ラ・サージュ	→ 4h45	← 5h45
TM-7	ラ・サージュ → アローラ	→ 3h55	← 3h35
TM-8	アローラ → コロン峠 → ナカムリ小屋 → プラライエール小屋	→ 7h40	← 8h15
TM-9	プラライエール小屋 → ヴァルコルニエール峠 → ペルッカ小屋 → ブルイユ・チェルヴィニア	→ 3h40	← 4h25
TM-10	ブルイユ・チェルヴィニア → テオデュール峠 → ツェルマット	→ 8h	← 8h15

〈現地語表記〉

区間	コース
TM-1	Zermatt → Europahütte
TM-2	Europahütte → St-Niklaus
TM-3	St-Niklaus → Augstbordpss → Gruben
TM-4	Gruben → Meidpass → Zinal
TM-5	Zinal → Corne de Sorebois → Barrage de Moiry
TM-6	Barrage de Moiry → Col de Torrent → La Sage
TM-7	La Sage → Arolla
TM-8	Arolla → Col Collon → Rifugio Nacamuli → Rifugio Prarayer
TM-9	Rifugio Prarayer → Col de Valcornière → Rifugio Perucca-Vuillermoz → Breuil-Cervinia
TM-10	Breuil-Cervinia → Theodulpass → Zermatt

またTMでは、他コースと重ならないように以下のようなバリエーションコースもある。しかし、本書では紙面の都合上、区間を示すだけに留めておく（詳細地図上に記載）。

〈TMのバリエーションコース〉

	コース
TM-1	マッター谷西側斜面のトパリ小屋経由［Map-6］ ランダ［Randa］ → トパリ小屋［Topalihütte］ → ユング［Jungu］（→ 13h15/ ← 11h45）
TM-9	トゥールナンシュ谷西側斜面のデュカ小屋経由でプラン・メゾン（EEレベル）［Map-10］ ペルッカ小屋［Rif. Perucca］ → デュカ小屋［Rif. Duca degli. Abruzzi］ → プラン・メゾン［Plan Maison］（→ 7h35/ ← 8h40）

TM-8　アローラからプラライエール小屋
Arolla → Rifugio Prarayer

- 地図とコース番号：Map-10, TM-8
- 総距離：17.2km
- 歩行時間：→ 7h40／← 8h15
- 出発高度：2006m　●到着高度：2005m
- 最高点標高：3082m　●最低点標高：1968m
- 累積標高差：登り1220m／下り1255m
- 宿泊：プラライエール小屋

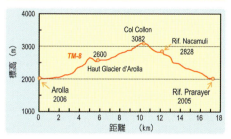

スイスのアローラから、アローラ谷を南下し、国境のコロン峠［Col Collon, 3080m］を越えて、アオスタ谷の支谷ペリーヌ谷［Valpelline］のプラライエール小屋［Rif. Prarayer, 2005m］へ下ってゆく。非常に長い区間だが、現地では、これを1日で行く人も多い。でも、峠直下の伊側にある、ナカムリ小屋［Rif. Nacamuli, 2818m］で一泊すると楽になる。

コロン峠［Col Collon, 3080m］越えは、北面のアローラ谷側で氷河上を、南面の支谷のオラン谷［Comba d'Oren］側で難易度の高い（EE）の岩稜帯を行く、上級者向けコース。とくに、峠の前後は、氷河だけでなく、岩ゴロ地帯や、滑りやすいザレ場と雪渓の連続で、一応ペンキ印があるもののルートファインディング能力も必要だ。でも、ナカムリ小屋からプラライエール小屋間は、一部ロープやステップ付きの岩場があるものの、登山道は明確である。

1）アローラからコロン峠

アローラから南に伸びるアローラ谷は、モン・コロン［Mont Collon, 3837m］北側で、東西2つの氷河谷（Haut Glacier d'ArollaとGlacier du Mont Collon）に分かれ、山の南側（エヴェック［Evêque］峠）で再び1つになる。モン・コロン周囲は氷河に囲まれているのだ。登山道は、東側のアローラ高所氷河［Haut Glacier d'Arolla］を遡るが、この谷入口で東側（ベルトール［Bertol］側）の岩峰を高巻してゆく。さらにアローラ高所氷河は標高2900m辺りで2股に分かれ、広い主谷から西側支谷へ入り、支谷右岸鞍部の峠へ登ってゆく。

では、コースの詳細に紹介しよう。
アローラのバス停前広場から、ほぼ真南に見えるモン・コロン［Mont Collon, 3637m］に向かって、舗装車道を10分ほど下り、ヘアピンカーブ端から谷左岸沿いの平らな牧道（未舗装道路）に入ってゆく。約40分で谷奥の橋（2089m）を渡って右岸へ行くと、すぐ広い空き地に出る。ここから、対岸のモン・コロン氷河［Glacier du Mont Collon］の氷瀑を眺めつつ、右岸斜面を登り、崩壊の激しい沢（Torren de Bertol）を越え、急斜面を一端東側のベルトール［Bertol］方面に向かってジグザグに上がってゆく。続いてベルトールとの分岐を経て、岩稜帯（ロープあり）をよじ登ると、高巻き上部（〜2590m）に出る。目前にモン・コロンの岩峰が迫り、南方に伸びるアローラ高所氷河［Haut Glacier d'Arolla］の谷が見えるだろう。一端、目前の谷底（〜2510m）に下り、川沿いを少し登れば、オート・グラシエ・ダローラ［Haut Glacier d'Arolla, 2600m］の道標前につく。

141

アローラ谷奥のモン・コロンへ

高巻き岩峰上部のアルプ

平坦なアローラ高所氷河谷を行く（右奥が氷河末端）

ここが、一般道とアルパインルートとの境界。ここから、青白ペンキ印に従い、平らな川沿いを緩やかに右に曲がると、徐々に氷河末端の石屑の壁が近づいてくる。

　氷河末端からは、なだらかな氷河中央の石屑帯（始めはガレ場）を登ってゆく。ペンキ印はない。石屑上のため実感はないが、まぎれもなく氷河上であることに注意しよう。主氷河の先に見える山（Mont Brulé, 3538m）と共に、右手支谷との合流点が近づいてくる（地図上では、氷河は2800m付近で二股に分かれるが、西側支谷の氷河末端は途切れ気味でサイド・モレーンが目立つ）。この付近から、なだらかな主氷河上を左岸サイド・モレーンの土手へ向かって渡河し、支谷入口のモレーン内に入ってゆく。主氷河上は、左岸側でクレヴァスが増加するので注意。また、この渡河地点を示す道標は、氷河中央の石屑帯側にはなく、また左岸側の取りつき地点には小さな印があるだけで、遠方から見出すのは難しい。このとき、二股の谷の間に見える岩峰がLa Vierge（3133m）で、この右手（西側）のモン・コロン間との鞍部がエヴェック峠［Col d'Evêque, 3382m］方向だ。

　主氷河を左岸に渡ると、直ちに左岸サイド・モレーンを急登する。部分的に氷上で、とても崩れやすいので注意。続いて、目前の岩稜帯を登る（ここにはペンキ印あり）と、一端ゆるやかな段丘上に出る。続いてエヴェック

平らなアローラ高所氷河（右奥鞍部が目指す支谷）

エヴェック峠へ向かう支谷、コロン峠は左奥

残雪が多く残るコロン峠

峠［Col d'Evêque］へ向かう氷河（急な氷の斜面だが、ほぼクレヴァスはない）上を斜めに右岸側へ渡河し、さらに右岸端を左へ回り込みながら登ってゆき、La Vierge の岩峰から西側へ続く尾根上にたどり着けば、そこがコロン峠［Col Collon, 3087m］である。

コロン峠一帯は広く、二重山稜のように、アローラ谷側とオラン谷側に分かれていて、その間に大きな雪渓や湖がある。峠のアローラ谷側（北側）尾根上に道標と十字架があり、伊側（南側）尾根はなだらかな岩ゴロ地帯で、その端から一気にオラン谷へ落ちている。また氷河の先（北西側）に迫る岩峰がL'Evêque（3726m）で、氷河は、この麓を通り、西側のエヴェック峠を越えて、大きなオテンマ氷河［Glacier d'Otemma］につながっている（オテンマ氷河はさらに西に伸びてシャンリオン小屋のあるバーニュ谷へ下ってゆく）。

2）ナカムリ小屋経由プララィエール小屋

コロン峠からナカムリ小屋辺りまでは、一般道ではあるものの、EEレベルの難所で残雪が多いと危険である。コース番号は〔8〕。

コロン峠［Col Collon, 3080m］の道標（十字架）から、まず湖の西岸を周り、湖から流れ出る細い沢を渡って、一端左手丘陵の南側に回り込んでゆく。オラン谷［Comba d'Oren］へ直ちに下るのではないので注意。しばらくトラバースしてから、谷側へ急降下してゆく。この降下地点の矢印マークに注意すること。岩には、丘上に登る矢印もあり、分岐となっている。地図には載っていないが、この丘の上（南側尾根、岩ゴロの広い台地）の見晴らしも良く、コロン峠全体を見渡すにはこちらを経由したいところだ。

分岐点からは、オラン谷へ一気に下ってゆく。ここからは、ガレ場や、小石と土の混じる滑りやすいザレ場、そして雪渓の下りを繰り返す難所である。岩に書かれたペンキ印を見失わないように十分注意しよう。雪渓の状態や斜度によっては、アイゼンが必要となろう。少しなだらかになったら、沢を渡り、対岸（右岸）沿いを行く。その後、目前に広がるオラン谷上部のカール斜面を、右から巻くように下ってゆく。この辺りで、多少足場もよくなるだろう。すると、前方の岩稜尾根の途中に、小さな小屋が見えてくる。ここがナカムリ小屋［Rif. Nacamuli, 2828m］だ。最後は岩ゴロの斜面をトラバース気味に横断してゆくと、小屋に到着する。小屋前の狭いテ

コロン峠付近からオラン谷を見下ろす

コロン峠下のトラバース道から峠を振り返る

川沿いの長閑な平坦部を行く

岩稜帯に建つナカムリ小屋

中間平坦部から峠方面

ラスから、オラン谷を見下ろせて、素晴らしい。西側には、Monte de la Sengla（3500～3700mの岩峰群）とオラン氷河が、東側には源頭部の Pointe 氷河、Pointe Marcel Kurz（3498m）、Becca Vannetta（3363m）などの岩峰が見える。またナカムリ小屋脇には、小さな避難小屋（Bivacco Col Collon, 2818m）もある。

ナカムリ小屋からも、始めはガレ場や、小石と土の混じる滑りやすい急な下り道、ここも雪渓が残るとやや危険だ。でも下部の川底まで下れば平らになる。この平地は氷食谷階段の一部だ。その後、橋を渡って川沿いから離れると、再び急な岩稜帯を急降下してゆく。金属ワイヤーやステップが設けられた、岩場の下りで、これを慎重に下ると、再び広い平らな川底（2550m）に着く。ここからしばらく岩ゴロ地帯を進むと、川沿いの平らな道に出る。この辺りから谷が大きく左に曲がり、これに沿って、川の左岸脇を進む。この辺りが、とても広い川原で、とても気持ちいいだろう。徐々に傾斜が増すころ、右手のオラン湖［Lago d'Oren］（湖自体はモレーンが邪魔して見えない）脇を通り、さらに下ると気持ちのよいアルプに入ってゆく。そのまま緩やかに下り、Garda（2216m）の放牧小屋前の橋で対岸（右岸）に渡り、そのまま進むと、Grand Oren（2165m）小屋前の分岐に出る。ここで、そのまま平らな道を進めば、やがて右に大きく回り、ムーラン湖上の道（コース番号〔8〕）に出る。ここでは、左手の道に入る。プラライエール小屋へのショートカット・コースである。すぐ樹林帯に入り、これを下ってゆくと、湖岸上のパノラマ道〔8A〕に合流後、橋を渡るとすぐ小屋があり、分岐（2010m）に出る。ここを、左手に行けばよい。分岐でそのまま〔8A〕を下ると、すぐ牧道に変わり、La Lé（1998m）で湖岸の牧道に合流する。ここを左手の湖奥に向かえば、約10分で、プラライエール小屋に着く。

から、左手（東側）の急斜面を登ってゆく。この斜面の上部は、急峻な岩場で、ロープやステップの連続である。これを越えると上部の小カールの底につく。ここは、大きな岩がゴロゴロしているロックガーデン、盛夏でも残雪が残るところで、先方ほぼ真東に見える岩稜帯の鞍部が、ヴァルコルニエール峠だ。

谷上部小カール底、右奥が目指す峠

峠への急なガレ場を登る

登山道は、小カールの沢沿い左岸を谷奥に詰めてゆき、前方のガレ場の斜面に入ってゆくのだが、この辺りはペンキ印を見つけにくいので、十分注意する。徐々に斜面の斜度が上り、最後は30度を越える急斜面の直登で、崩れやすいガレ場と滑りやすいザレ場の連続になるので、石を落とさないように慎重に歩こう。これを踏ん張れば、まもなく峠に到着する。

ヴァルコルニエール峠[Col de Valcornière, 3075m]は、両側に岩稜が迫る狭い峠だが、尾根筋を南東側に上がれば、休憩に十分な広さがある。北東と南西方向に開けているが、3000m峰に囲まれ、間近に見える岩稜と氷河に圧倒されるであろう。

ヴァルコルニエール峠、迂回路は右奥へ

峠から、北東側直下に山小屋が見えるが、ここへの下りが最大の難所である。カール地形の急斜面（上部は40度以上）で、峠への登り同様、崩れやすいガレ場や滑りやすいザレ場の連続で、とくに雪渓が残っていると非常に危険だ。しかし、ここには地図に載っていない迂回路が設けられている。左手（北側、その先の氷河との間）岩稜帯を下る道だ。少し遠回りになるが、ロープやステップが随所に設けられており、より安全である。峠から小屋までのコースタイムは20分だが、この迂回路を行く場合は、その倍をみておくとよいだろう。

迂回路は、一旦尾根筋を北西に進み、すぐ

ペルッカ小屋上から峠を振り返る

ロープなどがつけられた登山道に入る。続いて慎重に岩場をトラバースすると、途中から一気に岩場の下りになる。ロープやステップがつけられているが、途中は滑りやすい箇所もあるので、十分注意しよう。やがて斜度が緩むと、下部モレーンの砂利道へ入ってゆき、ようやくほっとする。その後、峠からの下り道に合流し、なだらかな丘状の地帯を小屋に向かって下ってゆく。

ペルッカ小屋[Rifugio Perucca-Vuillermoz,

ヴァルコルニエール峠から北側の展望

ペルッカ小屋と岩峰群

が良く見え、また小屋から眼下に、大きなチニャーナ湖［Lago di Cignana］を遠望できる。

2）ペルッカ小屋から ブルイユ・チェルヴィニア

　小屋からは、まず沢沿いを下るが、ロープなどもある岩場の下り。途中、小池（Balanselmo）や避難小屋脇で一端平らになるが、再び急な斜面を下り、少しなだらかになると、左手よりGran Lagoからの沢が合流する。ここで橋を渡り、谷の左岸斜面のトラバース道に入り、眼下にチニャーナ湖［Lago di Cignana］を見下ろしながら少しずつ下ると、やがて牧道に合流。ここに放牧小屋と標識がある（2323m）。続いて、牧道を約100m南東に行き、左手に伸びるアルプ内の道に入り、前方に見える尾根の鞍部を目指して登ってゆく。ここが、2つめの峠、ティニャナーツの窓の峠（フネートル・ドゥ・ティニャナーツ［Fenêtre de Tsignanaz, 2445m］）で、ここから、いよいよトゥールナンシュ本谷に入ってゆく。峠は、鞍部というより尾根上の肩である。ペルッカ小屋やチニャーナ湖［Lago di Cignana］のある支谷と、トゥール

2909m］は、岩峰群に囲まれた、小さなカール底に位置し、付近には湖も多い（Lago del DragonやGran Lago）。峠からも、この湖群

━ 山小屋・山岳ホテル案内 ━

◆ペルッカ小屋
[Rifugio Perucca-Vuillermoz]

　ヴァルコルニエール峠直下の小カール底に建つ、小さな小屋（20人）。東側のヴァルトゥールナンシュ谷の展望がよいが、トイレ棟が100mぐらい離れているのが難点！
　《設備》2F建て、入口2F裏、〔1F〕レストラン、〔2F〕ドミトリー・雑魚寝部屋（3段）、〔別棟〕トイレ・水道（飲料不可）・シャワー（無）〔他〕コンセント：無（電灯も無）、WiFi：無、飲料水はボトルで購入要。
　《夕食》①前菜：ペンネ入り野菜コンソメ、②主菜：ポークハム＋煮込み野菜、③デザート：フルーツケーキ
　《小屋からの展望》小屋の東側から、ヴァルトゥールナンシュ谷を見下ろせる。裏手の西側は岩峰群に囲まれ、早朝輝いてくれる。近くに湖あり。

ペルッカ小屋

レストラン

100m以上離れたトイレ小屋

夕食②

ペルッカ小屋下からまず左岸斜面を下る

トゥールナンシュ本谷に出るとマッターホルン登場

ナンシュ本谷を分ける尾根だ。でも、マッターホルンはまだ見えない。

　峠を越えると、トゥールナンシュ谷の右岸斜面をトラバース気味に北上してゆく。最初の小さな尾根筋を超えれば、後はマッターホルンがほぼ見え続ける、とても快適な道である。峠から約1.5km進むと、登山道〔107〕と〔35〕との分岐（2172m）に出合う。ここから、右手の〔107〕へ入り、逆方向に下ってゆく（一端戻る感じだ）。左手は、〔35〕のバリエーションコース。これをしばらく下り、Tsa de Grillon（2089m）で再び北向きに方向を変え、さらに、なだらかな道を下ると、途中牧場などの建物脇を通り、谷底の川に架かる橋を渡ると道標上のペレール〔Perrères, 1845m〕の分岐点に到着する。ここが本区間の最下部地点。ここからは、川沿いの右岸に設けられたハイキング道を北上すれば、ブルイユ・チェルヴィニア〔Breuil-Cervinia, 2025m〕に、約1hで到着する。途中、対岸にはゴルフ場などがあり、前方にはマッターホルンが見え続けてくれる。なお、ペレール〔Perrères〕からは、谷底のメイン車道もほぼ並走している。

トゥールナンシュ谷ペレール

チェルヴィニア中心部

TM-10 ブルイユ・チェルヴィニアからテオデュール峠
Breuil-Cervinia → Theodulpass (Colle Teodulo)

- 地図とコース番号：Map-10, TM-10
- 総距離：7.6km
- 歩行時間：→ 4h00/← 2h40
- 出発高度：2025m ●到着高度：3316m
- 最高点標高：3316m ●最低点標高：2025m
- 累積標高差：登り1275m／下り0m
- 宿泊：テオデュール小屋、ツェルマット

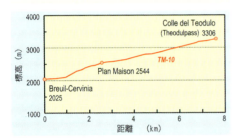

本区間では、ブルイユ・チェルヴィニア[Breuil-Cervinia, 2025m]からプラン・メゾン[Plan Maison, 2544m]を経てテオデュール峠[Theodulpass, 3302m]（伊語では、テオドゥーロ峠[Colle Teodulo]）に登って行く。でも、プラン・メゾンからテオデュール峠に向かう途中のリフト駅（冬季営業、Cappella Bentadini, 3042m）で、TMRコースに合流するため、ここでは合流点までの簡単な説明とする。

ブルイユ・チェルヴィニアからプラン・メゾンまでは、ゴンドラリフト利用でショートカット可能。でも、その先のテオデュール峠に直接行く索道はない。また、峠近くのテスタ・グリジア（夏スキー場）へはゴンドラリフトとロープウェイで行くことができる（チーメ・ビアンケ湖駅で乗り換え）。しかし、テスタ・グリジアからテオデュール峠間は氷河上ルートである。また、ブルイユ・チェルヴィニアとプラン・メゾン間は、ほぼゴンドラリフト下を行き、人工物の多いエリアを通るので、多少興ざめするだろう。

ブルイユ・チェルヴィニアの教会前広場から、まずプラン・メゾンに向かうゴンドラリフト駅に向かう。ゴンドラリフト駅からは、建物の左側の車道へ入り、谷奥へ向かって行くが、しばらくは立派な車道が続く。左手にマッターホルンが見え続けてくれるものの、周囲には近代的アパート群などの建物が多い。標高2056mのDjomeinを越えるころ、ようやく登山道に入って行く。ここから、ゴンドラリフトの索道の先に見える、プラン・メゾンの建物を目指してジグザグに登って行き、プラン・メゾンでは、建物右手から回り込んでマッターホルン側に出れば、道標を見出すだろう。

プラン・メゾンからは、東北東方向にほぼ真っ直ぐ伸びる牧道を進んで行く。カール途中の冬季営業のリフト駅（Cappella Bentadini, 3042m）まで行くのだが、カール内一帯には牧道が縦横に走っているので注意しよう。リフト駅脇を過ぎたら、テオデュール峠まではTMRコースと同じである。

チェルヴィニア南端からの眺め

5 トゥール・デ・コンバン
Tour des Combins（TDC）

咲き誇るエーデルワイス、背後はコルバシエール氷河とグラン・コンバン東壁

⑤ トゥール・デ・コンバン

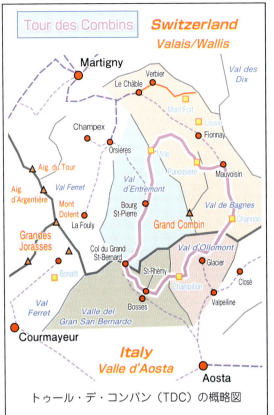

トゥール・デ・コンバン（TDC）の概略図

　トゥール・デ・コンバン［Tour des Combins (TDC)］は、ペナイン・アルプス西端にあるコンバン山群を一周する山岳ロングトレイルである。スタート地点は、通常スイスのアントゥルモン谷［Val d'Entremont］のブール・サン・ピエール［Bourg St-Pierre, 1630m］に設定されおり、ここから右回りに4つの谷（スイス・ヴァレー州のアントゥルモン谷［Val d'Entremont］、バーニュ谷［Val de Bagnes］、そしてイタリア・アオスタ谷州のオロモン谷［Val d'Ollomont］、グラン・サン・ベルナルド谷［Valle del Gran San Bernardo］）を巡ってゆく。

　ブール・サン・ピエールからは、まず北端のミレ峠へ登り、続いて隣のバーニュ谷を南下して、パノシエール小屋とシャンリオン小屋からの素晴らしい展望を満喫し、イタリアのオロモン谷に入ってゆく。その後、南端部を回り込み、サン・レミー村を経てグラン・サン・ベルナルド谷を北上し、グラン・サン・ベルナール峠［Col du Grand St-Bernard, 2469m］（以後GSB峠と略す）を超えてブール・サン・ピエールに戻ってくる。総距離は約85km、総累積標高差は約6km、日程は6〜8日間である。

　コース上から見える高峰は、主としてグラン・コンバン［Grand Combin, 4314m］やモン・ヴェラン［Mont Vélen, 3731m］などのコンバン山群であるが、モンブラン山群も見え、個人的には、TMRやTMコースよりも気に入っている。途中に索道がほとんどないので、とても素朴な山巡りが味わえ、さらにスイス・イタリア間の国境を含め、すべての峠の標高が3000m以下で、全コースが一般登山者向けである。

　TDC展望の見所としては、①パノシエール小屋からの長大な氷河とグラン・コンバン北壁、②ミレ峠小屋からのモンブラン山群、③シャンリオン小屋からのバーニュ谷最奥のパノラマ展望などがあげられ、とくに①のパノシエール小屋からの眺めは、言葉では言い表せないほど素晴らしい。朝夕の光線で輝くグラン・コンバンの氷壁を見られたならば、最高であろう。さらに、パノシエール小屋やシャンリオン小屋周辺では、盛夏にエーデルワイスが多く見られ、実に楽しい。

　また、コース西側国境のGSB峠越えでは、歴史的巡礼路（イギリスのカンタベリーからローマに至る道の一部分）を歩くことになるので、これも本コースの魅力である。とくに峠のホスピスでは、巡礼や交易の長い歴史の一端に触れることができるだろう。

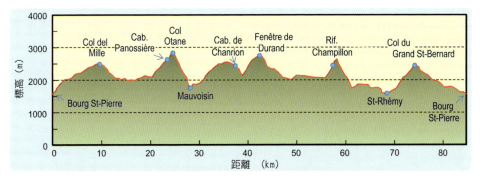

トゥール・デ・コンバン（TDC）の全標高差図

〈トゥール・デ・コンバンの日程〉

TDCは一周コースなので、どこから始めてもよいが、本書ではブール・サン・ピエールをスタート地点とし、以下の6区間の設定で紹介する。

下記では、区間3と4が連続して非常に長い。区間4は短くできないので、区間3をモーヴォワザンで分割してもよい。また区間6でGSB峠での滞在を追加し、全部で8日間の行程とすると、無理せずTDCコースを堪能できる。また、TDCの区間内でショートカットできるのは、区間6）だけである（バスでGSB峠越え）。

〈TDCの起点について〉

ブール・サン・ピエール［Bourg St-Pierre, 1630m］は、スイスのアントゥルモン谷（マルティニーとGSB峠間）にあり、アルプス越えをする人たちに利用されてきた小村である。中心に宿が4軒ほどあるものの、スーパーなどの商店がないので、事前準備を整えておこう。なおTDC周辺で、起点に便利な街は、スイスのヴェルビエ［Verbier］、イタリアのアオスタ［Aosta］などだ。とくに、ヴェルビエならば、標高が高く夏場過ごしやすい。

〈TDCコースの日程と区間のコースタイム〉

区間	コース	行き所要時間	帰り所要時間
TDC-1	ブール・サン・ピエール → ミレ峠小屋	→ 4h20	← 3h30
TDC-2	ミレ峠小屋 → ブリュネ小屋 → パノシエール小屋	→ 5h10	← 4h50
TDC-3	パノシエール小屋 → オタヌ峠 → モーヴォワザン → シャンリオン小屋	→ 6h35	← 6h45
TDC-4	シャンリオン小屋 → フネートル・ドゥ・デュラン峠 → シャンピヨン小屋	→ 7h	→ 7h35
TDC-5	シャンピヨン小屋 → シャンピヨン峠 → サン・レミー	→ 4h25	→ 4h50
TDC-6	サン・レミー → グラン・サン・ベルナール峠 → ブール・サン・ピエール	→ 5h35	→ 6h05

〈現地語表記〉

区間	コース
TDC-1	Bourg St-Pierre → Cabane Col de Mille
TDC-2	Cabane Col de Mille → Cabane M. Brunet → Cabane FXB Panossière
TDC-3	Cabane FXB Panossière → Col des Otanes → Mauvoisin → Cabane Chanrion
TDC-4	Cabane Chanrion → Fenêtre Durand → Rifugio Champillon
TDC-5	Rifugio Champillon → Col Champillon → St-Rhémy
TDC-6	St-Rhémy → Col du Grand St-Bernard → Bourg St-Pierre

TDC-1　ブール・サン・ピエールからミレ峠小屋
Bourg St-Pierre → Cabane Col de Mille

- 地図とコース番号：[Map-11：TDC-1]
- 総距離：10.9km
- 歩行時間：→ 4 h 20／← 3 h 30
- 出発高度：1632m　　●到着高度：2472m
- 最高点標高：2563m　　●最低点標高：1632m
- 累積標高差：登り1030m／下り200m
- 宿泊：ミレ峠小屋

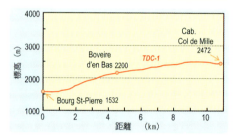

ブール・サン・ピエール［Bourg St-Pierre, 1632m］から、コンバン山群の北側に伸びる主稜線の西側斜面を斜めに登り、北端のミレ峠［Col de Mille, 2472m］へ行く。

まずブール・サン・ピエール中心の通りを北上し、バス停手前の建物脇から右手斜めに伸びる側道に入り、メイン車道の高架をくぐって、続く牧道を北上すると、車道沿いに建つホテル・ナポレオン［Hôtel Napoléon］脇に出る。そのまま牧道を進み、山際で樹林帯内に入って、徐々に高度を上げてゆく。やがて樹林帯を抜け、小さな放牧小屋（Creux du Mâ, 1975m）前を通り、小さな沢に出ると、牧道が終わって、アルプ内を行くバルコニー道が始まる（Bovere d'en Bas, 2180m）。この辺りからミレ峠小屋まで、好展望のトラバースが続き、左手にはモンブラン山群が常に見え続けてくれ、とても気持ち良い。

バルコニー道は、この後2つの支尾根と小谷を通り抜けながら、少しずつ高度を上げてゆく。1つ目の尾根がle Coeur（2233m）、2つめがLa Vuardette（2453m）だ。どちらも素敵なパノラマ展望を味わえる。最後に、岩峰モン・ロニュー（Mont Rogneux）の西斜面をトラバースし、左手の岩峰モン・ブリュレ（Mont Brûlé）との間の鞍部にたどり着く。ここがミレ峠［Col de Mille, 2472m］で、ミレ峠小屋はもう目前に建っている。峠からは、小屋とモンブラン山群（すぐ隣がアルジャンチエール針峰）が重なって見え、とてもよい感じだ。南側を見ると、歩いてきたアルプの斜面と岩峰群の上に、コンバン山群の白い峰々が輝き、主峰グラン・コンバン［Grand Combin, 4314m］も、白い吊り尾根の上に頭を出している。またコンバン山群の右手には、独立峰のモン・ヴェラン［Mont Vélen, 3731m］や、アントゥルモン谷奥を見渡すことができる。さらに、峠の北側にはバーニュ谷対岸の山々とヴェルビエ［Verbier］の街も遠望できる。

起点のブール・サン・ピエール

トラバース道からアントゥルモン谷奥の展望

TDC-2　ミレ峠小屋からパノシエール小屋
Cabane Col de Mille → Cabane FXB Panossière

- 地図とコース番号：[Map-11：TDC-2]
- 総距離：13.3km
- 歩行時間：→5h00／←4h50
- 出発高度：2472m　　●到着高度：2645m
- 最高点標高：2645m　●最低点標高：2006m
- 累積標高差：登り855m／下り695m
- 宿泊：パノシエール小屋

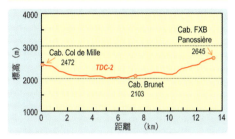

トラバース道からバーニュ谷を望む
（ル・シャブルとヴェルビエ）

本区間前半のブリュネ小屋付近までは、起伏の小さいバルコニー道が続くが、後半のパノシエール小屋へはやや厳しい登りになり、とくに、途中2つのちょっと怖い吊り橋を渡る必要がある。でも、展望が抜群で、変化に富んだ山歩きを味わえ、さらにパノシエール小屋からの展望は、TDCのなかでも随一で、登ってきた苦労がすべて癒されるであろう。長大なコルバシエール氷河と、その先に浮かぶグラン・コンバンの雄姿が素晴らしい。

パノシエール小屋に行くとき、プティ・コンバン氷河の下流と、コルバシエール氷河の末端に架かる、2つの吊り橋を渡らないといけない。前者は30mと短いが、後者は240mと非常に長い。どちらの橋も、数本のワイヤーで吊られただけで非常によく揺れ、足元は網状の鉄板（幅は50cmぐらい）で谷底が透けて見える。基本的に迂回路がないので注意したい。

ミレ峠小屋からは、まず東隣にあるバーニュ谷のブリュネ小屋［Cabane M. Brunet, 2103m］を目指して目前のアルプを下り、続いてバルコニー道に入ってゆく。途中、ル・シャブル方面に下る分岐を2ヵ所通り、1h10分ほどで最下部の小さな池と小屋のあるアルプにつく［Servay, 2074m］。ここから、やや樹木の多い道を大きく右に回り込みながらバーニュ谷を南下してゆく。前方にブリュネ小屋が見え出すころ、一端車道（牧道）に合流し、小屋目前で登山道に入ると、ブリュネ小屋に着く。実は、麓のル・シャブルからブリュネ小屋まで、かなりしっかりした車道ができているため、一般車も結構入ってくる。このためタクシーを利用すると、ル・シャブルからブリュネ小屋まで一気に来ることも可能である。小屋からは、ルーヴィー小屋のあるバーニュ谷対岸の山々（Mont Fort, Rosabrancheなど）が良く見えるだけでなく、コンバン山群の1つ、プティ・コンバン［Petit Combin, 3663m］が見えるのが特徴。ミレ峠を離れてから、コンバン山群があらわれるのは、ここまできてからだ。

ブリュネ小屋からいよいよ後半が始まる。まず小屋前の小池脇を通り、まず1つ目の谷（プティ・コンバン氷河の下流域）に入って行くと、前方にプティ・コンバンが輝き、谷

一つ目の吊り橋へ。谷奥にプティ・コンバンが輝く

コルバシエール氷河末端部へ入る

奥には1つ目の吊り橋が見えてくる。これは長さ30m。橋の手前に分岐で左に折れ、橋を渡ってゆく。なお、そのまま谷奥へ向かうとアヴィヨン峠［Col des Avouillons, 2469m］越えのオプションコースである。

橋を渡るとすぐ左手に折れ、次の尾根を大きく回り込み、La Mayeのアルプを経て、コルバシエールの谷に入ってゆく。でも、La Mayeからがかなりきつい登りだ。狭いサイド・モレーン上を谷奥につめて行き、氷瀑が消えた跡の急斜面を、ジグザグに登って越えてゆく。すると途中から、グラン・コンバンが頭を出しているのに気付くだろう。道が平らになると、コルバシエール氷河末端部の荒涼とした荒地に入り、氷河跡の巨岩のなかをぬって行くと、とても長い吊り橋（240m）と狭くて非常に深い谷（ゴルジュ）が視界に入ってくる。これが2つ目の吊り橋だ。橋の途中でのすれ違いは怖いので、対岸から渡る人がいないことを確認して、吊り橋へ進入しよう。また、揺れが心配な場合には、後から来る人に待ってもらうとよい。なお、橋の手前には、アヴィヨン峠（2469m）越えの道が合流する分岐もある。

この橋を無事渡ったら、対岸の小石混じりの道を登り、フィオネェ［Fionnay］へ下る道との分岐を経て、アルプや岩間の道を登ってゆくと、ようやくパノシエール小屋が前方に見え始め、コルバシエール氷河のサイド・モレーンにたどりつく。ここで、長大なコルバシエール氷河の流れと共に、谷奥のグラン・コンバンの氷壁があらわれ、とても感動するだろう。最後はこのモレーン上を小屋まで登ればよい。

氷河末端部の長い吊り橋

モレーン上に建つパノシエール小屋

▲早朝のグラン・コンパン北壁とコルバシエール大氷河

TDC−2 ミレ峠小屋からパノシエール小屋

――― 山小屋・山岳ホテル案内 ―――

◆パノシエール小屋
　　[Cabane FXB Panossière]
　コバシエール氷河とグラン・コンパンを同時に見られ、最高の景色を堪能でき、アルピニストも多い。近くのモレーンには、盛夏たくさんのエーデルワイスが咲く。でも、モレーンはとても崩れやすいので注意。
〈設備〉石造り２F建て、〔１F〕広いレストラン、〔２F〜３F〕ドミトリー・雑魚寝部屋、〔B１F〕トイレ・洗面（飲料可）・シャワー（CHF５）、トイレは落下方式で大小分離型、木くずを入れて消臭、〔他〕コンセント（１F入口）、WiFi無
〈夕食〉①前菜：ポタージュ、②主菜：生野菜サラダ、鶏肉煮込み、パスタ、③デザート：チョコムース
〈小屋からの展望〉テラスから南側にコルバシエール氷河、グラン・コンパン北壁やプティ・コンパンを望め、北側からバーニュ谷下流域を見渡せる。

パノシエール小屋

夕食②

夕食③

トイレ（木屑と共に）と洗面台

TDC-3 パノシエール小屋からモーヴォワザン経由シャンリオン小屋
Cabane FXB Panossière → Mauvoisin → Cabane Chanrion

- 地図とコース番号：[Map-03：TDC-3]
- 総距離：14.9km
- 歩行時間：→6h35/←6h50
- 出発高度：2645m　●到着高度：2462m
- 最高点標高：2846m　●最低点標高：1746m
- 累積標高差：登り1130m／下り1275m
- 宿泊：シャンリオン小屋

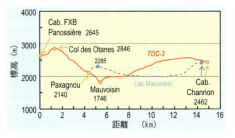

本区間はTDCのなかで2番目に長い（次区間が最長）ため、途中のモーヴォワザン[Mauvoisin]（ダム下）で2区間に分けてもよい。モーヴォワザンには、ホテルが1軒あり、ル・シャブルからここまでバスも通じている。ここでは、モーヴォワザンで2つに分けて紹介しよう。

前半は、コルバシエールの谷からオタヌ峠[Col des Otanes, 2846m]を越えてバーニュ谷のモーヴォワザンへ下り（オタヌ峠からの下りが急なので残雪期は注意）、後半は、モーヴォワザン湖の東側斜面のトラバース道を南下し、グラン・コンバン東壁を眺めながらツォフェイレ峠[Col des Tsofeiret, 2628m]を越えてシャンリオン小屋[Cab. Chanrion]へ行く。後半には、モーヴォワザン湖西側を行く道もあるが、展望の点から右岸コースが断然お勧めである。左岸コースは、オプションとして紹介しておこう。

1）オタヌ峠越えでモーヴォワザン

パノシエール小屋からは、まずサイド・モレーン上を谷奥につめ、左手の巨石がゴロゴロしている急斜面に取り付いてゆく。取り付き部は、大きな岩間をぬってゆくので、岩場のペンキ印に注意する。またこの急斜面は、氷河に削られたままの姿で、やや崩れやすい。石屑を落とさないように注意しつつ、慎重に進んでいこう。急な登りをしばらく辛抱すると、オタヌ峠[Col des Otanes, 2846m]の鞍部に到着する。途中からは常に、グラン・コンバンやプティ・コンバンと共に、雄大なコルバシエール氷河の流れを俯瞰でき、とても素晴らしい。さらに峠からは、バーニュ谷北部の視界が開けて気持ちいいだろう。

オタヌ峠からは、岩がゴロゴロしている道

オタヌ峠へ登りから小屋を見下ろす

オタヌ峠、右奥はプティ・コンバン

モーヴォワザンへ下る

モーヴォワザン・ダム下の広場

をバーニュ谷方向にトラバースしてゆく。すると、再び広い鞍部に辿り着く。この辺りからが、グラン・コンバン北壁の見納めである。続くバーニュ谷への下り始めは、ガレ場の滑りやすい急斜面で、ロープもつけられている箇所もあり、十分注意しよう。しばらく急斜面の下りを我慢すると、小さなカール底につく。

その後は、谷奥に見え出すモーヴォワザン・ダムに向かって、アルプの斜面をトラバース気味に下ってゆく。これが結構長い。ダム下の建物や駐車場が眼下に近づいてきたら、大きな岩石崩壊地手前で一気に高度を下げ、そ

山小屋・山岳ホテル案内

◆ホテル・モーヴォワザン
　[Hôtel de Mauvoisin]
　バーニュ谷奥モーヴォワザン・ダム直下にあるホテルで、TDCの中継地。狭隘な谷底にあるため、展望はないが、静かで素朴。また、ダムへ登る途中、ダム工事の様子を残したモニュメント・トンネルあり（登るときのみ入れる）。ダム往復は1h程度。
〈設備〉3F建て、[1F]レストランとテラス・レストラン、[2～3F]ツインなどの個室部屋、ドミトリー・雑魚寝部屋（20p、収納棚付）、[他]コンセント（各部屋内）、WiFi（レスト内）
〈夕食〉①前菜：ポタージュ（クリームのせ）、②主菜：鶏肉煮込み、パスタ、温野菜、③デザート：パイケーキ
〈小屋からの展望〉狭隘な谷底で展望はない。南側にダム壁が迫り、斜面途中に小さな教会があり、これがよいアクセント。

ホテル・モーヴォワザン

ドミトリー部屋

レストラン

夕食①

夕食②

夕食③

の下部を巻いてゆく（2015年、崩壊箇所の道が改修され、地図と少し異なる）。最後に、Pierre à Vire（2285m）経由でダム湖左岸に出る道との分岐（Pazagnou, 2140m）を分け、モーヴォワザンに下ってゆくと、駐車場もある広い空き地につき、道路沿いをそのまま行けば、モーヴォワザンのホテルやバス停前につく。ル・シャブルから、ここまで、夏期3本/日（日祝減便）のバスの便がある。

モーヴォワザン・ダム湖畔を行く

ダム湖右岸のアルプを登る

コンバン山群を映すツォフェイレ湖

2）ツォフェイレ峠越えでシャンリオン小屋

　モーヴォワザンのバス停脇から登山道に入り、すぐ目上にある小さな教会脇を通り、ダム上に向かう。途中から牧道に合流し、上部でトンネルに入ると、トンネル内でY字路分岐（Barrage de Mauvoisin, 1976m）に出合う。ここを左手に行けば、すぐダムの西端に出る（右手に行けば西側の湖畔道）。その後、ダム上を行き、東端で右に折れ、所々窓の空いているトンネル内を行く。約10分でトンネルを抜け、湖畔の牧道を南下する。やがて、左手のアルプ斜面に入る登山道入口の道標に気付くだろう。ここから少し急登となるが、約15分も我慢すれば、すぐなだらかなトラバース道に入ってゆく。この辺りに放牧小屋［Ecuries du Giétro, 2180m］がある。湖畔からここまで、牧道も通じているが、かなり遠回りだ。

　放牧小屋からツォフェイレ峠までは、徐々に高度が上がる、好展望の快適な道が続く。湖とバーニュ谷の山々が見え続け、とくに主峰グラン・コンバンの東壁が素晴らしい。標高2400m辺りからアルプも広がり、素敵なパノラマ展望を楽しめるだろう。前方に、峠の丘が近づいてくると、突然左手に湖があらわれる。ここが、ツォフェイレ湖［Lac de Tsofeiret, 2572m］だ。盛夏だと湖畔にたくさんワタスゲが咲き、山との対比が美しい。湖の東岸から見える、湖に投影したグラン・コンバン東壁も素敵だ。でも、湖畔に登山道はなく、牛の踏み跡をたどるしかない。

　ツォフェイレ湖からアルプの土手を少し登ると、すぐツォフェイレ峠［Col de Tsofeiret, 2635m］につく。ここからは、バーニュ谷奥360度の展望が広がる。もちろん、グラン・コンバン東壁が一段と迫って見えるが、東側のブルネェ（Brenay）氷河谷奥の山々もいい。

　峠からは一端、直下の沢へ下り、橋を渡って、岩がゴロゴロした地帯を超えてゆくと、小さな池の脇に出る。これを過ぎれば、すぐシャ

Brenay氷河谷奥の山々

シャンリオン小屋付近から国境の山々

ンリオン小屋〔Cabane Chanrion, 2462m〕に到着する。この小池にもグラン・コンバン東壁が投影してくれる。

シャンリオン小屋とコンバン山群

TDC-3 パノシエール小屋からモーヴォワザン経由シャンリオン小屋

── 山小屋・山岳ホテル案内 ──

◆シャンリオン小屋 ［Cabane Chanrion］
　小屋は、グラン・コンバン東壁から国境の山々などの高峰にぐるりと囲まれ、トレッカーだけでなくアルピニストにも人気が高い。
〈設備〉3階建て、〔1F〕広いレストラン、〔2～3F〕ドミトリー・雑魚寝型部屋、〔1F〕トイレ・洗面（飲料不可、男女別1ヵ所）・シャワー無、飲料水はボトルで購入要、〔他〕コンセント無、WiFi無。
〈夕食〉①前菜：野菜コンソメ、②主菜：生野菜サラダ、鶏肉煮込み＋ライス、③デザート：すり身リンゴとチョコ＆生クリーム
〈小屋からの展望〉小屋前から三方に山々を望める：東側にオテンマ谷奥の山々、南側に国境の岩峰群（Mont Geléや Mont Avril、その間が国境の峠 Fenêtre de Durand）、西側にグラン・コンバン東壁。小屋東側の丘からよりよく見え、小屋北側すぐの小池には、グラン・コンバン東壁が写り込む。

レストラン　　夕食③
夕食①　　夕食②

アントゥルモン谷／パノシエール小屋（TDC）：
山小屋から目の当たりにグラン・コンバン北壁が見え，夕方赤く輝いてくれる

オプション　モーヴォワザン湖左岸経由

　モーヴォワザン湖西岸側には、①湖畔と、②西岸斜面高所を歩く道がある。これらを経由しても、シャンリオン小屋まで行くことができ、とくに①は最短コース。さらに、西岸経由ならば、オタヌ峠からモーヴォワザンを経由せず、シャンリオン小屋に直接向かうこともできる。これは、オタヌ峠からモーヴォワザンへ下る途中の分岐パザニュー［Pazagnou, 2140m］から右手斜面を登り、見晴らしのよい展望地ピエーラ・ヴィール［Pierre à Vire, 2337m］を経由するものだ。ここには、盛夏エーデルワイスがたくさん咲いている。なお、累積標高差で比べると、モーヴォワザン経由との差は小さいが、西岸コースからはコンバン山群が見えず、東岸コースの眺望には及ばないだろう。

モーヴォワザン・ダム湖西岸を行く　　　　　ダム湖畔から谷奥を望む

TDC-4　シャンリオン小屋からシャンピヨン小屋
Cabane Chanrion → Rifugio Champillon

- 地図とコース番号：[Map-12：TDC-4]
- 総距離：20.9km
- 歩行時間：→ 7h05／← 7 h 55
- 出発高度：2462m　　●到着高度：2435m
- 最高点標高：2797m　●最低点標高：2047m
- 累積標高差：登り 1150m ／下り 1200m
- 宿泊：シャンリオン小屋

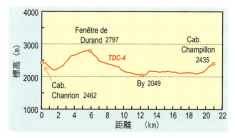

本区間は、いよいよスイスから国境の峠、フネートル・ドゥ・デュラン（デュランの窓）[Fenêtre de Durand/Colle Fenêtre Durand, 2797m]を越えてイタリア側に入る。氷河の心配はないが、TDCのなかで歩行時間が最も長い（道標では7 hだが、専用パンフでは 8 h以上）。

シャンリオン小屋からは、一端バーニュ谷底に下ってから登り返し、デュランの窓峠[Fenêtre de Durand, 2797m]を越えて、アオスタ谷[Valle d'Aosta]の支谷の１つ、オロモン谷[Valle di Ollomont]に下ってゆく。続いて、オロモン谷西側斜面のとても長い高所バルコニー道を南下して、最後にシャンピヨン小屋を目指して登ってゆく。なお、オロモン谷のコースでは、〈TDC〉の黄色いペンキ印をよく見かけるものの、行き先や時間などを示した道標は少ない。

また本区間は、途中で補給などをできる場所がほとんどない。このため、十分な準備をして、シャンリオン小屋を早めに発つよ

うにしよう。なお、途中のバルム[Balme]やバイ[By]付近から谷底のグラシエ[Glacier, 1571m]の集落に下れば、グラシエからアオスタまでバスで移動可能である（平日のみ運行、日祝運休なので注意）。最寄りの宿はオロモン[Ollomont, 1329m]集落付近にある。

シャンリオン小屋前のテラス端から出発し、まずシャンリオン湖[Lac de Chanrion]を右下に見ながら下って行く。一端牧道に合流するが、すぐ登山道に入り一気に下って行く（シャンリオン小屋裏から谷底までヘアピンカーブの牧道が続き、登山道はこれをショートカットする）。谷底で再び牧道に合流後、次の分岐で左に折れて、川に架かる橋を渡る。ここが最下部地点（La Barme, 〜 2100m）だ。ここからフネートル・ドゥ・デュラン峠まで約700mの登り。始めは、やや急な斜面を大きくジグザグに登るが、標高2500m辺りから斜度が緩む。ここから振り返れば、北東側にブルネェ[Brenay]氷河やオテンマ[Otemma]氷河奥の山々（Mont Blanc de Cheilon, Le Bruinetteなど）が良く見えるだろう。

さらに高度を上げると、左手の岩峰モン・ジェレ[Mont Gelé]と右手のモン・エヴリル[Mont Avril]に挟まれた鞍部がようや

デュランの窓峠への登りからのバーニュ谷を望む

峠から伊側オロモン谷へ下る

Thoules放牧小屋付近からの峠の眺め

Lombardin放牧小屋からオロモン谷

バイ付近の牧道を行く

く近づいてくる。最後に、なだらかな谷間の左岸斜面を登り、モレーンの砂礫脇を抜けると、フネートル・ドゥ・デュラン峠［Fenêtre de Durand, 2797m］につく。峠は広い鞍部で、北側にはモンブラン・ドゥ・シェイロン［Mont Blanc de Cheilon］などの氷河を頂いた山々が見え、南側には、遠望ではあるがアオスタ谷南部の山々も見える。

　峠からは、オロモン谷の1つの荒涼とした支谷へ下ってゆく。まずフネートル湖［Lac Fenêtre］脇を通り、その後、川沿いを、右岸、左岸へと渡りながら下って行く。2400m辺りからようやく草地が増えてくるだろう。谷が左に曲がり、前方が開けるころ、Thoules（2381m）の放牧小屋に着く。この辺りから、右手の尾根の上に、モン・ヴェラン［Mont Vélen, 3734m］が頭を出しているのが見え始める。ここから、なだらかな牧道上を行き、次の放牧小屋［Lombardin, 2309m］を過ぎたところで、牧道をショートカットする登山道に入り、ほぼ南西方向に真っすぐ下って行くと小さな小屋につく［Balme de Bal, 2130m］（飲み物などを補給できる場合あり）。ここから、目前の斜面（コース番号：6，6A）を下れば、バス停のあるグラシエ［Glacier］の集落に行くことができる。

　小屋からは、オロモン谷北部の巨大なカール斜面を東から西へぐるりと回り込む、標高約2000mの平らな牧道を行く。その北端部のバイ［By, 2050m］の放牧小屋を過ぎ、南下し始める曲がり角で、アルプ斜面に入る登山道入口の分岐に出合う。道標やTDCの印もあるが、やや目立たないので注意しよう。牧道（標高約2000m）は、ここから南にそのまま伸びているが、この斜面の上部標高約2150mにも、谷を取り囲む、別の水平な牧道が設けられている。この分岐から、上の牧道へ、斜面を斜めに登る形だ。でもこの斜面は牛の踏み跡が多く、少しわかりづらいかもしれない。

　上部の牧道に合流したら、後はシャンピヨ

ン小屋下まで、とても長い平らな牧道が続く。この道は、モン・ヴェランから南に伸びる長い主稜線東側にある、3つの支尾根と谷間を経てゆく。途中に分岐も多いのだが、TDCなどのペンキ印しかないので、地図を良く確認し、別の牧道に入り込まないように注意する。また1つめの尾根を回り込んだあと、ロープがつけられた岩盤のトラバースや、小さな沢の徒渉にも注意しよう。

　最後の尾根を回り込み、シャンピヨン谷［Comba di Champillon］に入るとすぐシャンピヨン小屋へ登る道の分岐点につく（Nean：TDCのペンキ印のみ）。牧道をそのまま行っても、シャンピヨン集落を経由して小屋へ登ることができるが、やや遠回りだ。この分岐からアルプを斜めに登ってゆくと、シャンピヨン集落から登る牧道に合流する［Pessinoille, 2150m］。この牧道は、この先シャンピヨン小屋まで続いているのだが、ヘアピンカーブが続くとても長い道で、登山道は、これをショートカットするようにつけられている。Pessinoilleから登山道に入り、ほぼ西に向かって登って行くと、ツァ［Tsa, 2297m］の放牧小屋に出る。ツァの小屋付近は、広々としたアルプで、小谷の奥に

長い牧道からパイ方面を振り返る

シャンピヨンの小谷へ

目を向けると、すぐ近くに小屋が見えるだろう。これが、シャンピヨン小屋［Rifugio Champillon, 2435m］だ。ツァからは約20分でつく。

―― 山小屋・山岳ホテル案内 ――

◆シャンピヨン小屋
　　［Rifugio Champillon, Adolfo Letey］
　オロモン谷唯一の山小屋。谷西側斜面のアルプ内に建ち、レストランなどのある母屋（2F）と、奥の宿泊棟（1F）がつながった構造。
〈設備〉〔本館1F〕レストラン、〔別棟〕ドミトリー・ベッド部屋、トイレ・洗面（各2個）・シャワー（€3）、〔他〕コンセント（各部屋内）、WiFi無
〈夕食〉①前菜：コンソメ、②主菜：ポレンタ・トマトソース＋ソーセージ、③デザート：チョコムース（カラフルなチョコチップのせ）
〈小屋からの展望〉
　オロモン谷対岸に、Mont Gale［3519m］、尖峰の集まる Faudery 岩峰群（Mont Morion［3478m］他）が目立ち、グラン・コンバンが谷奥の尾根上に頭を出してくれる。

シャンピヨン小屋

レストラン

夕食②

夕食③

TDC-5　シャンピヨン小屋からサン・レミー
Rifugio Champillon → St-Rhémy

- 地図とコース番号：[Map-12：TDC-5]
- 総距離：13.0km
- 歩行時間：→ 4 h 25 / ← 4 h 50
- 出発高度：2435m　　●到着高度：1640m
- 最高点標高：2702m　●最低点標高：1640m
- 累積標高差：登り545m／下り1330m
- 宿泊：サン・レミー

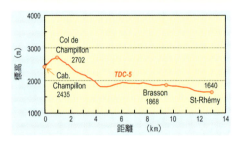

本区間は、オロモン谷のシャンピヨン小屋から、モン・ヴェランの主稜線南端のシャンピヨン峠［Col Champillon, 2709m］を越え、2つの小谷を通り、サン・ベルナルド谷［Valle del Gran San Bernardo］のサン・レミー［St-Rhémy, 1640m］に向かう、やや短めのコース。体力と時間があれば、GSB峠まで行ってもよい（＋2h40）であろう。なお、サン・レミーからGSB峠或いはアオスタへは、バスで移動できる（2本／日、ボス［Bosses］からなら3～4本／日）。

まずシャンピヨン峠を目指して、小屋から背後のアルプを登り始める。始めは少し急だが、途中からアルプ内のゆるやかな道となる。視界も良く、グラン・コンバンもずっと見え続けてくれる。峠には小屋から50分でつく。シャンピヨン峠［Col Champillon, 2702m］は、なだらかなアルプの鞍部で、立派なケルンもある。東側のオロモン谷がよく見渡せ、グラン・コンバンなどが見えるものの、西側の展望範囲は、やや狭く、モンブラン山群は一部しか見えない。

峠から、まず眼下の小谷へ、ジグザグのやや急な道を下り、廃墟のある分岐（2377m）で右に折れ、小谷の右側の支尾根へ回り込んでゆく。この辺りから前方の展望がよくなり、とくに尾根筋（2275m）では、素晴らしいパノラマ展望が開け、モンブランやグランド・ジョラスも姿をあらわしてくれる。尾根筋を越えてさらに右手に回り込むと、メヌーヴ谷［Vallon de Menouve］の谷奥もよく見える。続いて谷奥へ向かって斜面をトラバース後、標高2100m辺りから谷底へ一気に下る。途

シャンピヨン峠とグラン・コンバン

Dessous小屋から谷下流を見下ろす

メヌーヴ谷最下部から谷奥を望む

中から樹林帯に入るものの、これを抜けると突然建物があらわれ、牧道に合流する［Dessous, 1808m］。

ここから牧道を谷奥（北）へ進み、最奥で橋を渡ると逆方向に向きを変え、続くY字路分岐で再び谷奥方向へ向かい、さらに２度目のY字路分岐で元の方向に戻ると、やや大きな放牧小屋前に着く。ここが、ジェルマン谷［Comba German, 1872m］。Dessousからは、逆さの「W」文字を描くように牧道を歩くことになる。なお、最初の谷奥の橋付近から、高みにモン・ヴェランが輝いて見える。

ジェルマン谷［Comba German］の小屋からは、西側斜面を少し急登し、上部をトラバースする牧道（ほぼ1900m）に出ると、ここから南下し始める。続いて、ほぼ平らな牧道を右に回り込んで、隣の小さなブラッソン谷［Comba di Brasson］へ入って行く。最南端部を過ぎ、約100m下の牧道に下って北上し、すぐ谷奥の川に架かる橋を渡ると、放牧小屋（Brasson［1868m］）前の分岐につく。ここは、５差路になっているので、道標に注意し、サン・レミー［St-Rhémy］方向に向かおう。小屋前を通り、始めはアルプ内をトラバースして行くが、AV１コースが合流する分岐から、平らな牧道になる。南側尾根筋を回り込むと、最後の谷、サン・ベルナルド谷［Valle del Gran San Bernardo］へ入って行く。その後、ジグザグの牧道で高度を下げた後、北へ回り込み始めると、樹間からサン・ベルナルド谷下部（Bosses中心部のインターチェンジ：下記）を見下ろせるようになる。そのまま北上して、広い２車線の舗装道路（ヘアピンカーブ）に合流すると、車道の先に、小さな石造りの町並みがみえるだろう。ここが、サン・レミー［St-Rhémy, 1640m］である。

〈サン・レミー［St-Rhémy］〉
サン・レミーは、ブール・サン・ピエール同様、アルプス越えの交通、歴史的な巡礼路の要所として栄えた、GSB峠のイタリア側入口の村であるが、現在は、狭い谷間にこじんまりと建物が固まっている、とても小さな村だ。ホテルが１軒あるだけで、商店はない。また、村の南端の車道（ヘアピンカーブ端）にバス停があり、ここを通るバスは、アオスタ〜GSB峠間を結ぶ路線（峠へ向かう旧道）である。

〈ボス［Bosses］〉
サン・レミーは、区域としてはSt-Rhémy-en-Bossesになるが、バス停のボス［Bosses］は、より南側にある（GSB峠への旧道と、GSBトンネルへ向かう新道との分岐点で、大きな駐車場と給油所、ホテルやバーもある）。ここからアオスタへのバス（始発便があり）が出ており、本数も多い。このため、アオスタへエスケープする場合は、ここからのバスを利用するとよい。サン・レミーからは、南端の橋を渡って、対岸の牧道を南下し、歩いて20分程度（コース番号［103］）。

静かな小村サン・レミー

ガソリンスタンドやバス停のあるボスの車道分岐点

TDC-6 サン・レミーからブール・サン・ピエール
St-Rhémy → Bourg St-Pierre

- 地図とコース番号：[Map-12：TDC-6]
- 総距離：17.2km
- 歩行時間：→5h30/←6h00
- 出発高度：1640m　　到着高度：1632m
- 最高点標高：2476m　最低点標高：1615m
- 累積標高差：登り1000m／下り985m
- 宿泊：GSB峠、ブール・サン・ピエール

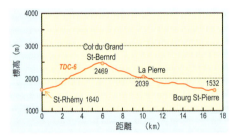

サン・レミーからの登り道

中腹 La Contine 付近

本区間は、歴史的巡礼路に沿って、サン・レミーから、グラン・サン・ベルナール峠[Col du Grand St-Bernard, GSB峠]を越えて、スイスのブール・サン・ピエールに行く。でもGSB峠の宿に滞在できれば、TDCをより深く味わえてよいと思う。とくに、峠のホスピスでの宿泊がお勧めである。

またバスを利用すると、本区間をすべて省略できるが、GSB峠で、伊からスイスのバスに乗り換える必要がある（伊とスイスのバス停間を10分歩く）。

1）サン・レミーからGSB峠

サン・レミーから、村の石造りの道を北上し、街外れで、右手を行く車道に合流後、車道端を進み、大きな左カーブ手前から車道脇の道標に従い、アルプ内の登山道に入って行く。道路を左下に見ながら、トラバース気味に高度を上げて行き、谷が左に曲がるのに従い、登山道も北西に折れて行く。その後、右手に開けた支谷へ入り、北上すると

La Contine［2213m］で車道を横断する。ここには、小さな教会とホテルがある。車道が、緩いカーブの連続でGSB峠を目指すのに対し、登山道はこれをショートカットしてゆく。再び、車道を横断後、2296mと2352m付近の分岐（後者がフェレの窓の峠との分岐）で各々左に行き、再び車道を横断して、目前の岩盤の割れ目に入って行く。少し急になるが、岩間につけられた道を登って行くと、ローマ時代に作られた石畳みの道に入り、大きな岩を越えると、前方に巨大な青銅像があらわれる。これが、聖ベルナールの像だ。像のある丘からは、広い峠の全貌が見渡せ、中央に湖、その西岸を巡る道路、そして湖の先にスイス側のホスピスの白い建物が目に入る。湖の手前の建物は、伊側のホテル。このままホ

テルに下って、車道を歩いて対岸のホスピス
まで向かってもよいが、聖ベルナール像から
は、湖岸左手斜面のやや高いところを巡る歩
道を通って行こう。伊側からスイスのホスピ
スへは歩いて10分程度の距離である。なお、
湖西岸の車道の途中には国境の検問所がある。
時折検問される車両を見かけるが、歩く人に
対する検問はない。

GSB峠伊側のサン・ベルナール像脇を行く

　GSB峠は、スイスとイタリア国境の峠で、
その東西に大きな岩峰が迫るものの非常に広
く、中心に湖（Lago del GSB）があり、車
道も通っている。湖岸にはスイス側にホスピスとホテル（Hôtel de l'Hospice du Grand-St-Bernard）、イタリア側に別のホテルがあり、土産物店も多い。峠のスイス端から北側にはグラン・コンバンやモン・ヴェランが見え、南側には岩峰群（Mont Fourchon他）が見える。残念だが、この岩峰が邪魔をして、モンブラン山群を見ることはできない。

スイス側GSB峠。中央がホスピス。

《GSB峠とホスピス》

　グラン・サン・ベルナール（GSB）峠は、古代からアルプス山脈を越える重要な交通路の1つで、多くの商人や巡礼者が行き交っていた。でも、山賊や悪天候などにより、遭難者も数多く出ていたため、11世紀アオスタ大聖堂の助祭長ベルナール・ド・マントン［Bernard de Menthon］が、遭難者の救助を目的としたホスピス（救護所）を峠に建設し、人々に宿と食事を提供した。これがホスピスの始まり。この功績により彼は聖人に列せられ、これが峠の名の由来。また1800年5月に、ナポレオンがイタリア遠征のために4万人のフランス軍を率いて峠を越えたことでも有名になった。また峠で育成された救助犬の活躍も有名で、これがセント・バーナード犬（サン・ベルナールの英語読み）の起源。首の樽に食料や気付け薬（ブランデー）を詰めて遭難者へ送り届け、多くの遭難者が救助された。

　また1964年、中腹にグラン・サン・ベルナールトンネルが開通したことにより、交通の要所としての機能はトンネルに譲ったが、峠は夏期観光用として賑わっている。

　現在のホスピスは、1棟がホスピス（教会聖堂と宝物館、簡易宿泊施設）、もう1棟がホテル＆売店となっている。セント・バーナード犬の飼育施設兼博物館が、ホテルの裏手にある。ホスピスでは、宿泊者への独特のウェルカム・ティーのサービスがあり、日に数回おこなわれる礼拝（キリスト教のお祈り）への参加も可能である。

GSB峠からのグラン・コンバン（左）

宝物館の十字架

教会と素晴らしい
天井フレスコ画

― 山小屋・山岳ホテル案内 ―

◆ GSBホスピス
[Hospice du Grand-Saint-Bernard]

　GSB峠スイス側にある歴史的なホスピス。現在でも巡礼者などの宿泊者が多く、価格の安さが魅力的。隣接するホテルとは別なので注意。ホスピス内に、礼拝所、宝物館がある。ただし、朝食がお祈り後の8h〜と遅いのが難点。
〈設備〉4F建て、〔1F〕宝物館、礼拝堂、〔2F〕受付・レストラン、〔3〜4F〕ベッド型ドミトリー（ロッカー付き）＆個室部屋、男女別トイレ・洗面・シャワー、〔他〕コンセント（各部屋内）、WiFi無
〈夕食〉（19h15〜）①前菜：ポタージュ、②主菜：生野菜サラダ、牛肉煮込みとライス、③デザート：アイスクリーム
〈小屋からの展望〉北側にグラン・コンバンとモン・ヴェランが見え、南側にはGSB湖が広がり、イタリア側の岩峰群の展望が素晴らしい。

GSBホスピスとホテル

レストラン

夕食①

夕食②

夕食③

オプション1　GSB峠の展望台

　GSB峠の北西にある岩峰［Pointe de Drône, 2948m］へ登る道の途中に、モンブラン山群とグラン・コンバン山群を同時に望める展望台［Chenalette, 2792m］がある。約350mの登り（45分程度）で、明瞭なペンキ印（赤白）がつくコース。

　ホテル側の建物の左端裏から、ペンキ印を頼りに南西側斜面を登って行くと、北側の支尾根を越えたところで、眼下のアルプや湖越しにグラン・コンバンやモン・ヴェランが目に入る。続いて、尾根の北東斜面を登り、ややガレ気味の斜面を通り、尾根上の肩にあるコンクリート製テラスに出ると、南西方向の視界が開けて突然モンブラン山群が現れる。背後には、グラン・コンバンも見え、とても素晴らしい。ほぼ360度の展望。

GSB展望台からの早朝のモンブラン山群

霧に覆われるGSB峠

オプション2　GSB峠から3つの峠巡り

　GSB峠からは、岩峰［Pointe de Drône, 2948m］を中心に、国境付近の3つの峠を1日で巡るハイキングコース（約6h）がある。すべて森林限界上のトレイルで、常に素敵な眺望を味わえ、とくに、南西側にあるフネートル湖［Lacs de Fenêtre］に投影するモンブラン山群の眺めが非常に素晴らしい。峠の宿に連泊すると、展望台往復と共に、このコースにチャレンジできるだろう。

　ここでは、これを右回りに巡るコースを簡単に紹介しておこう。GSB峠からまず、TDCコースをサン・レミー側に戻り、2352mの分岐で北西に向かい、車道を横断して1つ目の峠、フェレの窓［Fenêtre de Ferret, 2698m］へ向かう。峠でモンブラン山群を眺めたら、早々に眼下のフネートル湖に下り、まず左手の湖に寄り道しよう。湖にモンブラン山群が投影し、とても素晴らしい。続いて、2つめの湖脇を抜けると、十字架の立つ見晴らしのよい丘があり、この脇に、次の分岐（2467m）がある。フェレ谷への下り道と2つ目の峠との分岐だ。ここで東側の岩壁に向かい、ややガレ場の急斜面を登り切れば、2つ目の峠バスティヨン峠［Col du Bastillon, 2754m］につく。ここからは、モンブラン山群とコンバン山群が同時に見える。続いて、湖が点在するアルプへ下り、谷底の2408mの分岐を経て、3つ目の峠ショボー峠［Col des Chevaux, 2714m］へ急登し、最後に岩がゴロゴロしている道を下り、GSB峠に戻ってくる。

岩峰Pointe de Drôneとフネートル湖

フネートル湖に映るモンブラン山群

2）GSB峠からブール・サン・ピエール

　GSB峠北端の車道脇から、アルプの斜面を一気に下ってゆく。しばらくは、ほぼ車道に沿う形で登山道が設けられている。20分でBrasson峠への道との分岐を過ぎ、さらに40分ほど下ると車道から離れ、橋を渡って左手のアルプのなかの牧場（La Pierre）に向かってゆく。この間には、所々石畳の道も残り、歴史を感じることができ、盛夏ならば周囲のアルプが花で覆われて素晴らしいだろう。峠から見えていたグラン・コンバンは、下り始めるとすぐ見えなくなるが、モン・ヴェランと支尾根の針峰群が見え続けてくれる。

La Pierreの放牧地に下る

　放牧小屋前の分岐（La Pierre, Drône谷との分岐）で右手に折れ、谷の左岸斜面をトラバース気味に下ってゆく。その後、約10分でブール・サン・ベルナールとの分岐を通過する。ここで、もし対岸に向かい、橋を渡って車道を15分ほど歩けば、ブール・サン・ベルナール［Bourg St-Bernard］のバス停に着く。バス停は、廃墟のリフト駅舎前で、GSBトンネルのスイス側入口上にある。

ブール・サン・ベルナール付近

　分岐から、左岸の緩やかなトラバース道を下ってゆくと、ダム湖南端の広い川原の平地に出る。道は、この左岸山際に設けられていて、そのままダム湖左岸につながっている。なお、この平地内にもブール・サン・ベルナールへ向かう分岐（1892m）があるのだが、目前の川に架かる橋の門が閉鎖されていて通れないので注意する。

Toulesダム湖と谷下部

　その後、ダム湖（Lac des Toules）の左岸を北上し、ダムのある湖北まで行く（La Letta, 1907mの分岐）。ここから、一端谷底に下ってから、川沿い左岸をさらに北上し続け、標高1591mの分岐で、ブール・サン・ピエールに向かって右手に折れ、続いて橋を渡って右岸沿いを北上すれば、約10分で町の南端に達し、最後に村内に入れば、出発地点のブール・サン・ピエール［Bourg St-Pierre, 1632m］中心部に到着する。

ブール・サン・ピエール

ペナイン・アルプス南面大横断
Grand Traverse of Southern Pennine Alps（TSP）

グレッソネイ谷グレッソネイ・サン・ジャンからのモンテローザ高峰群（中央はリスカム）

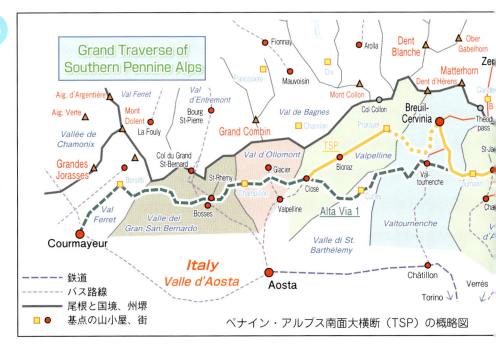

ペナイン・アルプス南面大横断（TSP）の概略図

　1章で触れたように、AV1、TDC、TM(TC)、TMRの各コースをつなげることで、ペナイン・アルプス南面（イタリア）側、つまりアオスタ谷州とピエモンテ州北部の全谷を歩くことができる。これをペナイン・アルプス南面大横断（Grand Traverse of Southern Pennine Alps, TSPと略す）と呼ぶことにする。ただし、これには各コース間をつなげる部分が必要だ。

　TSPは、アオスタ谷のAV1と、TMRをつなげば比較的容易に作れる。しかし、AV1コースが高峰群から少々離れているので、高峰の展望という点からは、AV1の一部を適宜TM(TC)やTMRに変えた方が楽しい。例えば、途中のペニーヌ谷からトゥールナンシュ谷間は、AV1よりもTMコースの方が高峰を間近に眺めることができて素晴らしい。

　以上から、お勧めの横断コースは、フェレ谷（クールマイヨール）からペニーヌ谷（オイアチェ）までAV1（一部TDC）を行き、続いてペニーヌ谷を北上してプラライエール小屋でTM(TC)に合流し、トゥールナンシュ谷のブルイユ・チェルヴィニアを目指す。その後、好展望のトゥールナンシュ谷周遊トレイルを南下して再びAV1に合流し、アヤス谷を抜けてグレッソネイ谷に入り、この谷を北上してガビエット湖でTMRに合流する。最後は、TMRコースをたどり、マクニャーガやスイス側まで行けばよい。とくに、ブルイユ・チェルヴィニアからグレッソネイ谷に至る部分は、AV1と組み合わせることで、TMRコースよりも展望がよいのではないかと思っている。

　そこで本章では、この推奨コースを歩けるように、AV1と共に、ペニーヌ谷でAV1とTM(TC)を接続する部分、トゥールナンシュ谷のブルイユ・チェルヴィニアからAV1を経由してグレッソネイ谷へ行く部分について紹介しよう。ただしAV1コースについては、ここでは区間のみを示すに留め、詳細はアオスタ谷州のホームページに譲りたいと思う。

〈区間概要〉

区間	コース	行き所要時間	帰り所要時間
TSP-1	ビオナ（クローゼ）→ プラライエール小屋	→ 3h20	← 2h50
TSP-2	ブルイユ・チェルヴィニア → ケネイル → ナナ峠 → トゥルナラン小屋	→ 6h45	← 6h10
TSP-3	トゥルナラン小屋 → サン・ジャック → レジー → スースン → クレスト	→ 4h00	← 4h35
TSP-4	クレスト → ピンテル峠 → アルペンズ小屋 → ガビエット小屋	→ 4h30	← 4h40

〈現地語表記〉

区間	コース
TSP-1	Bionaz (Closé) → Rifugio Prarayer
TSP-2	Breuil-Cervinia → Cheneil → Col de Nana → Rifugio Tournalin
TSP-3	Rifugio Tournalin → St-Jacques → Résy → Soussun → Crest
TSP-4	Crest → Colle Pinter → Rifugio Alpenzu → Rifugio Gabiet

〈各区間でショートカット可能な部分〉

本コース内で、索道を使ってショートカットできる部分は少なく、丁度よいのは下記②と③ぐらいだ。また各谷間の移動（バス）については7章を参照いただきたい。

区間	コース
2	ヴァルトゥールナンシュ［Valtournenche］（山麓駅は中心部から約1.5km北）⇔ サレット［Salette］（ゴンドラリフト）
3	サン・ジャック ⇔ シャンポリュック［Champoluc］（シャトルバス）と、シャンポリュック ⇔ クレスト［Crest］⇔ アルプ・オスタファ［Alpe Ostafa］（ゴンドラリフト）
4	グレッソネイ・ラ・トリニテ［Gressoney La-Trinité］⇔ プンタ・ジョランダ［Punta Jolanda］（チェアリフト）

アオスタ谷アルタ・ヴィア No.1 ［Valle d'Aosta Alta-Via 1］

　アオスタ谷アルタ・ヴィア No.1（AV 1）は、イタリアのアオスタ谷［Valle d'Aosta］内を一周する高所山岳トレイルの北側半周部分（ペナイン・アルプス南面）、アオスタ谷の支谷のフェレ谷からグレッソネイ谷南部までで、総距離は約200kmにも及ぶ。コース西端の街は、モンブラン山麓のクールマイヨール［Courmayeur］、東端はグレッソネイ谷入口のポン・サン・マルタン［Pont-Saint-Martin］である。

　この AV 1 で通過する谷の数は、実に 8 つもある。西から①フェレ谷、②グラン・サン・ベルナルド谷、③オロモン谷、④ペニーヌ谷、⑤バルテルミィ谷、⑥トゥールナンシュ谷、⑦アヤス谷、そして⑧グレッソネイ谷だ。ただし、最後のグレッソネイ谷では、サン・ジャン［Gressoney Saint-Jean］からポン・サン・マルタン付近まで、3～4日間もかけて長々と南下し、高峰群から遠く離れてゆく部分がある。本書ではこれを省き、クールマイヨールからグレッソネイ谷北部のサン・ジャンまでの間の約160km（10区間）を以下に示す。アルタ・ヴィアとしてはこれで十分であろうと思っている。

　なお AV 1 コースは、通常左回りに巡る紹介されていることが多いが、ここでは他コースに合わせて、右回りで巡るコースとして各区間を示しておく。

　またアルタ・ヴィアの詳細情報は、アオスタ谷のホームページに掲載されている。詳しくは、そちらを参照していただきたい。本サイトから、現地観光案内所でも配布しているパンフレットをダウンロードできる。

　→ http://www.lovevda.it/en/
　［Sport］⇨［TREKKING］
　⇨［Alte Vie trails］⇨［Alta Via n° 1］
　内の Downroad PDF をクリック

〈AV 1 の区間例〉

区間	コース	行き所要時間	帰り所要時間
1	クールマイヨール［Courmayeur］→ ベルトーネ小屋［Rif. G.Bertone］→ ボナッティ小屋［Rif. Walter Bonatti］	→ 4h45	← 3h50
2	ボナッティ小屋 → マラトラ峠［Col Malatorà］→ フェラサッティ小屋［Rif. Giorgio Ferassati］→ サン・レミー［Saint Rhémy］	→ 6h20	← 6h55
3	サン・レミー → シャンピヨン峠［Col Champillon］→ シャンピヨン小屋［Rif. Champillon］	→ 5h55	← 5h05
4	シャンピヨン小屋 → レイ［Rey］	→ 1h55	→ 3h05
5	レイ → ブリソン峠［Col Brison］→ クローゼ／オイアチェ［Closé/Oyace］	→ 5h50	→ 5h45
6	クローゼ → ヴェソナッツ峠［Col Vessonaz］→ クネイ小屋［Rif. Cuney］	→ 6h35	→ 5h15
7	クネイ小屋 → フネートル・ドゥ・ツァン［Fenêtre de Tsan］→ バルマッセ小屋［Rif. Barmasse］	→ 5h45	→ 6h15
8	バルマッセ小屋 → ヴァルトゥールナンシュ［Valtournenche］→ ナナ峠［Col di Nana］→ トゥルナラン小屋［Rif. Grand Tournalin］	→ 6h20	→ 5h40
9	トゥルナラン小屋 → サン・ジャック［St-Jacques］→ クレスト小屋［Rif. Crest］	→ 4h10	→ 4h50
10	クレスト小屋 → ピンテル峠［Col Pinter］→ アルペンズ小屋［Rif. Alpenzu］→ グレッソネイ・サン・ジャン［Gressoney Saint-Jean］	→ 5h50	→ 6h30

6.1 ペニーヌ谷：AV1とTM（TC）の接続

アオスタ谷のフェレ谷からペニーヌ谷までの区間は、前項に示したAV1コースをたどる。またペニーヌ谷へは、途中のグランド・サン・ベルナルド谷やオロモン谷から、バスで簡単に移動できる。この場合は、アオスタ、或いはヴァルペニーヌ村乗り換えで、ビオナ［Bionaz］行きバスに乗ればよい（詳細は7章参照）。

ここでは、まずAV1とTM（TC）との接続する部分、ペニーヌ谷のクローゼ［Closé］（或いはオイアチェ［Oyace]）やビオナ［Bionaz］からプラライエール小屋まで行く部分を案内する。

TSP-1　ビオナ（クローゼ）からプラライエール小屋
Bionaz (Closé) → Rifugio Prarayer

ペニーヌ谷のクローゼ［Closé, 1456m］（近くの集落はオイアチェ［Oyace, 1360m］）或いはビオナ［Bionaz, 1612m］から、谷の西側斜面中腹に設けられた車道上を、谷奥のプラス・ムーラン［Place Moulin, 1980m］（ダム）まで行き、その後ムーラン湖畔（西岸）をプラライエール小屋［Rif. Prarayer］まで行く。クローゼやオイアチェからビオナまではバスで移動できるが、ビオナより先は歩いて行くしかない。

またクローゼとプラス・ムーラン・ダム間には、谷底の道（No.16他）を歩いて行くこともできるが、谷が深過ぎて展望が無いのと、余分な登降が追加されるので、展望のよい車道をそのまま行った方がよいであろう。

クローゼからは、メイン車道を谷奥へ進み、途中ビオナ集落の上（中心部は側道側へ）を通り抜け、プラス・ムーラン（ダム）まで、ゆるやかな傾斜の車道を上がってゆく。谷奥の高峰（ダン・デラン［Dent d'Hérens, 4171m］他）が白い頭を出してくれ、長閑で素敵な谷である。ビオナから約2hでダム端に着く。なおダム到着直前のY字分岐で右手に行くとホテルが1軒ある（ホテル・プラス・ムーラン）。またダム端脇には、広い駐車場があり、ここには、トイレ棟と、簡単な食事と飲み物を提供する小さなレストハウスもある。

レストハウスの右脇を抜け、ダム西北端か

ビオナ集落

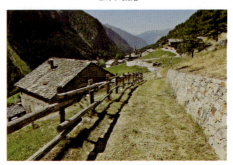
ビオナ集落を振り返る

プラス・ムーラン・ダムに近づく

ダム湖畔を行く、谷奥の山はダン・デラン

らムーラン湖の西岸沿いの平らな牧道に入ってゆく。道は見晴らしがよいので、奥まってゆく湖と共に、谷奥上部にダン・デランなどの高峰が良く見える。

プラス・ムーランから約1hで、湖奥の小さな教会もある放牧小屋［Novailloz］につく。この辺りから、湖の最奥に建物群が見えてくる。これが、プラライエール小屋［Rif. Prarayer, 2021m］だ。この小屋から先は、TM（TC）コースをたどり、ヴァルコルニエ峠を越えて、ブルイユ・チェルヴィニア方向へ向かって行けばよい。

▼ペリーヌ谷／ムーラン湖奥（TM）：ムーラン湖と谷奥の高峰群、中央はダン・デラン

6.2　ブルイユ・チェルヴィニアから AV1経由でグレッソネイ谷へ

トゥールナンシュ谷のブルイユ・チェルヴィニアから AV1コースを経由してグレッソネイ谷のガビエット湖へ行くコースを、3つの区間に分けて解説する。

TSP-2　ブルイユ・チェルヴィニアからトゥルナラン小屋
Breuil-Cervinia → Rifugio Grand Tournalin

- 地図とコース番号：[Map-07：TSP-2]
- 総距離：15.1km
- 歩行時間：→6h45／←6h10
- 出発高度：2010m　　●到着高度：2554m
- 最高点標高：2775m　●最低点標高：1985m
- 累積標高差：登り1140m／下り600m
- 宿泊：トゥルナラン小屋

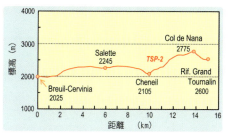

本区間の始めは、TMと AV1コースをつなぐ部分で、ブルイユ・チェルヴィニアから、トゥールナンシュ谷の東斜面に設けられたバルコニー道（トゥールナンシュ谷周遊トレイル〔107〕[Grande Balconata del Cervino]）を南下し、サレット [Salette] を経て、ケネイル [Cheneil] まで行く。ここからアルタ・ヴィア1 [Alta Via 1]〔1〕コースに入り、クルー峠 [Col de Croux]、そしてナナ峠 [Col de Nana, 2773m] を超え、隣のアヤス谷の支谷、ナナ谷のトゥルナラン小屋 [Rif. Grand Tournalin, 2535m] まで行く。途中のサレットへは、谷底のヴァルトゥールナンシュからゴンドラリフトで上がれ、多少ショートカットも可能（山麓駅は中心部から北へ約1.5kmも離れている）。トゥールナンシュ谷周遊トレイルからナナ峠にかけては、マッターホルンがほぼ見え続け、とても素晴らしい。このため、逆向きにたどると、より楽しいかもしれない。また、峠からの展望としては、最高地点のナナ峠よりも、手前のクルー峠の方が、パノラマ展望が広がり素晴らしい。

　ブルイユ・チェルヴィニアの教会前広場から出発する。まず、谷底を流れる Marmore 川左岸の車道を南西に下ってゆく。約400mで、主道路から左手に上がる側道に入り、公園広場を抜け、樹林内の牧道に入ってゆく。しばらく牧道を行き、やがて広いアルプ内に出たら、レストランのある S. Maria Maddへ登って行く。なお、途中の牧道分岐から右手に下ると、マッターホルンを映すことで有名な湖（ラック・ブルー [Lac Bleu, 1981m]）に出

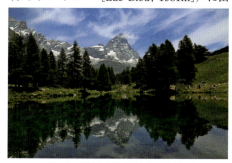

ラック・ブルーに映るマッターホルン

られ、湖畔から逆さマッターホルンを見ることができる。分岐からの距離は300m程度だが、標高差があるので往復30分以上かかると見ておこう。

S.Maria Maddから山際の牧道を登り、樹林帯内の最初のT字路で左折して真っ直ぐ登ると、右手に伸びる登山道との分岐（2140m付近）に出る。ここから、ケネイルへの長いトラバースが始まる。

道は始め緩やかな登りで、岩がゴロゴロしている斜面、ケーブルカー跡を越え、Champlong（2253m）から牧道に入り、Verser（2299m）小屋に着くと、その後はサレット［Salette］まではほぼ平らで、なだらかな起伏の牧道やそれをショートカットする山道を行く。途中、入り組む牧道の分岐では、道標に十分注意しよう。やがて、谷底から上がってくるゴンドラリフトがみえると、まもなくサレット［Salette, 2245m］のゴンドラリフト駅前に着く。ここには小さな駅舎しかないが、東に向かって200mも行けば、夏季営業のレストランがある。ここで、一服できるであろう。

レストラン前のT字路から東方向へ進むと、再びT字路に出る。ここからアルプのなかに伸びる登山道に入ってゆく。道標に注意しよう。その後は、緩やかな起伏のアルプのなかを進み、徐々に南向きに方向を変えてゆく。標高2360mの最高地点を越え、徐々に下ってゆくと、樹木が増え始め、小さな教会脇を抜けると、いきなり牧道に合流する。ここで左に折れ、牧道を下ってゆくと、すぐケネイルの牧場［Cheneil, 2097m］に到着する。建物も多くあるが、中央の立派な石造りの建物が目立ち、これが山岳ホテルだ。この建物前を抜けると、道標のある十字路分岐がある。ここが［107］と［1］との分岐で、南西方向の樹林帯へ向かう道が谷周遊トレイル［107］、谷底へ下る道がヴァルトゥールナンシュへ至る道［AV 1］、左手東側斜面を登る道がナナ峠へ向かう道［AV 1］だ。ここでは、左手に折れてゆく。峠への道は長いので、ここで十分休憩をとっておこう。

ケネイルからナナ峠へは、まずケネイルの小谷［Comba de Cheneil］を遡り、その源頭部でクルー［Croux］峠を越えて隣のシャモワ谷［Comba de Chamois］に移り、さらに、この谷を詰めてゆく。ケネイルから、始めは少し樹林帯内を、後半はアルプ内を延々とジグザグに登って行く。その後、標高2500m辺りから谷上部を右回りで回り込むと、やが

サレット手前のアルプ

ケネイルの小屋群（山岳ホテルあり）

クルー峠への登り

てクルー峠につく。

　クルー峠は少しやせた鞍部だが、尾根に沿って南西方向に行けば、少し広くなり、落ち着いて展望を楽しめる。南東のシャモワ谷側に源頭部の岩峰群が迫り、西側では素晴らしいパノラマ展望（トゥールナンシュ谷対岸の山々からマッターホルンまで）を味わえる。

　クルー峠を越えると、シャモワ谷のカール斜面を右回りにトラバースしてゆく。その後は左に向きを変え、ナナ峠への鞍部に向かって登ってゆく。最後の登りは、わずかな距離だが、やや急だ。これを登り切れば、ナナ峠［Col de Nana, 2775m］に到着する。ナナ峠自体はなだらかで広いが、南北に岩峰が迫り、東西の展望は狭い。東側にはグラン・トゥルナラン［Grand Tournalin, 3379m］脇からリスカムやモンテローザが輝き、西側にはグラン・パラディーゾの遠望が見える。

　ナナ峠からは、アヤス谷支谷のナナ谷［Vallon de Nana］の上部カール斜面を右回りで斜めに下ってゆく。狭いナナ谷上部を見渡すと、前方の尾根筋に小屋が見えるだろう。これがトゥルナラン小屋である。下り始めに、急斜面のガレ場上の道もあるので慎重に下りたい。斜度がゆるやかになるとまもなく牧道に合流し、トゥルナラン小屋［Rifugio Grand Tournalin, 2535m］に到着する。

クルー峠からの大展望

ナナ峠

トゥルナラン小屋からナナ峠を望む

オプション　モンテローザを見渡す展望地へ

　トゥルナラン小屋の東側には、岩峰グラン・トゥルナランのすぐ隣に、小岩峰 Mont Brun M. Croce（2894m）と Palon de Nana（2763m）が並び、それらの間に、①クロチェ峠［Colle Croce, 2801m］と②無名の鞍部（2651m）があり、ここがモンテローザ山群を見渡せる好展望台になっている。ここでは、②へ行くコースを紹介しておこう。オプションとしてお勧めである。

　小屋からは、コース〔4〕をたどり、一端東側の丘に上り、隣の小カールに入ってゆく。すると、東側の岩根の鞍部（ここが展望地）越しに、モンテローザ山群が頭を出して見える。道が北寄りに向きを変えると、カール底に小池が見え出す。そのまま道なりに北側へ行けばクロチェ峠［Colle Croce］に行くが、

ここで眼下の小池の南側へ下り、目前（東側）の鞍部に向かって行く。この付近の道は、あまり明瞭ではないが、視界がよければ、目前の斜面に鞍部へ斜めに上がる道を見出すだろう。これに向かって行けばよい。最後の登りは、ややザレ気味だが、鞍部に着くと突然、深く刻まれたアヤス谷越しに、モンテローザ山群の大パノラマがあらわれ、とても感動するであろう。

小屋から好展望の鞍部（右奥）へ

鞍部からのアヤス谷とモンテローザ山群。中央がブライトホルン、右端がモンテローザ

=== 山小屋・山岳ホテル案内 ===

◆グラン・トゥルナラン小屋
　　［Rifugio Grand Tournalin］

　岩峰グラン・トゥルナラン南面のナナ谷源頭部の小さなカール内にある。馬蹄型の岩尾根に囲まれ、展望は開けた南側だけだが、静かなひとときを過ごすことができる。
〈設備〉3F建て、〔1F〕レストラン、〔2〜3F〕ドミトリー・ベッド部屋、トイレ・洗面・シャワー、〔他〕コンセント（各部屋内）、WiFi無
〈夕食〉①前菜：野菜ハンバーグ、②前菜2：ポタージュ／リゾット（選択）、③主菜：ポークハム＋温野菜添＋マッシュポテト、④デザート：チョコレート・クリーム
〈小屋からの展望〉ナナ谷源頭カールを囲む岩峰群（グラン・トゥルナラン他）しか見えないが、東側アルプへ登れば（約10分）、モンテローザ山群が見える。

グラン・トゥルナラン小屋

レストラン

夕食③

ドミトリー・ベッド部屋

TSP-3　トゥルナラン小屋からクレスト
Rifugio Grand Tournalin → Crest

- 地図とコース番号：[Map-07：TSP-3]
- 総距離：9.5km
- 歩行時間：→5h20/←4h35
- 出発高度：2544m　　到着高度：1952m
- 最高点標高：2544m　最低点標高：1697m
- 累積標高差：登り455m／下り1035m
- 宿泊：スースン、クレスト

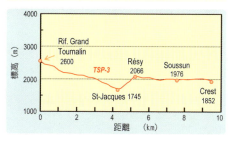

本区間は、アヤス谷奥をぐるりと巡るコース。まず支谷のナナ谷を下り、アヤス本谷の東側斜面を北上してサン・ジャック [St-Jacques, 1689m] に下る。続いて谷奥のレジー [Résy, 2080m] に登り、ここから今度はアヤス本谷の東側山腹を南下し、スースン [Soussun, 1958m] を経て、クレスト [Crest, 1952m] まで行く。スースンには山岳ホテル、クレストには山小屋が各1軒ある。またクレストと谷底のシャンポリュック [Champoluc, 1590m] 間で、ゴンドラリフトが運行されており、シャンポリュックの宿を利用することも可能だ。展望の点からは、クレストがよいが、スースンの山宿も素敵である。

グラン・トゥルナラン小屋（2535m）から、まず南面に開けたナナ谷のなだらかなアルプを下ってゆく。小屋前からは牧道でも下ることができるが遠回り。標高差約200m下ると、一端牧道に合流するが、すぐ登山道に入り直し、谷に沿って左（東側）に曲がってゆく。続いて放牧小屋（2278m）脇を通り、その後はしばらく谷底のナナ川沿いを下ってゆく。標高2062mで牧道に合流したら、眼下に見える大きな牧場の建物 [Nana Dessous, 2049m] に向かってゆく（そのまま牧道を下ってもよい）。ナナ牧場脇を通り、アヤス本谷に近づくと、北東方向に曲がり、谷底へ斜めに下ってゆく。この辺りは牧道が多いので、道標に注意しよう。なお、このナナ牧場付近から、モンテローザやブライトホルンなどの高峰群がとても良く見える。最後に、民家の間の狭い道を下り、谷底の橋を渡ると、サン・ジャック [St-Jacques, 1697m] の教会前に到着する。教会先の川沿い広場に、駐車場とバス停がある。

サン・ジャックからは、教会左手の細い側

ナナ谷を下る

ナナ牧場下の牧道からのナナ谷方面

サン・ジャックの広場前

レジー付近

道に入ってゆく（川沿いの道ではない、道標に注意）。山際からレジー［Résy］までは、ほぼ樹林帯の急な登りだ。レジーには2つの山小屋（フェラッロ小屋とフラシェイ小屋）がある。一旦フェラッロ小屋前の水平な道に出た後、小屋前を通り東に進むと、ベッタフォルカ峠へ向かう牧道から、右手のアルプ内の石畳の道に入ってゆく。すると、約250mで沢に架かる橋を渡ると〔1〕とTMRの分岐にでるので、右手の〔1〕へ入って行く。ここから、ほぼ平らなトラバース道がクレストまで続く。しかし、この道は樹林帯内の牧道で、ほとんど展望はない。途中、視界が開けるのは、ゴンドラリフト頂上駅近付とスースン［Soussun, 1958m］だ。スースンのアルプは、小さな牧場で山岳ホテルがある。ここを通り抜け、再び樹林帯内の牧道を進むと、クレストのゴンドラリフト駅舎前に出る。

最後に駅舎前を抜け、リフト沿いを下る

と、小さな建物が密集した集落につく。斜面にへばり付くように建てられた小屋群の一部が、クレスト小屋［Rif. Crest］である。なお牧道の最後、クレスト手前のアルプ内を斜めに下る道を行けば、小さな教会を経て、小屋に直接行ける。クレスト付近のアルプから、ようやく北部の高峰を見ることができ、マッターホルンの小さな頂きにも気付くだろう。

〈クレスト小屋［Rifugio Crest］〉

クレスト小屋は、急斜面のアルプにへばりついた集落の小屋群のなかに埋もれている。斜面は南西側に開けているが、宿からの展望は今一つ。でも裏手の小さな教会まで上がれば、マッターホルンの頂きが見える。

クレスト小屋

〈シャンポリュック［Champoluc］〉

シャンポリュック［Champoluc, 1590m］は、アヤス谷最大の町。ホテルが多いだけでなく、種々の商店が多くあり、たくさんの人で賑わう山岳リゾート。町内及び谷北部を巡る、無料シャトルバスが運行されていて、とても便利（小型バス、20分ごとの運行、2015年）。途中のFracheyからAlpe Ciacerio間と、シャンポリュックからクレスト間で、ゴンドラリフトが運行されており、サン・ジャック～クレスト間を一気にショートカット可能。なお、サン・ジャックのバス乗り場は、教会前の広い駐車場にあるが、目につく川沿いのバス停小屋は、アヤス谷入口のVerresに向かう路線バス用。無料シャトルバスのバス停は駐車場南端で、とくに印はないので注意。

クレストからシャンポリュック方面を望む

山小屋・山岳ホテル案内

◆ホテル・スースン
[Hotel Stadel Soussun]

　大きなシャレ風建物で、内部はとても素敵な山岳ホテル。ただし、周囲を樹林帯に囲まれ、高峰の展望はない。中世風の広いロビーや素敵なレストランを有し、1Fのバーは、100年以上も経った、石造りのアーチ状の柱に囲まれ、ワイン蔵を思い起こさせる。

〈設備〉3F建て、〔1F〕バー、〔2F〕ロビー、レストラン、〔3F〕個室（ツイン以上、トイレ・シャワー付き）、〔他〕コンセント（各部屋内）、WiFi無

〈夕食〉①前菜：サーモンのマリネ、②前菜2：パスタ（たっぷりキノコ入り）、③主菜：ローストポーク＋温野菜添え、④デザート：アイスクリーム、なお各コースは選択制

〈小屋からの展望〉展望はほとんどなし

スースンの山岳ホテル

ワイン蔵のようなバー

レストラン

夕食①

夕食②

夕食③

TSP-3 トゥルナラン小屋からクレスト

TSP-4　クレストからガビエット小屋
Crest → Rifugio Gabiet

- 地図とコース番号：[Map-07：TSP-4]
- 総距離：15.4km
- 歩行時間：→ 8h10/← 7h40
- 出発高度：1952m　●到着高度：2370m
- 最高点標高：2777m　●最低点標高：1620m
- 累積標高差：登り1780m／下り1335m
- 宿泊：ガビエット小屋、アルペンズ小屋

本区間は、アヤス谷からピンテル峠[Colle Pinter]を越えてグレッソネイ谷[Val Gressoney]（最奥部はValle des Lysとも呼ばれる）へ入る、非常に長いコース。でも、途中のアルペンズ小屋[Rif. Alpenzu, 1780m]に泊まり、2区間に分けることもお勧めである。また最終目的地は、TMRにつなげるのであればガビエット湖[Lago Gabiet]（或いはスタッファル[Staffal]）、AV1であればグレッソネイ・サン・ジャン[Gressoney-St-Jean]を目指す

とよい。ここではTMR接続コースを紹介する。

コースの概要は、まずクレストから南東に伸びるクネアズ谷[Combe de Cuneaz]を遡り、ピンテル峠[Colle Pinter, 2777m]を超えて、グレッソネイ谷のピンテル谷[Vallon di Pinter]を下り、アルペンズ小屋[Rif. Alpenzu]へ向かって行く。その後、アルペンズ小屋からグレッソネイ谷奥に向かい、グレッソネイ・ラ・トリニテ[Gressoney-La-Trinité]を経て、ガビエット湖[Lago Gabiet]へ登って行く。

まずクレスト小屋から出発すると、ゴンドラリフト駅へ上がる（約10分）。ここからクネアズ[Cuneaz, 2062m]集落へ目指すのだが、地図では斜面上部を行くようになっているものの、実際の道標では下側の牧道を行く。どちらでも大差はない。クネアズ集落を抜けると、牧道途中から登山道に入り、谷の右岸斜面に沿って、なだらかな道を南東方向に登ってゆく。小さな沢をいくつか越えると、標高2160mでルート〔13〕との分岐を経て、小カール底の広々としたアルプ（Plan Gony）に入ってゆく。ここから目前の岩壁の裂け目（細い沢）沿いの急な岩場（ロープ付き）をよじ登る。やがて上段のアルプに出

クネアズ谷を遡る、左奥がピンテル峠

ピンテル峠

ると、そこは再び岩壁に囲まれた小カールだ。そのまま、東に向かって斜度をあげてゆき、最後に荒れた急な斜面を辛抱して登れば、ピンテル峠［Colle Pinter, 2777m］に到着する。ピンテル峠は、やや広めの峠であるが、開けた東西方向には、対岸の低い山並みしか見えない。なお峠からは、北側の岩峰 Mont Pinter（3132m）にも登ることもできる。

　十分な休憩後、南東に伸びるピンテル谷［Vallone di Pinter］へ下ってゆく。途中2465mにある放牧小屋（Pinter）辺りまでMontil川沿いを下り、その後谷の右岸斜面に入ってゆく。全般になだらかなアルプ内の快適な下り道で、徐々にグレッソネイ本谷が近づいてくるだろう。標高2100m辺りから樹林帯内を下った後、アルプ内のMontil放牧小屋前に出る（2007m）。ここがコース［1］と［10A］との分岐。［10A］は、グレッソネイ・ラ・トリニテへ下ってゆく道だ。でもここから、［1］の谷底への道を選択する。すると、まもなく前方下部に建物群が見えるだろう。これが、アルペンズ小屋［Rif. Alpenzu, 1780m］だ。小屋から少し北側のアルプに行けば、モンテローザの南峰群が見え、また小屋横の小さな教会からは、グレッソネイ谷底を見下ろすことができる。

　アルペンズ小屋からグレッソネイ・ラ・トリニテへは、小屋北側のアルプ内から、谷西側斜面中腹に設けられたトラバース道［W］に入って行く。途中、沢に架かる橋、樹林帯やアルプ内を交互に抜け、Alpenzu-piccの集落を通り、1827mの分岐から谷底へ下って行く。谷底でルート［14］に合流したら、これを北上し、グレッソネイ・ラ・トリニテ［Gressoney-La-Trinité, 1637m］に向かって行けばよい。

　グレッソネイ・ラ・トリニテからガビエット湖［Lago Gabiet, 2318m］へは、ルート［4］か［5］をたどる。歩くなら［4］が短くてよいが、［5］は長いものの、途中のPunta Jolanda（2278m）までチェアリフトを利用できる。また、谷奥のスタッファル［Staffal, 1818m］まで行く谷底ルート［9A］もあるが、こちらの場合は路線バスも利用可能だ。

　ここでは、グレッソネイ・ラ・トリニテ手前でルート［4］に入り、ガビエット湖から下る谷筋に沿って登って行く。［5］を選択したならば、谷筋からの川を渡り、ガビエット湖西側の小さな尾根筋を登って行く。いずれのコースも、ガビエット湖南端で合流し、最後に湖の西岸を北上すれば、ガビエット小屋に到着する。ここで、TMRコースに合流する。

アルペンズ小屋

Pinter放牧小屋下のアルプ

グレッソネイ・ラ・トリニテ

ヘナイン・アルプス南面大横断 ⑥

グレッソネイ谷／アルペンズ（TSP）：山小屋脇から谷の中心部サン・ジャンを見下ろせる

― 山小屋・山岳ホテル案内 ―

◆**アルペンズ小屋**
　[Rifugio Alpenzu Grande]

　グレッソネイ谷を見下ろす高台のアルプ上に、5～6棟の小屋が集まった山小屋。放牧小屋の一部を宿泊施設にしたもの。個室棟もあり、小さなレストランは味わい深い。
〈設備〉本・別館数棟（1～2F建て）〔本館1F〕レストラン、〔本館2F〕ドミトリー・ベッド部屋、トイレ・洗面・シャワー、〔別館〕個室棟、〔他〕コンセント（各部屋内）、WiFi無
〈夕食〉①前菜：ハム＆炒め野菜、②前菜2：パスタ（ニョッキ・チーズ味）、③主菜：牛肉ステーキ＋温野菜添え、④デザート：フルーツケーキ
〈小屋からの展望〉
　小屋北側のアルプからモンテローザ山群が見え、小屋東端の小さな教会脇から、グレッソネイ谷（サン・ジャン中心部や城）を見下ろせる。

アルペンズ小屋　　　レストラン

夕食①　　　夕食②

夕食③　　　夕食④

オプション　グレッソネイ・サン・ジャンへ

小屋端の小さな教会脇から、グレッソネイ・サン・ジャンへの下り道が始まる。始めはやや急なアルプ、途中からは樹林帯内を小さなジグザグで下ってゆく。少しなだらかになるころ、右手に小さな滝が見えるが、この下を素通りすれば、谷底の牧道とのT字路分岐に出る。ここがアルペンズ登山口（1420m）。ここで右手南側に行き、すぐ車道に合流する。

車道沿いを300mほど南下し、左手に大きな橋のあるT字路で、橋を渡る。この辺りがSteimattoだ。対岸に出たらすぐ右折し、川沿いの道を再び南下してゆく。途中ゴルフ場脇を通り、最後に建物が増え出したら小橋を渡って対岸に行けば、賑わうグレッソネイ・サン・ジャン中心部に到着する。

〈グレッソネイ・サン・ジャン [Gressoney-St-Jean]〉

サン・ジャン [Gressoney-St-Jean, 1348m] はグレッソネイ谷の大きな町。古い町並みが残され、ホテルだけでなく種々の商店も多い。また町の南西に小さな湖（Lac di Gover）があり、ここは憩いの場、とくに湖南側から谷奥の眺めがよく、モンテローザ高峰群が輝き、これらが湖面に映ってくれる。

またグレッソネイ・サン・ジャンの南方約2kmのところに、中世に建造されたサヴォイア城 [Castel Savoia] がある。これは、サヴォイア王国のマルゲリータ女王が夏の避暑地として使っていたもの。植物園も有名で、城内部も見学できる。高層階の窓からの谷北部と高峰の眺めは、とても素晴らしい。なおアオスタ谷州には、中世の城が数多く残されていて、常時見学できるものが多い。

グレッソネイ・サン・ジャン

サヴォイア城

サヴォイア城からの谷奥モンテローザ山郡

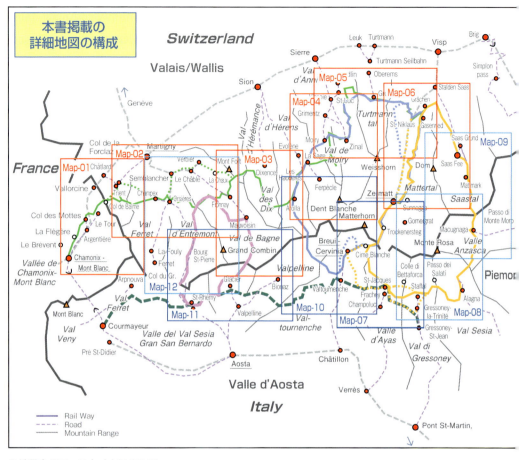

※地図中のコースタイムについて
「現地道標表示のコースタイムのため、日本の場合より2〜3割早いことに注意(p.239参照)」

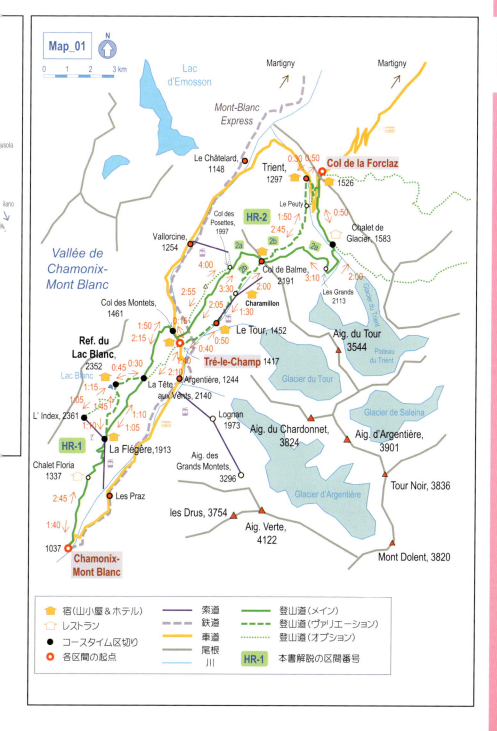

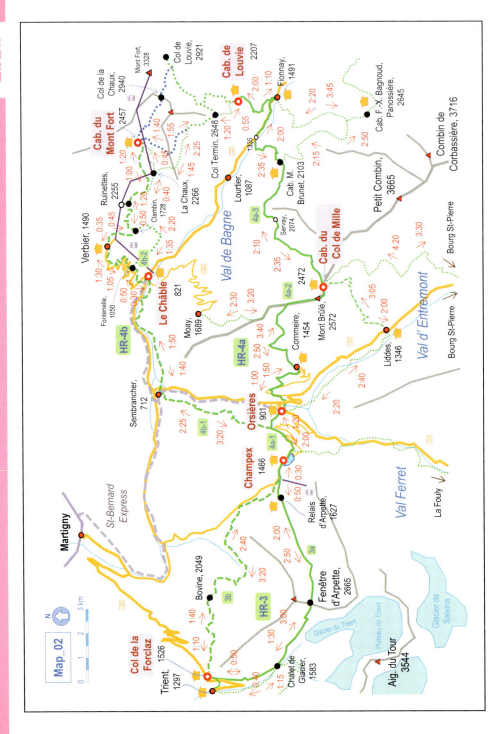

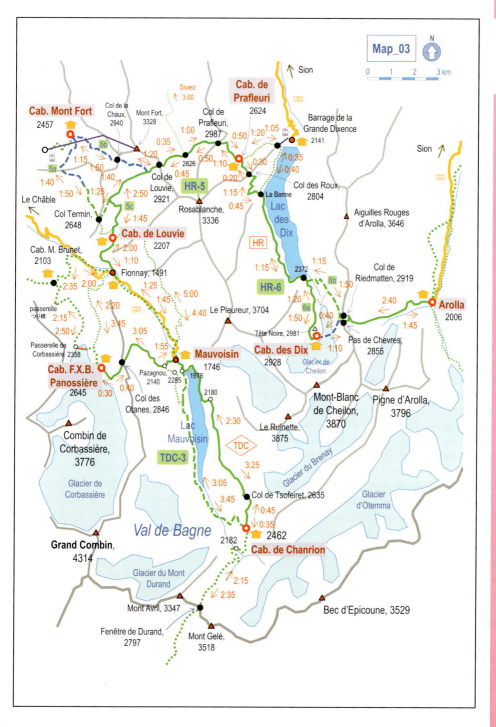

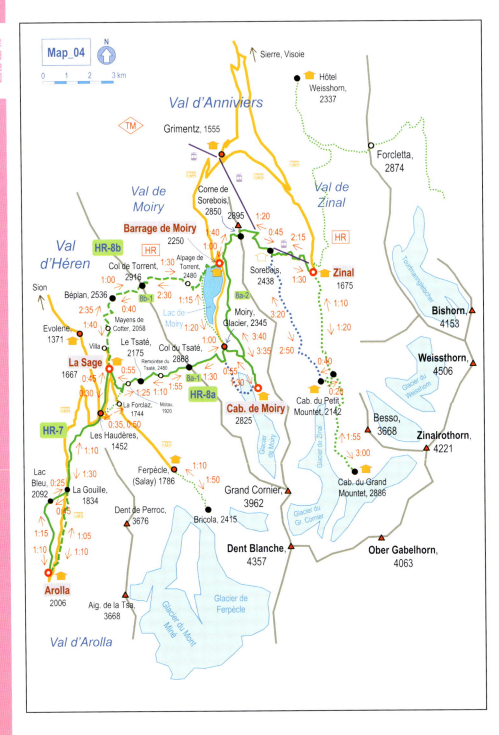

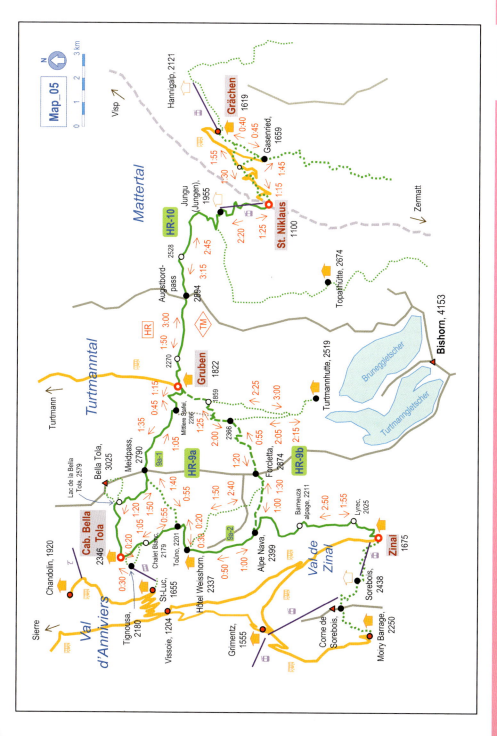

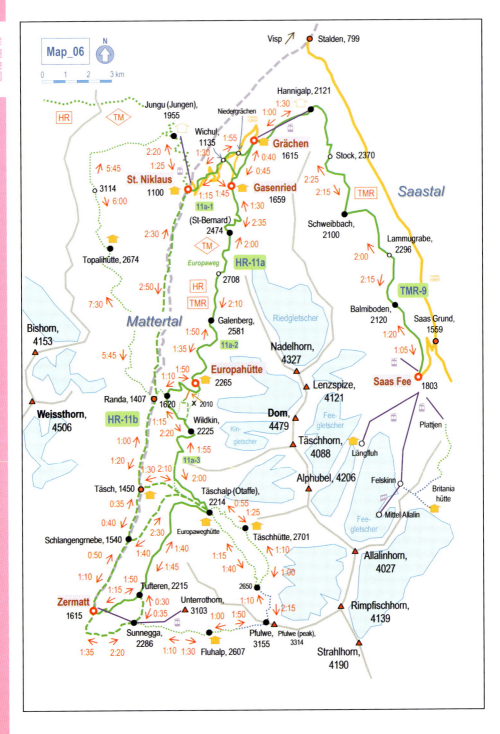

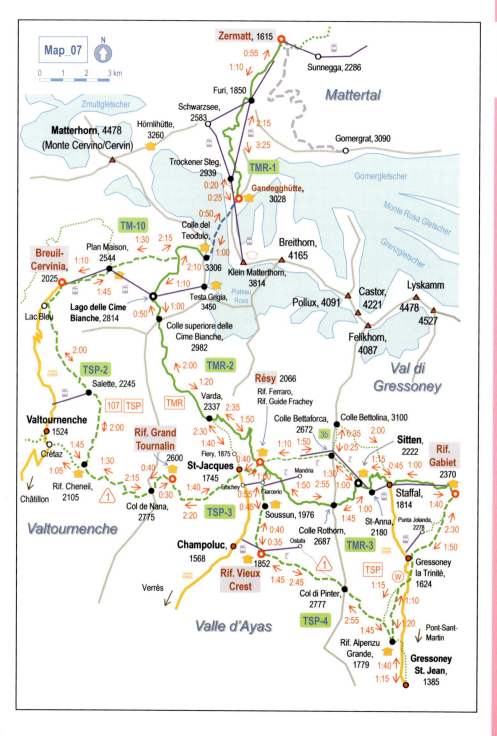

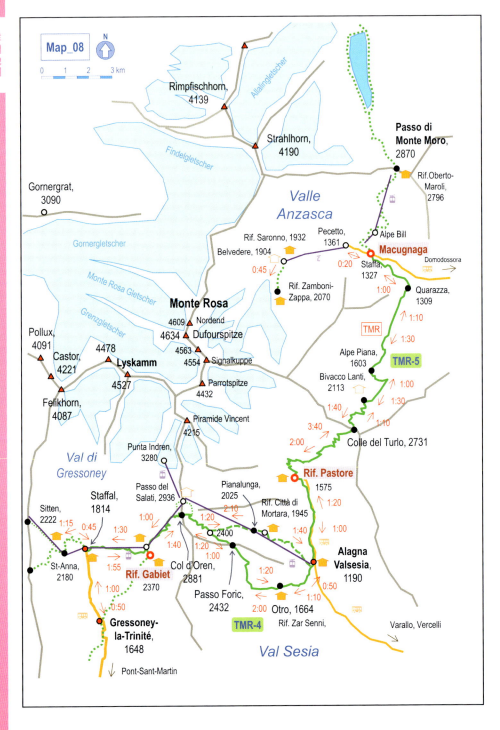

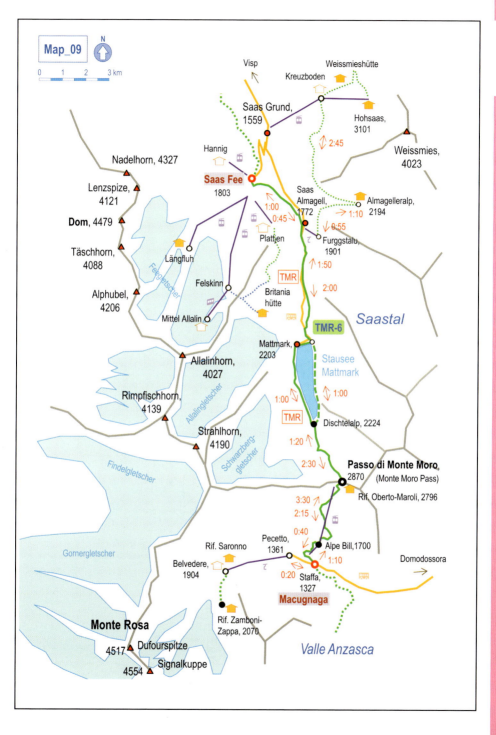

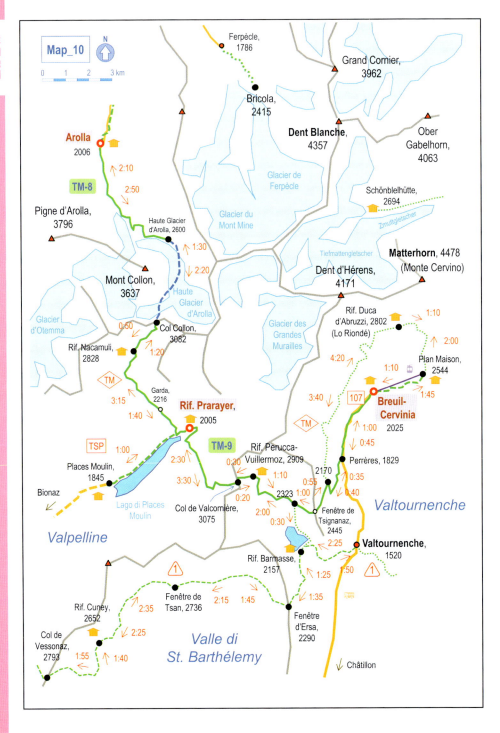

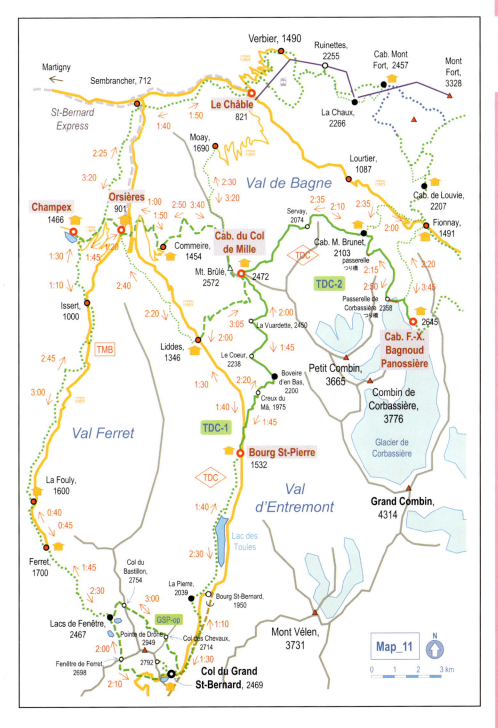

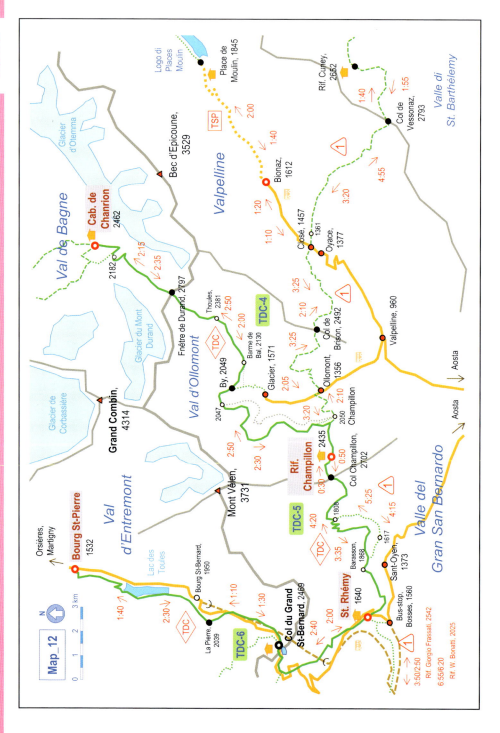

各種お役立ち情報と安全に歩くために

ミレ峠小屋とモンブラン山群

7 各種お役立ち情報と安全に歩くために

1）ロングトレイル専用地図

  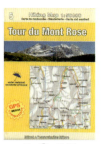 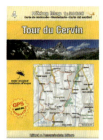

A-① TMR　　A-② TM（TC）　　B-① TMR　　B-② TM（TC）

2）フランス・エリア

C-1 IGN　　C-2 Rando

3）スイス・エリア

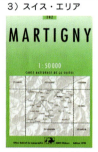 

D. Swisstopo（通常版）　　D. Swisstopo（まとめ版）

E. Kümmerly & Frey　　F. Edition mpa　　G. Verbier　　H. Wanderkarte

4）イタリア・エリア

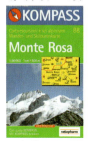  

I. Kompass　　J. Istituto Geografico Centrale (IGC)　　K. L'Escursionista editore

〈各トレイルの代表的な地図の表紙〉

1）スイスの道標

図1　通常の道標

図2　①ハイキング道用の「歩」の印

図3　②一般向け登山道
岩場につけられたペンキ印

図4　③上級者向け登山道
（アルパインルート）

2）フランスの道標

◀図5　通常の道標

3-1）イタリア・アオスタ谷州の道標

図6　通常の道標

図7　岩につけられたペンキ印

図8　峠のケルンにつけられた道標

3-2）イタリア・ピエモンテ州の道標

図9　道標が2種類ある

図10　岩につけられたペンキ印

〈各国の道標〉

7.1　素敵な山小屋とその利用方法

　各トレイルを歩く上で、景色を堪能することと共に楽しいのが、山小屋に泊まることであろう。快適な寝床に、美味しい食事が、山行の魅力を最大限に高めてくれる。日本の山小屋のように定員以上に詰め込むことはなく、夕食はすべてコース料理である。ワインを飲みながら食事を楽しむのも醍醐味であろう。

　本項では、まず山小屋の利用方法を詳細に説明し、続いてエリア全体の宿泊施設リストも掲載する。なお、宿泊施設とその内容については2015～16年の調査結果に基づいており、これらは年によって変わることもあるので、あくまで参考としていただきたい。最新情報を常にインターネットや現地で確認してほしい。

7.1.1　山小屋の利用方法

　ヨーロッパアルプスの山小屋のシステムは、日本の山小屋と異なっているところが多くあり、初めての利用では戸惑うことも多いと思う。しかし、その違いを予め知っておけば、快適な山小屋ライフを過ごすことができるであろう。

　日本の山小屋と大きく異なる点をあげると、すべて定員制であることだ。このため、予約なしで行った場合、もし満杯だった場合には宿泊を断られることに注意したい。基本は事前予約制である。事実、夏のピーク時には、予約なしできた人を断るシーンを何度も見た（自己責任が徹底していて、たとえ夜遅く着いても断られる！）。また、寝具として毛布と枕がついているが、衛生面から持参の寝具用シーツ（或いは寝袋）を使う必要がある。唯一TMBでは義務化されていないが、他のコースや、スイス、イタリアの山小屋では必須である。

　では、シーンごとに利用方法の詳細を説明しよう。

A　まずは予約

①必ず事前に予約すること。自身で電話してもよいが、大抵の観光案内所や、泊まったホテルで頼めば、代わりに予約してくれ、またインターネット（E-mailや専用サイト）でも予約できる。多くの宿泊施設では、英語を話せる人がいるので、自身で電話しても心配はないだろう。日付と人数、部屋の種類（ドミトリーか個室など）を言って空きがあれば、名前と食事の必要性の有無（ときには携帯電話番号）を伝えればよい。でも、電話では日本語の名前が伝わりにくいのが難点だ。なお、小屋によっては夕食に間に合う、到着制限時間を伝えられることもある。また少人数ならば、最も混む時期（7月下旬～8月中旬）を除き、始めの数日分を予約後、泊まった小屋などで順次、先の予約をしてもらう手もある。状況に応じて変更できて良いだろう。

②予約をキャンセルの場合は、必ず連絡する。とくに、行動中万一行けなくなる、或いは到着が遅れる（夕食に間に合わない）場合も、連絡を入れることが必要である。このため、携帯電話を持参することも重要であろう。

B 小屋に着いたら受付で手続き

① 寝室には登山靴のままでは入れない。小屋備え付けか持参のサンダルなどに履き替える。小屋に着き、受付で手続きを済ませると、必ず靴の履き替えを要求される。備え付けのサンダルは大きくて古いので、持参した方がよいだろう（山麓のホテルでは無論備え付けはないので必携）。さらに小屋によっては、ザックを寝室とは別の場所に置くよう指定される場合がある。この場合は寝室内には貴重品など必要なものだけ持って入る。

② 寝室と、ベッドやマットレスの場所は、必ず管理人に指定される。さらに寝室内に入れる時間が決められているところもある。あまり早く着くと、それまでレストラン内か屋外で過ごすことになる。

③ 朝夕の食事開始時間を確認しておく。また、翌日の昼食を依頼する場合には、ランチパック（Lunchpack（英），Picnic（仏），8〜10€程度）を申し込んでおこう。

C 夕食と朝食

① 夕食は18h30〜19h30開始（伊では遅い）で、コース料理（3品以上、伊ではパスタは前菜の1つ）、朝食は7h〜開始で基本的にパンと飲み物だけだが、シリアルがつくことも多い。また朝食は、前夜に希望開始時間と飲み物の種類を聞かれることも多い。

② 夕食時の座席は、テーブルごとに必ず指定される（基本は朝食時も同じテーブルを利用）。各テーブル上に名前が記載されたカードなどが置かれるので、これを確認する。ただし、この指定は18h以降と夕食直前であることが多い。指定が始まるまでは、どこでも自由に座っていてよい。夕食前後のレストランは、寛ぎの場となる。

③ 夕食時の飲み物（ワインなど）は、オーダーを取りに来たときに注文するか、受付で別途購入する。

④ 皿及び、スプーン、フォーク、ナイフはテーブルごとにまとめて置かれることも多く、この場合は皆で取り分ける。基本はセルフサービスである。

⑤ 食事は、予め個別の皿に盛られてくることは少ない。テーブルごとに大皿に入れられて給仕され、自分たちで取り分ける。このとき、大皿を置かれた近くの人が、全員分取り分けてくれることも多い。取り分けが終わったら全員で食事開始。

⑥ コース（前菜、主菜、デザート）ごとに、1つのテーブルの全員が食べ終わらないと、次の料理が来ない。また、個別の皿で配膳された場合には、食べ終わるとテーブルごとにきちんと重ねて、片づけやすくしておく。小屋や料理内容にもよるが、1つの皿を使いまわすことも多い。

D 寝室

① 寝室のベッドは、個別のベッド方式（大抵2段）と、雑魚寝方式があり、後者はマットレス（1枚/人）で仕切られていて、マットの幅は1m強と十分広い。いずれも、定員以上に詰められることはない。

② 毛布、枕の寝具が備えつけられているが、寝具用シーツ（或いは寝袋）を持参して使用すること。マットレスと毛布の間に入れて使用、一部の小屋では、持っていないと有料で借りることに。

③ 寝室では照明のないところもあるのでヘッドランプは必携、また乾燥しているので水筒などを枕元に置いておこう。

④ 消灯時間は定められていないが、22h以降消音の張り紙が多く見られ、大抵この時刻には全員就寝する。早く寝る人がいると、部屋の照明が早めに消されることも多い。

⑤ 深夜や早朝での荷物の整理は、必ず寝室の外でおこなう（とくにポリ袋の音に注意、現地では、深夜、早朝荷物整理で音を立て

る人はほとんどいない）。
⑥翌朝発つときは、使用した毛布などをきちんと畳んでおく。

E トイレやシャワー事情

①小屋のトイレは、一般に洋式とトルコ式（ほぼ和式に相当するスタイル）があり、また水洗と溜める方式（落下式）どちらもある。でも通常、洋式水洗が多い。また、使用後の紙を別途回収する場合もあるので、張り紙などに注意する。
②大抵の小屋で、トイレの数はとても少ない。30人程度の小屋でたった1つしかないところもある。日本人は朝食後にトイレに行く朝型が多いが、現地の人は夜型が多いので、意外に混まない。
③シャワーは、山麓の小屋ならば自由に使えるところも多いが、山上の小屋では時間制、或いは別料金（コイン制）の場合が多い。石鹸などの備え付けはない。またシャワー室内には大抵棚などが無いので、衣類などは扉にかけるなど各自が工夫している。防水袋などがあると便利であろう。

F チェックアウト：精算

①チェックアウト時の支払は、朝食後出発前に済ませる。ただし、小屋によっては夕食後に清算をおこなうところもある。飲み物などを頼んだ場合、大抵は後で一括払いが可能。さらに、支払の基本は現金のみ。まれにクレジットカードが使えるところがあるものの、雷雨などの悪天時通信ができないことがあるので、十分な現金を用意しておこう。

G その他

①残雪期や悪天が予想される場合には、念のため小屋のスタッフに翌日向かう登山コース状況を確認しておくのがよいであろう。
②携帯電話やカメラ用電池の充電について：部屋などに充電可能なコンセントがあるところは少ない。多くの人が困る問題だ。レストラン内や大きな小屋なら大部屋に1つぐらいはあるが、早い者勝ちであり交代で使うしかない。でも、大抵の小屋ではスタッフにお願いすると、厨房などで充電してくれる。しかし、これもコンセント数に限りがあるので確実ではないことに注意しよう。電池の予備を十分に用意することが肝要であろう。

〈宿泊施設リスト中の表記の説明〉
○場所：小屋の標高と位置
○☎（電話番号）：
　国識別番号から記載、国際電話のときは（0）番を省くが、同国内であれば（0）から始める。
○寝床数（p）：
　いわゆる定員数で、ドミトリー用ベッドとマットレス、及び個室部屋でのベッドの総数（ツイン、ダブルルームなどの部屋数の場合は添え字がB）、これで規模の目安に。
○営業期間：
　数字は月を、S（上旬）、M（中旬）、E（下旬）で時期を示した。
○料金：
　参考に2015〜16年の2食付きの額を示した。記号は、
　D：dormitory（ドミトリー）、
　B：Bedroom（個室部屋）、
　HB：Half Board（仏：Demi-Pension）、2食付きの意味。具体的には、D-HBは、ドミトリーのベッド（または雑魚寝）型で2食付き、B-HBは、個室で2食付きの料金。
　また、各国の山学会（下記）経営の宿は、山岳会員であればより安く宿泊できる。
　→フランス山学会（CAF, Club Alpin Français）、スイス山学会（SAC, Swiss Alpine Club）、イタリア山学会（CAI, Club Alpino Italiano）
○インターネット
　HP：ホームページのURL、
　E-mail：Eメールアドレス(先頭のhttp://を省く)

7.1.2　宿泊施設リスト

　本宿泊リストには、山小屋、山岳ホテル、そして宿の少ない地区のホテルを列挙する。シャモニやツェルマットなど、宿泊施設が3つ以上ある大きな街については、基本的に各街や谷のホームページ（7.5章参照）の「Accommodation」を参照していただきたい。また、食事のつかない、自炊小屋、ジット［Gîte］やB&Bなどは、付近にレストランがないと困るので、ここでは省いている。

A　フランス・シャモニ谷［Vallée de Chamonix-Mont Blanc］

●Chamonixには宿多数あり

［A1］Refuge du Lac Blanc（2352m）
　☎ +33.(0)4.50.53.49.14, 寝床数：41p,
　営業期間：6/M-9/E, 料金：D+HB 55€,
　E-mail：refugedulacblanc@gmail.com

［A2］Refuge de la Flégère（1877m）
　☎ +33.(0)4.50.55.85.88/
　(0)6.03.58.28.14, 寝床数：90p,
　営業期間：6/M-9/M, 料金：D+HB 55€,
　E-mail：bellay.catherine@wanadoo.fr

［A3］Gîte le Moulin（1350m, Montroc）
　☎ +33.(0)6.82.33.34.54, 寝床数：38p,
　営業期間：1年中, 料金：D-HB 37.5€,
　HP：www.gite-chamonix.com,
　E-mail：benoit.henry2@wanadoo.fr

［A4］Gîte la Boerne
　　　（1400m, Tre-le-Champ）
　☎ +33.(0)4.50.54.05.14, 寝床数：29p,
　営業期間：1年中, 料金：D-HB 39€,
　HP：www.la-boerne.fr,
　E-mail：contact@la-boerne.fr

［A5］Chalet Alpin du Tour（1453m）
　☎ +33.(0)4.50.54.04.16, 寝床数：86p,
　営業期間：4/S-9/M, 料金：D-HB 34.5€,

　HP：www.chaletalpindutour.fr,
　E-mail：ca-tour@clubalpin.com

［A6］Gîte d'Alpage － les Ecuries de Charamillon（1910m, Charamillon）
　☎ +33.(0)4.50.54.17.07, 寝床数：20p,
　営業期間：6/M-9/M, 料金：D+HB 46€,
　E-mail：lesecuries1900@gmail.com

［A7］Refuge du Col de Balme（2191m）
　☎ +33.(0)4.50.54.02.33, 寝床数：26p,
　営業期間：夏季, 料金：D+HB 45€,
　HP, E-mail：無

B　スイス・トゥリアン谷［Val Trient］〜シャンペ［Champex］

●Champexには宿多数あり

［B1］Auberge du Mont-Blanc
　　　（1300m, Trient）
　☎ +41.(0)27.722.46.23, 寝床数：95p,
　営業期間：1年中,
　料金：D+HB 65CHF, B+HB 83CHF,
　HP：www.aubergetrient.com,
　E-mail：gitemontblanc@freesurf.ch

［B2］Hôtel la Grande Ourse
　　　（1300m, Trient）
　☎ +41.(0)27.722.17.54,
　営業期間：1年中,
　料金：D+HB 68CHF, B+HB 83CHF,
　HP：www.la-grande-ourse.ch,
　E-mail：contact@la-grande-ourse.ch

［B3］Hôtel Col de la Forclaz（1526m）
　☎ +41.(0)27.722.26.88, 寝床数：65p,
　営業期間：1年中,
　料金：D+HB 61CHF, B+HB 77-CHF,
　HP：www.coldelaforclaz.ch,
　E-mail：colforclazhotel@bluewin.ch

各種お役立ち情報と安全に歩くために

[B4]Relais d'Arpette(1627m)
　☎ +41.(0)27.783.12.21, 寝床数：103p,
　営業期間：5/E-9/E,
　料金：D+HB 70CHF, B+HB 87CHF,
　HP：www.arpette.ch,
　E-mail：info@arpette.ch

C　スイス・アントゥルモン谷
　　[Val d'Entremont]とGSB峠

〈Orsières〉
[C1]Cabane du Col de Mille(2473m)
　☎ +41.(0)27.783.11.82,
　営業期間：6-9, 料金：D-HB 68CHF,
　HP：www.cabanedemille.ch,
　E-mail：info@cabanedemille.ch
[C2]Hotel Terminus(900m, Orsières)
　※駅前で便利
　☎ +41.(0)27.552.11.00,
　HP：www.terminus-orsieres.ch,
　E-mail：info@terminus-orsieres.ch
[C3]Hotel de l'Union(895m, Orsières)
　※旧市街
　☎ +41.(0)27.783.11.38,
　HP：www.chezjo.ch,
　E-mail：info@chezjo.ch
[C4]Montagne Alternative
　　(1454m, Commeire)　※4つ星で高価
　☎ +41.(0)27.783.21.34,
　HP：www.montagne-alternative.com,
　E-mail：info@montagne-alternative.com

〈Bourg St-Pierre〉
　ホテル5軒、大抵ドミトリーあり
　Auberge les Charmettes, Petit Vélan, Bivouac de Napoléon, Crêt, Le Moulin

〈Col du Grand Saint-Bernard, GSB〉
[C5]Auberge de l'Hospice(2473m),
　　GSB峠スイス側ホテル
　☎ +41.(0)27.787.11.53,
　HP：www.aubergehospice.ch,
　E-mail：info@aubergehospice.ch
[C6]Hospice du Grand-Saint-Bernard
　　(2473m), GSB峠スイス側ホスピス
　☎ +41.(0)27.787.12.36,
　料金：D+HB 48CHF, B+HB 61CHF,
　HP：www.gsbernard.com,
　E-mail：hospice@gsbernard.com
[C7]Hotel Italia(2473m),
　　GSB峠伊側ホテル
　☎ +39.0165.780908, 料金：75-100€,
　HP：www.gransanbernardo.it,
　E-mail：info@gransanbernardo.it

D　スイス・バーニュ谷[Val de Bagnes]

〈le Châble & Verbier〉
　ホテル他宿数多い、ただしVerbierは高級
〈Val de Bagnes〉
[D1]Cabane Marcel Brunet(2103m)
　☎ +41.(0)27.778.18.10, 寝床数：56p,
　営業期間：6/S-10/M,
　料金：D-HB 75CHF,
　HP：www.cabanebrunet.ch,
　E-mail：info@cabanebrunet.ch
[D2]Hôtel de Mauvoisin
　　(1746m, ダム下)
　☎ +41.(0)27.778.11.30/(0)78.766.16.19,
　営業期間：6/M-10/S,
　料金：D-HB 63 CHF, B-HB 83CHF,
　HP：www.hoteldemauvoisin.ch,
　E-mail：info@hoteldemauvoisin.ch
[D3]Cabane FXB Panossière(2641m)
　☎ +41(0).27.771.33.22,
　料金：D-HB CHF75,
　HP：www.cabane-fxb-panossiere.ch,
　E-mail：info@cabane-fxb-panossiere.ch
[D4]Cabane Chanrion(2462m)
　☎ +41(0).27.778.12.09,
　営業期間：6/M-9/M, 料金：D-HB 75CHF,
　HP：www.chanrion.ch,

E-mail：info@chanrion.ch

[D5]Cabane du Mont Fort(2457m)
☎ +41(0).27.778.13.84，寝床数：80p，
料金：D-HB 75CHF，
HP：www.cabanemontfort.ch，
E-mail：無

[D6]Cabane de Louvie(2207m)
☎ +41(0).27.778.17.40，寝床数：54p，
料金：D-HB 69CHF，
HP：www.louvie.ch，
E-mail：claudia@louvie.ch

E スイス・エラン谷[Val d'Hérens]

〈Val des Dix〉
[E1]Cabane Prafleuri(2662m)
☎ +41(0)27.281.17.80，寝床数：59p，
営業期間：7/S-9/M，料金：D-HB 70CHF，
HP ：www.prafleuri.ch，
E-mail：info@prafleuri.ch, prafleuri@bluewin.ch
[E2]Cabane des Dix(2928m)
☎ +41(0).27.281.15.23，
(0)79 944 50 20，
寝床数：120p，営業期間：6/M-9/M，
料金：D-HB 80CHF，
HP：www.cabanedesdix.ch，
E-mail：info.cabanedesdix@gmail.com
[E3]Hôtel du Barrage Grande Dixence
(2141m, Dixenceダム下)
☎ +41(0).27.281.13.22，寝床数：72p，
料金：B-HB 85-150CHF，
HP：www.hotel-barrage.ch，
E-mail：HP内

〈La Sage & Ferpècle〉
[E4]Gîte L'Ecureuil(1667m, la Sage)
☎ +41(0).27.283.24.55/
(0)79 651 06 20，
料金：D-HB 60CHF，
HP：www.gite-valais.com，
E-mail：gitevalais@gmail.com

[E5]Hotel de la Sage(1650m, la Sage)
☎ +41.(0)27.283.24.20，
料金：B 130-200CHF, HB 34CHF，
HP：www.hoteldelasage.com，
E-mail：hoteldelasage@bluewin.ch
[E6]Hôtel du Col d'Hérens
(1786m, Ferpècle)
☎ +41(0)27.283.11.54/
(0)79 253 83 53，
寝床数：10B，料金：B-HB 87-152CHF，
HP：hotelferpecle.ch，
E-mail：contact@hotelferpecle.ch

〈その他の地区〉
[Arolla]ホテル5軒
中心部：Glacier, Pigne，周辺部：Aiguille de la Tza, Grand Kurhaus, Mont-Collon，
[Les Haudères]ホテル4軒
Dents de Veisivi, Les Haudères, les Mélèzes, Alpes，
[Evolène]ホテル3軒
Hermitage, Arzinol, Pension d'Evolène

F スイス・アニヴィエ谷
[Val d'Anniviers]

[F1]Cabane de Moiry
(2825m，モワリー谷)
☎ +41(0)27.475.45.34，
料金：D-HB 83-88CHF，
HP：www.cabane-moiry.ch，
E-mail：cabane@cabane-moiry.ch
[F2]Le Gîte de Moiry
(2300m，モワリー・ダム)
☎ +41(0)27.475.15.48，寝床数：24p，
営業期間：6-10，料金：D-HB 72CHF，
HP：www.moiryresto.ch，
E-mail：clems@netplus.ch
[F3]Cabane de Sorevois
(2440m, Sorebois)
※自炊小屋(レストランから食事提供可だが

211

時間制限あり）
☎ +41.(0)27.475.20.65/
(0)78.912.13.78、寝床数：30p、
料金：D 23.5CHF(HB 26 CHF)、
HP：www.groups.ch/fr/k-9284-8403、
E-mail：sorebois@grimentz-zinal.ch

[F4] Hotel Weisshorn (2337m)
☎ +41.(0)27.475.11.06、寝床数：54p、
営業期間：6/M-10/S、
料金：B-HB 150-300CHF、
HP：www.weisshorn.ch、
E-mail：info@weisshorn.ch

[F5] Cabane Bella-Tola (2340m)
☎ +41.(0)27.475.15.37、寝床数：60p、
営業期間：6/M-9/E、料金：D-HB 61CHF、
HP：cabanebellatola.ch、
E-mail：cabane@funiluc.ch

[F6] Cabane Petit Mountet (2142m)
☎ +41.(0)27.475.13.80、寝床数：40p、
営業期間：6/M-9/E、料金：D-HB 69CHF、
HP：www.petitmountet.ch、
E-mail：melly-bochatay@netplus.ch

[F7] Cabane Grand Mountet (2886m)
☎ +41.(0)41.27.475.14.31、
寝床数：110p、料金：D-HB 77CHF、
HP：www.cas-diablerets.ch/mountet.htm、
E-mail：mountet@cas-diablerets.ch

〈その他の地区〉
[Grimentz]ホテル5軒
Alpina, Becs-de-Bosson, Cristal, Moiry, Le Mélèze
[St-Luc]ホテル4軒
Bella-Tola, Beausite, La Fougère, Le Grand Chalet Favre
[Vissoie]ホテル2軒
Manoir d'Anniviers, Relais des Mélèzes
[Zinal]ホテル7軒
Auberge Alpina, Le Besso, Les Bouquetins, Europe, La Poste, Trift, la Pointe de Zinal

G スイス・トゥルトマン谷 [Tourtmanntal]

[G1] Hotel Schwarzhorn (1882m, Gruben)
☎ +41.(0)27.932.14.14、寝床数：69p、
料金：D-HB 63CHF、B-HB 160CHF、
HP：www.hotelschwarzhorn.ch、
E-mail：info@hotelschwarzhorn.ch

[G2] Mountain-Inn Grindjisand (1882m, Gruben)
☎ +41.(0)27.932.14.14、寝床数：23p、
料金：D-HB 58CHF、B-HB 70CHF、
HP：www.mountaininn.ch、
E-mail：info@mountaininn.ch

[G3] Turtmannhütte (2519m)
☎ +41.(0)27.932.14.55/
(0)27.934.34.84、寝床数：74p、
料金：D-HB 75CHF、
HP：www.turtmannhuette.ch、
E-mail：info@turtmannhuette.ch

H スイス・マッター谷 [Mattertal]

〈St-Niklaus, Gasenried, Grächen〉
●Grächenには宿多数あり

[H1] Hotel La Reserve (1100m, St. Niklaus) 駅から南へ500m
☎ +41.(0)27.955.22.55、
HP：www.la-reserve.ch、
E-mail：info@la-reserve.ch

[H2] Hotel Restaurant Im Edelweiss (1100m, St. Niklaus) 駅から北へ500m
☎ +41.(0)27.956.26.16、
HP：www.im-edelweiss.ch、
E-mail：info@edelweiss-st-niklaus.ch

[H3] Hotel Alpenrösli (1659m)
※Gasenried唯一の宿
☎ +41.(0)27.956.15.65、寝床数：17B、
HP/E-mail：無（一般ホテル予約サイト利用）

⟨Randa & Täsch⟩

[H4] Europahütte (2220m, Europaweg)
　☎ +41.(0)27.967.82.47,
　営業期間：6M-10/M, 料金：D-HB 70CHF,
　HP：参考 www.europaweg.ch,
　E-mail：europahuette@sunrise.ch

[H5] Europaweghütte
　　　(2225m, Täschalp Otaffe)
　※上記と間違えないよう注意
　☎ +41.(0)27.967.23.01,
　営業期間：6/M-9/M, 料金：D-HB 84CHF,
　HP：www.europaweghuette.ch,
　E-mail：europaweg2200@gmail.com

[H6] Topalihütte (2674m)
　☎ +41.(0)27.956.21.72, 寝床数：44p,
　営業期間：6/M-9/M, 料金：D-HB 72CHF,
　HP：www.topalihuette.zaniglas.ch,
　E-mail：topalihuette@bluewin.ch

[H7] Täschhütte (2701m, Täschalp)
　☎ +41.(0)27.967.39.13, 寝床数：60p,
　営業期間：7〜9, 料金：D+HB 79CHF
　HP：www.taeschhuette.ch,
　E-mail：info@taeschhuette.ch

⟨Zermatt⟩
●ホテル他宿多くあり、以下は山小屋の一部のみ
注）ここの観光案内所は、宿・山小屋の予約は
　してくれない。

[H8] Gandegghütte (3030m)
　☎ +41.(0)79.607.88.68, 寝床数：45p,
　料金：D-HB 82CHF,
　HP：www.gandegghuette.ch,
　E-mail：richard@pratoborni.ch

[H9] Chalet Fluhalp (2607m)
　☎ +41.(0)27.967.25.97,
　料金：D&B+HB 79-92CHF,
　営業期間：6/E-10/E,
　HP：www.fluhalp-zermatt.ch,
　E-mail：pollux.zermatt@reconline.ch

I スイス・サース谷 [Saastal]

●Saas Fee を始め、サース谷内には
　宿多数あり、以下は山小屋のみ

[I1] Bergrestaurant Hohsaas (3200m)
　☎ +41.(0)27 957 17 13,
　料金：D-HB：75CHF,
　HP：www.bergrestaurant-hohsaas.ch,
　E-mail：info@bergrestaurant-hohsaas.ch

[I2] Berghotel Almagelleralp (2200m)
　☎ +41.(0)79 613 79 85/79 629 78 08,
　HP：www.almagelleralp.ch,
　E-mail：info@almagelleralp.ch

J イタリア・アンザスカ谷 [Val Anzasca]
　 とセシア谷 [Val Sesia]

⟨Macugnaga (Val Anzasca)⟩
●Macugnaga には宿多数あり、
　以下は山小屋のみ

[J1] Rifugio Oberto Maroli
　　　(2796m, Passo Monte Moro)
　☎ +39.0324.65544, 料金：D-HB 50€,
　HP：www.montemoropass.it,
　E-mail：valcot.rifugio@gmail.com

[J2] Rifugio Zamboni Zappa
　　　(2065m, Alpe Pedriola)
　☎ +39.0324.65313/340.7977167,
　寝床数：36p, 営業期間：6〜9,
　料金：D-HB 45€,
　HP：www.rifugiozamboni.com,
　E-mail：danilo2001it@yahoo.it

⟨Val Sesia (Alagna)⟩
●Alagna にも宿多数あり。以下は山小屋のみ

[J3] Rifugio Pastore (1575m, Alpe Pile)
　☎ +39.0163.91220, 寝床数：60p,
　営業期間：6-9, 料金：D-HB 55€,
　HP：www.rifugiopastore.it,

7・1　素敵な山小屋とその利用方法

E-mail：info@rifugiopastore.it

[J 4]Rifugio Grande Halte
　　　（1945m, Mortara）
　☎ +39.348.8752203,
　HP：www.grandehalte.it,
　E-mail：altaquotasas@libero.it

[J 5]Rifugio Zar Senni
　　　（1664m, Val d'Otro）
　☎ +39.0163.922952,
　E-mail：zarsenni@libero.it

K　イタリア・グレッソネイ谷
　　　[Val Gressoney]

●Staffal, Gressoney La-Trinité,
St-Jeanには宿多数

[K 1]Albergo Ristro Sitten
　　　（2300m, Sitten）　※山岳ホテル
　☎ +39.0125.366300,
　寝床数：20p（7 B）, 営業期間：7 /S- 9 /S,
　料金：B-HB 40-180€,
　HP：www.sitten.it,
　E-mail：info@sitten.it

[K 2]Rifugio del Gabiet
　　　（2400m, Lago Gabiet）
　☎ +39.0125.366258/328.4751907,
　寝床数：40p, 営業期間：6 /E-10/S,
　料金：D-HB 50-55€,
　HP：www.rifugiogabiet.it,
　E-mail：info@rifugiogabiet.it

[K 3]Albergo del Ponte
　　　（2375m, Gabiet）　※山岳ホテル
　☎ +39.0125.806667/347.6979623,
　寝床数：30p（10B）, 料金：D-HB €55-60,
　HP：www.albergodelponte.com,
　E-mail：info@albergodelponte.com

[K 4]Orestes Hutte
　　　（2600m, Salati峠下）
　☎ +39.0125.1925484, 寝床数：35p,
　営業期間：6 /E- 9 /S, 料金：50-90€,
　HP：www.oresteshuette.eu,

E-mail：info@oresteshuette.eu

[K 5]Rifugio Alpenzu Grande
　　　（1779m, Gressoney St-Jean）
　☎ +39.0125.355835, 寝床数：20p,
　料金：D-HB 50€,
　HP：www.rifugioalpenzu.it,
　E-mail：info@rifugioalpenzu.it

L　イタリア・アヤス谷
　　　[Val d'Ayas]

●St-Jacques, Champlucには宿多数あり

[L 1]Rifugio Grand Tournalin
　　　（2535m, Tournalin Damon）
　☎ +39 0125.307003/338.5050545,
　寝床数：37p, 営業期間：6 /M- 9 /M,
　料金：D-HB 45-48€,
　HP：www.rifugiograndtournalin.com,
　E-mail：info@rifugiograndtournalin.com

[L 2]Rifugio G.B Ferraro（2066m, Résy）
　☎ +39.0125.307612/335.1345567,
　寝床数：26p, 営業期間：6 /S- 9 /M,
　料金：D-HB 47-52€,
　HP：www.rifugioferraro.com,
　E-mail：mail@rifugioferraro.com

[L 3]Rifugio Guide di Frachey
　　　（2070m, Résy）
　☎ +39.334.7463640/
　329.2113531,
　寝床数：36p, 営業期間：6 /M- 9 /M,
　料金：D-HB 45-60€,
　HP：www.rifugioguidefrachey.com,
　E-mail：info@rifugioguidefrachey.com

[L 4]Hotel Stadel Soussun
　　　（2000m, Soussun）　※山岳ホテル
　☎ +39.348.6527222, 寝床数：11p,
　営業期間：6 /M- 9 /M, 料金：80-140€,
　HP：www.stadelsoussun.com,
　E-mail：info@stadelsoussun.com

[L 5] Rifugio Belvedere
　　　(2350m, Alpe Saler Damon)
　☎ +39.327.3415497, 寝床数：15p,
　営業期間：6/S-10/E, 料金：45€,
　HP：www.rifugiobelvedere.net,
　E-mail：111.belvedere@gmail.com

[L 6] Rifugio Vieux Crest(1935m, Crest)
　☎ +39.0125.307983/339.1296345,
　寝床数：36p, 営業期間：6/M-9/M,
　料金：D-HB 50-70€,
　HP：www.refugevieuxcrest.com,
　E-mail：vieuxcrest@libero.it

[L 7] Rifugio L' Aroula(2032m, Cuneaz)
　☎ +39.347.0188095/349 3611242,
　営業期間：5/E-10/E,
　料金：D-HB 65-80€,
　HP：www.aroula.it,
　E-mail：info@aroula.it

M　イタリア・トゥールナンシュ谷 [Valtournanche]

[M 1] Rifugio Teodulo
　　　(3317m, Colle del Teodulo)
　☎ +39.0166.949400, 寝床数：69p,
　営業期間：6/M-9/M, 料金：D：20€,
　HP：www.rifugioteodulo.it,
　E-mail：info@rifugioteodulo.it

[M 2] Rifugio Guide del Cervino
　　　(3468m, Testa Grigia)
　☎ +39.0166.948369, 寝床数：36p,
　営業期間：1年中, 料金：D-HB 60€,
　HP：www.rifugioguidedelcervino.com,
　E-mail：rifugioguidedelcervino@gmail.com

[M 3] Hotel lo Stambecco
　　　(2550m, Plan Maison)
　☎ +39.0166.949053,
　HP：www.lostambecco.it,
　E-mail：info@lostambecco.it

[M 4] Rifugio Duca degli Abruzzi
　　　(2860m, マッターホルン東南壁直下)
　☎ +39.347.6759289/0166.949119,
　寝床数：20p, 営業期間：1年中,
　料金：D-HB 60€,
　HP：www.rifugiorionde.it,
　E-mail：info@rifugiorionde.it

[M 5] Albergo Panorama al Bich
　　　(2097m, Cheneil)
　☎ +39.0166.92019,
　HP：www.hotelpanoramalbich.it,
　E-mail：cheneil@libero.it

[M 6] Rifugio Perucca-Vuillermoz
　　　(2909m, Lago del Dragone)
　☎ +39.0166.969747/338.4264705,
　寝床数：25p, 営業期間：6/E-9/M,
　料金：D-HB 43€,
　HP：www.rifugioperuccavuillermoz.it,
　E-mail：info@rifugioperuccavuillermoz.it

[M 7] Rifugio Barmasse
　　　(2157m, AV 1, Lago di Cignana)
　☎ +39.0166.966078/345.1081551,
　寝床数：25p, 営業期間：6/M-9/M,
　料金：D-HB 45€,
　HP：www.rifugiobarmasse.it,
　E-mail：rifugiobarmasse@libero.it

N　イタリア・ペリーヌ谷 [Valpelline]

[N 1] Rifugio Prarayer
　　　(2005m, ムーラン湖奥)
　☎ +39 0165.730040/329.7764885,
　寝床数：50p, 営業期間：3-9/E,
　料金：D-HB 48-60€,
　HP：www.rifugio-prarayer.it,
　E-mail：info@rifugio-prarayer.it

[N 2] Rifugio Alessandro Nacamuli
　　　(2828m, コロン峠下)
　☎ +39.0165.730047/0165.767971,
　寝床数：50p, 営業期間：7/S-8/E,
　料金：D-HB €40,

HP：www.rifugionacamuli.it，
E-mail：info@rifugionacamuli.it

[N3]Locanda Lac Place Moulin
　　　(1950m, Place Moulin)ムーラン・ダム
　☎ +39.0165.730920/339.606.6721，
　寝床数：6B，営業期間：6/M-11/S，
　料金：€45-50(→HPのCel.348 7367826)，
　HP：www.locanda-lacplacemoulin.it，
　E-mail：info@locanda-lacplacemoulin.it

〈Bionaz-Closé〉
　●Closé, Oyaceには宿がないのでBionaz付近

[N4]Hotel Valentino
　　　(1600m, Dzovennoz)
　☎ +39.0165.730901/339.840.2395，
　寝床数：30p(12B)，料金：70-75€，
　HP：www.hotelvalentinobionaz.com，
　E-mail：info@hotelvalentinobionaz.com

[N5]La Batise(1600m, Bionaz)，Youth Hostel
　☎ +39.0165.730112/328.4879702，
　寝床数：37p(7B)，営業期間：一年中，
　料金：30-50€，
　HP：www.labatise.eu，
　E-mail：info@labatise.eu

〈Cuney〉
[N6]Rifugio Oratorio di Cuney
　　　(2652m, AV1, Conca di Cuney)
　☎ +39.0165.770049/333.7131809，
　寝床数：25p，営業期間：6/E-9/M，
　料金：D-HB 40€，
　HP：www.rifugiocuney.it，
　E-mail：rifugiocuney@libero.it

O イタリア・オロモン谷とGSB谷
　　　[Val d'Ollomont, Valle del GSB]

〈Val d'Ollomont〉
[O1]Rifugio Champillon, Adolfo Letey
　　　(2465m, Champillon)
　☎ +39.339.435.1001/0165.236266，
　寝床数：30p，営業期間：6/M-9/E，
　料金：D-HB 45€，
　HP：www.rifugiochampillon.it，
　E-mail：rifugiochampillon@yahoo.it

[O2]Albergo Mont Gelé
　　　(1400m, Ollomont)
　☎ +39.0165.73220/339.1629133，
　寝床数：28p(12B)，営業期間：6/S-9/E，
　料金：60-65€，
　HP：www.montgele.it，
　E-mail：info@montgele.it

[O3]Gran Baita
　　　(1400m, Ollomont), Youth Hostel
　☎ +39.0165.73291，寝床数：85p，
　営業期間：7/S-8/E，料金：D：27-30€，
　HP：www.gran-baita.it，
　E-mail：granbaita@gran-baita.it

〈Valle del GSB：St-Rhémy-en-Bosses〉
[O4]Hotel Suisse e Dipendenza
　　　(1630m, St-Rhémy)
　☎ +39.0165.780906/380.2450715，
　寝床数：13p(8B)，営業期間：6/M-9/M，
　料金：60-80€，
　HP：www.hotelsuisse.it，
　E-mail：info@hotelsuisse.it

[O5]Hotel des Alpes
　　　(1650m, Bosses西約500m)
　☎ +39.0165.780818，寝床数：38p(15B)，料金：50-110€，
　HP：www.desalpeshotel.com，
　E-mail：info@desalpeshotel.com

[O6] Le Relais du Pelerin
   (1550m, Bosses)
   ☎ +39.0165.780007, 寝床数：15p,
   営業期間：7/S-9/M, 料金：75€,
   HP：www.lerelaisdupelerin.com,
   E-mail：info@lerelaisdupelerin.com

[O7] Rifugio Pier Giorgo Frassati
   (2542m, AV 1, Malatra峠下)
   ☎ +39.331.9438054, 寝床数：64p,
   営業期間：7/S-9/M, 料金：D-HB 40-45€,
   HP：www.rifugiofrassati.it,
   E-mail：info@rifugiofrassati.it

7・1 素敵な山小屋とその利用方法

7.2 各種交通機関情報

　各トレイルを味わい尽くすには、もちろん全コースを歩くのが最もよいであろう。しかし、これには、歩く前後や途中の休憩日などを入れると、数週間を越える日程が必要となる。これは、余程長い休暇が取れる方でないと難しいと思う。とくに、長期休暇を取りづらい日本人にとっては、悩ましいところであろう。

　ところが、各トレイルでは、途中、バスやロープウェイなどの公共交通機関を利用することで、日程を短縮させつつ、その核心部を味わうこともできる。もちろん、数回に分けたり、部分的に歩いたりすることも自由だ。これは、日程に余裕がない人だけでなく、中高年にとっても非常に優しい。そこで、皆さんが自由に行程を組めるよう、各トレイルに関する交通機関情報を列挙しておこうと思う。さらに、それらの最新情報（とくに時刻

表）が調べられるように、できる限り関連するウェブサイトのURLを記しておいた。ただし各路線、バス停名、乗り換え場所などは、変更される場合もあるので、下記はあくまで参考として考えていただきたい。

〈各国共通の利用方法〉
〔鉄道〕
　駅窓口で切符を購入し、乗車前に自動改札機で改札印を押しておく（スイスでは有効日記載切符の場合、改札印不要）。出発直前の窓口は混むので、余裕をもっておこう。スイスならば、自動販売機で購入も便利（英語の案内あり）。なお列車によっては、車両ごとに行き先が異なることがあるので、各車両入口で行き先を必ず確認する。また車内では、必ず検札が来るので、切符を失くさないように。検札時に切符を持っていないと高額な罰金をとられる場合があり、さらに伊や仏では、改札印がない場合も罰金をとられることがあるので注意しよう。
〔バス〕前乗りで、行き先までの運賃前払いが基本、大きなバスターミナルでは、別途切符売り場で購入を求められることもある。途中のバス停については、車内表示板で案内されることもあるが、現地語音声のみ、さらに何もない場合（とくに伊のバス）もある。事前に時刻表を得ておくか、運転手に逐次確認するとよい。またバスのフロント上部に書かれた行先表示は、終点の地名（谷の名前）や路線番号である。また各項で示すが、日曜、祝祭日は大きく減便されることがある（とくに伊）ので、日曜、祝祭日の移動は避けた方がよいだろう。

〔索道〕
　索道は、ロープウェイ、ケーブルカー、ゴンドラリフト（テレキャビン）及びチェアリフトの総称。各駅の窓口で切符を購入して乗る。通常は、片道か往復利用を選択できるのだが、伊の一部エリアでは、往復と下り片道のみで、登り片道切符がないこともある。

〈注意すべき各国の祝日：6〜9月間〉
・スイス：8/1（建国記念日）、8/15ごろ（移動祝日、ヴァレー州聖母被昇天祭）
・フランス：7/14（革命記念日）、8/15（聖母被昇天祭）
・イタリア：6/2（共和国記念日）、8/15（聖母被昇天祭）

7.2.1　フランス・シャモニ谷

　シャモニ谷［Vallée de Chamonix Mont-Blanc］は、交通機関がとても良く発達している。谷に沿ってメイン鉄道のモンブラン・エクスプレス［Mont-Blanc Express］が走っているが、谷内の移動には、シャモニ・バス［Chamonix bus］を利用すると便利だ。シャンモニ・バスとモンブラン・エクスプレス鉄道の詳細な時刻表については、下記サイトを参照していただきたい。とくに、シャモニ観光案内所の情報量が最も多く、とても便利である。

- シャモニ観光案内所［Chamonix Tourist Office］：シャモニ・バスとモンブラン・エクスプレスの時刻表、各種ロープウェイやリフトの運行状況他、http://www.chamonix.com/welcome,0,en.html
- シャモニの登山鉄道・ロープウェイ・リフト情報：
  http://www.compagniedumontblanc.co.uk/en/site-overview
- シャモニ・バス［Chamonix-bus］：http://chamonix.montblancbus.com/en
- モンブラン・エクスプレス［Mont-Blanc Express］：シャモニ観光案内所、或いはスイスのSBBオンラインを参照（7.2.2）

〔鉄道〕モンブラン・エクスプレス［Mont-Blanc Express］

フランスのサン・ジェルヴェ・ル・ファイエ［St Gervais-Le Fayet］から、シャモニ［Chamonix Mont-Blanc］を経て、スイスのマルティニー［Martigny］間を結ぶメインの国有鉄道（フランスではSNCF、スイスではSBB）。ただしフランスとスイス間の直通運転はなく、国境付近の駅、ヴァロルシーヌ［Vallorcine］で乗り換える。夏季は、区間によるが12〜15本/日と多く、ほぼ1本/h。

ヨーロッパアルプス南西部交通網詳細図

〔バス〕シャモニ・バス［Chamonix-Bus］
　シャモニ谷のなかを走るローカルバス。谷内のホテルに宿泊した人は、ゲストカード提示で無料。シャモニの中心部から、主要観光地に行くことができる。ゲストカードがない場合の料金は1.5€/回。また、シャモニ中心部におけるバス停の場所には注意が必要。基本的に鉄道駅前は通らない。主要バス停は4つ。①シャモニ・シュッド［Chamonix Sud］：エギュイユ・ドゥ・ミディのロープウェイの西側、②シャモニ・サントル［Chamonix Centre］：町奥で観光案内所の裏手、③プラス・デュ・モンブラン［Place du Mont-Blanc］：モンブラン広場、ホテル・アストリア前（最も賑やか）と、④ムメリィ［Mummery］：ホテル・アストリア奥の交差点付近である。HRで主に利用する路線は、以下の3つ（No.は路線番号）。

①No. 1：
　Le Prarion－Chamonix－Les Praz/Flégère
　（レ・プラ）

②No. 2：
　Glacier des Bossons－Chamonix－Le Tour
　（レ・プラ、モンロック、ル・トゥール）

③No.V 2：
　Chamonix－Col des Montets（モンテ峠）－Vallorcine

〔索道〕
　HRコースで利用されるものは、以下の通り
④ブレヴァン（ゴンドラリフト他）：Chamonix－Planpraz－Brévent
⑤ラ・フレジェール（ロープウェイ他）：Chamonix（Les Praz）－Flégère－L'Index
⑥バルム峠（ゴンドラリフト他）：Le Tour－Charamillon－Col de Balme
⑦ヴァロルシーヌ（ゴンドラリフト）：Vallorcine－Col des Posettes

〈行先ごとの利用方法〉
　上記はやや煩雑なので、行き先ごとに利用方法を下記にまとめておく。

a．ラック・ブランやラ・フレジェール：シャモニ・バス①か②を利用し、レ・プラ［Les Praz］（ラ・フレジェール［La Flégère］）で下車。教会と反対側に⑤のロープウェイ駅がある。ラック・ブラン［Lac Blanc］へ行く場合は、ラ・フレジェールでチェアリフトに乗り換えてランデックス［L'Index］まで行くと少し楽をできる。ただし、残雪期のランデックスからラック・ブランへのトラバース道は少し危険だ。またゴンドラリフト④を利用して、プランプラへ行き、トラバース道を歩いてラ・フレジェールへ行くこともできる。

b．ル・トゥールやバルム峠：ル・トゥール［Le Tour］へは、鉄道でシャモニからモンロック［Montroc］まで行き、そこから歩いて行けるが、通常シャモニ・バス②で一気に行くことをお勧めする（所要時間約30分）。ル・トゥールからは、中腹のシャラミヨンまでゴンドラリフト⑥を、続いてバルム峠までチェアリフト⑥を利用できる。また、スイスとの国境手前の鉄道駅ヴァロルシーヌ［Vallorcine］からも、ゴンドラリフト⑦を利用すれば、ポゼット峠経由でバル

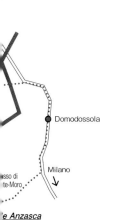

ム峠へ行くことができる。
c. モンテ峠方面：モンテ峠［Col des Montets］やトレ・ル・シャン［Tré-le-Champ］へはシャモニ・バス③で行くことができる。途中のアルジャンチエールでル・トゥール行きの道と別れ峠に向かって行く。本数が少ないので注意。

7.2.2　スイス・ヴァレー州

　スイスは、公共交通機関がとても発達していて、基本的には、鉄道とバス（ポストバス［Postbus］）を利用すれば、ヴァレー（ヴァリス）州内のすべての谷に入ることができる。時刻も正確で、旅行者にはありがたい。さらに、それらの全時刻表を、スイス国鉄のサイト（SBB Online）で調べることができ、とても便利である。さらに、路線ごとの時刻表の一覧表を、公式時刻表のサイトからダウンロード可能だ。2つを組み合わせれば、ほぼ完璧である。ここでは、検索しやすいように、なるべくバス停などの現地語表記を付け加えておいたので、参考にしていただきたい。また、日曜、祝祭日のバスの運行は、減便されることが多く、各種イベント（祭りやマラソン大会など）開催により、渋滞などで時間通り運行されないこともあるので注意しよう。
　スイスには、海外旅行者向け、交通機関の割引システムがある。スイス・トラベルパスや半額カード（1ヵ月有効、120CHF）である。山歩きをする人にとっては、滞在日数によるが、後者が役立つかもしれない。詳細は、スイス政府観光局サイトを参照。

・SBBオンライン［SBB Online］：http://www.sbb.ch/en/timetable.html
　日付・時刻と、出発・到着地を入力して検索、乗り継ぎ方法や、込み具合もわかる。基本的に鉄道とバスのみ対応。索道については、下記を使用する。
・スイス公式時刻表：
　http://www.fahrplanfelder.ch/en/welcome.html
　地名を入れて検索後、路線を選択し、路線ごとの時刻表（PDF）を表示。路線を越える乗り継ぎは、SBBオンラインで調べる。

　各谷の基点と路線は以下の通りである。
　基本的には、ローヌ谷の主要都市へ鉄道で移動し、各支谷へバスで南下してゆく形だ。特急列車（Interregional, IR）が止まる大きな都市は、西から、マルティニー［Martigny］、シオン［Sion］、シエール［Sierre］、ロイク［Leuk］、ウィスプ［Visp］、そしてブリーク［Brig］だ。ジュネーブ［Genève］からは、乗り換えなしに来られるので、とても便利。チューリッヒ［Zürich］からは、ベルン［Bern］で乗り換え、ウィスプに入ればよい。さらに、ヴァレー州からイタリア側に行くには、マルティニーからアオスタ［Aosta］への直行バスか、ブリークからシンプロン［Simplon］・トンネルを抜けて、ドモドッソラ［Domodossola］、ミラノ［Milano］へ向かう国際特急鉄道（EC：Euro-City）他を利用するとよい。シャモニへは、前記通りマルティニーから鉄道で行くことができる。

1）マルティニー［Martigny］基点：シャンペ、トゥリアン谷、フェレ谷、アントゥルモン谷とバーニュ谷

　マルティニー［Martigny］を基点に、フェレ谷［Val Ferret］、シャンペ［Champex］、トゥリアン［Trient］、アントゥルモン谷（GSB峠）［Val d'Entremont］、そしてバーニュ谷［Val

de Bagnes]と多くの谷に行くことができる。鉄道駅や観光案内所で、マルティニー地域に特化した時刻表（マルティニー地域：TMR専用の小冊子）を入手すると便利だ。この時刻表は、以下のサイトでも入手できる。
・TMR（Transports de Martigny et Régions SA）：http://www.tmrsa.ch/cms/fr/carte-interactive

〔鉄道〕マルティニー[Martigny]から2路線
①モンブラン・エクスプレス[Mont-Blanc Express]：シャモニの項を参照
②サン・ベルナール・エクスプレス[St-Bernard Express]：マルティニー[Martigny]⇔サンブランシェ[Sembrancher]⇔ル・シャブル[Le Châble]/オルシエール[Orsières]（ほぼ1本/h）。マルティニーからル・シャブルへは直通運転だが、オルシエールへは途中サンブランシェ[Sembrancher]で乗り換える。

〔バス〕主に以下の4路線
③マルティニー[Martigny]⇔トゥリアン[Trient]方面：フォルクラ峠[Col de la Forclaz]経由でトゥリアン[Trient]までは3〜4本/日運行（所要時間38分）、さらに盛夏、シャトラール[Le Châtelard VS]まで2〜3本（所要時間+10分）行ってくれる。
④オルシエール[Orsières]⇔シャンペ[Champex]/フェレ谷[Val Ferret]：シャンペ行きの終点はシャンペの先のゴンドラリフト駅前[Champex, télé]で、8〜9本/日（所要時間22分）運行、さらに1〜2本/日、Champex d'en-Basまで行く。フェレ谷へは、ラ・フーリー[la Fouly]経由で終点フェレまで8〜9本/日（所要時間23分）運行。TMBでもよく利用される路線。
⑤オルシエール[Orsières]⇔GSB峠/コメール[Commeire]：アントゥルモン谷のGSB（Grand-St-Bernard）峠へは3本/日（所要時間50分）運行、途中のLiddes, Bourg St-Pierreまでならば7本/日に。コメール行きは、月〜金のみ（祝日除く）運行で、朝夕の2本/日しかない（所要時間15分, Orsières発：7：05, 16：53/Commeire発：7：20, 16：50）。またマルティニーからアオスタ[Aosta]への直行便（別途2本/日）も運行されているが、これはGSBトンネルを通り、GSB峠を経由しないので注意。
⑥ル・シャブル[le Châble]⇔ヴェルビエ[Verbier]/モーヴォアザン[Mauvoisin]/モエ[Moay]：ル・シャブルからヴェルビエへは、ゴンドラリフトで行ける（下記⑦）が、ヴェルビエ中心部へ寄る場合は、安価なバスを利用するとよい。時刻は鉄道の運行時刻に合わせてある（ほぼ1本/h, 所要時間25分）。モーヴォアザン行きは3本/日（祝日運休, 所要時間45分）と少なく、途中のフィオネェ[Fionnay]へ行く場合は注意しよう。またモエ[Moay]行きは、2本/日（祝日運休, 所要時間30分）とさらに少ない。

〔索道〕
⑦ル・シャブル[Le Châble]⇔ヴァルビエ[Verbier]⇔ルイネット[Ruinettes]⇔ラ・ショー[La Chaux]⇔モン・フォール[Mont Fort]：ル・シャブルからヴェルビエ、ルイネット経由でラ・ショーまでゴンドラリフトが運行されている。ただし、ヴェルビエの駅は中心部から歩いて10〜15分離れている。またラ・ショーから、ジャンチアン峠を経て、モン・フォール山頂までロープウェイが運行されている。この山頂からの360度の展望は秀逸で、寄り道にもよいだろう。ただし、この辺りの索道では半額カードなどの割引が使えない。

2）シオン基点：エレマンス谷とエラン谷

シオン［Sion］を基点に、バスで、エレマンス谷［Val d'Hérémance］のディクセンス・ダム［Grande-Dixence］と、エラン谷［Val d'Hérens］の各村に入ることができる。エラン谷行きバスは、すべて黄色いポストバスだが、ディクセンス・ダム行きバスは、別会社のバスなので注意する。ダム行きバスの時刻表もSBBオンラインで見られるが、詳細は、索道③と共に以下のサイトを参照：
・参考サイト：www.theytaz-excursions.ch

〔バス〕

① シオン［Sion, gare］⇔ディクセンス［Dixence, le Chargeur］：シオン駅前からディクセンス・ダム下のle Chargeurまで、4本/日運行。ただし、月〜金と、土日祝とで時刻が部分的に違うので注意。

② シオン⇔レゾデール［Les Haudères］⇔アローラ［Arolla］/ ラ・サージュ［La Sage］：シオン駅前からエヴォレーヌ［Evolène］を通り、まずレゾデールへ行く。ここでアローラ、或いはフォルクラ［La Forclaz］（盛夏フェルペクル［Ferpècle］）行きに乗り換えるが、時折アローラまで直行。ラ・サージュ［La Sage］へは、フォルクラ行きで途中下車。レゾデールまでは、10本/日（日祝8本）、所要時間45分、アローラへは7本/日（日祝5本）、フォルクラへは7〜9本/日（日祝5本）。ただし、盛夏にはさらに谷奥のフェルペクルまで、3本/日（日祝2本）行ってくれる。

〔索道〕

③ ダム湖畔（ロープウェイ）：ダム下Dixence（le Chargeur）⇔Lac des Dix、盛夏は10分間隔で運行（7S-9M, 9：35〜12：15, 13：15〜18：15）

3）シエール基点：アニヴィエ谷

シエール［Sierre］を基点に、アニヴィエ谷［Val d'Anniviers］の各村々（サン・リュック［St-Luc］/グリメンツ［Grimentz］/ジナール［Zinal］）にバスで行くことができる。また、谷内のバスや索道については、谷内の宿に泊まった宿泊者がもらえるゲストカードで、翌日の利用が無料になる（谷内到着日は割引無し）。このサービス導入により、索道利用では半額カードが使えなくなっている。

〔バス〕

① シエール⇔ヴィソワ［Vissoie］⇔サン・リュック［St-Luc (or Chandolin)］/グリメンツ［Grimentz］/ジナール［Zinal］：各村へは、途中のヴィソワ［Vissoie, poste］で乗り換えて行く。でも時折、利用客数に応じて直行便となる。サン・リュック行きは、終点がシャルドラン［Chandolin］なので、途中のバス停で下車、ケーブルカーへ向かう場合のバス停はSt-Luc, Bella Tolaが丁度よいが、観光案内所やスーパーは1つ手前のSt-Luc, poste。また、グリメンツ行きの終点は、ロープウェイ駅Grimentz, télécabineで、通常は1つ手前の中心地Grimentz, posteで下車する。

② ジナール⇔モワリー湖：ジナールからグリメンツ［Grimentz］経由で、モワリー・ダム［Moiry VS, Barrage］と、湖奥の駐車場［Moiry VS, Glacier］へ行くバスが、盛夏（7/S - 9/S）に毎日4本/日運行。これでジナールからモワリー湖方面に容易に行ける。

〔索道〕

アニヴィエール谷内の索道は、以下の4ヵ所。ゲストカード提示で無料となるが、Corne de Sorebois行きの新設（2014年）ロープウェイのみ半額割引。

① ソルボワ展望台（ロープウェイ）：Zinal⇔Sorebois

② ソルボワ・ピークとベンドラ展望台（ロープウェイ他）：

Grimentz⇔Corne de Sorebois/Bendolla
③ティニューサ（ケーブルカー）：
　　St-Luc⇔Tignousa

4）ロイク（トゥルトマン）基点：トゥルトマン谷

　　トゥルトマン谷［Turtmanntal］へは、直行バスがないため、少々複雑である。まずバスで、ロイク［Leuk, bahnhof］やトゥルトマン［Turtmann, bahnhof］（ときにはGampel-Steg）駅から、谷入口のロープウェイ山麓駅［Turtmann Seilbahn LTUO］へ行き、小型ロープウェイでOberemsに上ってから、小型バスに乗り換えて谷奥のグルーベン［Gruben］へ向かって行く。ただし、谷内を行く小型バスの便数が極めて少ないので、乗り継ぎなどを予めSBBオンラインでよく調べておくことを勧めする（注意：Grubenのバス停名はGruben VS）。またロープウェイ山麓駅のバス停は、駅舎前ではなく、少し東に離れたロータリーにあるので、間違えないようにしたい（駅舎前バス停はローカルバス用）。

　　ロイク［Leuk］からは、ロープウェイ山麓駅［Turtmann Seilbahn LTUO］か、Gampel-Steg（まれにVsip）行きを、逆に山麓駅からはロイク［Leuk］行きバスを利用する（所要時間約10分）。またトゥルトマン［Turtmann］からは、山麓駅［Turtmann Seilbahn］かロイク［Leuk］行き（所要時間5分）を利用して行けるが、逆コースの場合は、トゥルトマンを通過してGampel-Stegまでへ行くバスになる（所要時間25分）。トゥルトマン駅やロープウェイ山麓駅前には、商店などが何もないので注意したい。

〔バスと索道〕
①バス路線：Leuk, Bahnhof
　　==Turtmann, Seilbahn LTUO
　　==（Turtmann, Bahnhof）
　　==Gampel-Steg==Visp, Bahnhof

②ロープウェイ：山麓駅
　　［Turtmann Seilbahn LTUO］⇔Oberems
　　（1～2本/h）
　　時刻表サイト：
　　http://www.oberems.ch/tourismus/anreise--fahrplaene
③小型バス［Busbetrieb Turtmanntal］：Oberems⇔Gruben VS、6 E-9 M、月～金3本/土日/祝4本（所要時間15分）

5）ウィスプ基点：マッター谷

　　マッター谷［Mattertal］は、有名な街ツェルマットがあるため、とても交通機関が発達している。谷の入口は、ウィスプ［Visp］だ。ここから、氷河特急の一部となっている登山鉄道［Matterhorn-Gotthard-Bahn, MGB］に乗って、ツェルマットまで行く。多くの日本語観光ガイドブックにも記載されている。

〔鉄道〕
　　登山鉄道が2つ、ゴルナーグラットは最高の展望台（寄り道に最適）。
①MGB鉄道：Visp⇔Stalden Saas⇔St-Niklaus⇔Randa⇔Täsch⇔Zermatt
②ゴルナーグラット鉄道［Gornergrat Bahn］：Zermatt⇔Gornergrat

〔バス〕
　　ザンクト・ニクラウス発のバス
③St-Niklaus⇔Grächen/Gasenried：HR, TMR, TMで使用。Grächenへは直通で本数が多いが、Gasenriedへは途中のNiedergrächen乗り換えで、本数が少ないので要注意。

〔索道〕
④ユンゲン・ロープウェイ［Jungenbahn］：St-Niklaus⇔Jungu（Jungen）、4人乗りの超小型（6 M-9 S：15本/日）。ほぼ1本/h運行だが昼休みあり。下記サイトで確認できる。時刻表：http://www.

jungenbahn.ch/fahrplan.html
⑤ハニッグアルプ（ゴンドラリフト）：Grächen⇔Haniggalp：TMRで利用、時刻表：http://www.graechen.ch/site/en/summer/railaway
⑥スネガ（ケーブルカー他）：Zermatt⇔Sunnegga（⇔Unterrothorn）
⑦トロッケナースティーク（ゴンドラリフト他）：Zermatt⇔Furi⇔Schwarzsee⇔Trockener Steg（⇔Klein Matterhorn）、7S-8Eは6：30始発で便利

6）ウィスプ基点：サース谷

　サース谷［Saastal］の入口は、マッター谷と同じウィスプ［Visp］である。ウィスプから南下すると、Standen Saasで谷が二股に分かれ、ここから東側の谷に入ってゆく。行き方は、通常ウィスプから直行バスを利用する。ツェルマットから行く場合は、Standen Saasでバスに乗り換える（ただし、バス停が駅前から徒歩10分のメイン車道上に移動）。

〔バス〕
①Saas Fee直行便：Visp⇔Standen Saas⇔Saas Grund⇔Saas Fee
　2本/h運行で本数多い、ただしSaas Feeから休日早朝出発する場合は予約が必要。
②マットマルク・ダム［Mattmark］：Saas Grund Saas⇔Almagell⇔Mattmark
　Saas FeeからAlmagell方面へ行く場合は、一端谷底Saas-Grund, postに行き、Mattmark行きに乗り換える。

〔索道〕
　TMRでは利用しないが、寄り道にも良いSaas Fee内の主な展望台は、ミッテルアラリン［Mittel allalin］（途中駅フェルスキン［Felskinn］）、レングフルー［Langfluh］、ハニッグ［Hannig］、プラッテン［Plattjen］の4つ。ミッテルアラリンは夏スキー場。ここでは、3ヵ所を紹介する。

③ミッテルアラリン（ゴンドラリフト他）：Saas Fee⇔Felskinn⇔Mittel allalin
④クロイツボーデン／ホーサース（ゴンドラリフト）：Saas Grund⇔Kroiz Boden⇔Hoosaas
　クロイツボーデンやホーサースは、ミヒャベル山群を眺める好展望台。Saas Grundのゴンドラリフト駅は、Saas Grund, postバス停からStalden方向の、次のバス停Saas-Grund, Bergbahnen前。
⑤サース・アルマゲル（チェアリフト）：Saas Almagell⇔Furggstalden
　Saas Almagellのチェアリフト駅は、バス停から少し谷右岸の樹林帯のなかへ入ったところ。

7）ブリーク基点：イタリアへ

　ブリーク［Brig］からは、イタリアとの国境のシンプロン峠［Simplonpass］下のシンプロン・トンネルを抜けて、ドモドッソラ［Domodossola］、そしてミラノ［Milano］へ行く国際列車（EC他）が運行されている。ドモドッソラまでは比較的本数が多い。また、シンプロン峠を越え、ドモドッソラまで行くバスも運行（峠付近のバス停はSimplon, Kulm/Pass/Hospiz他）。時間はかかるが、峠にはホスピス（宿泊可能）やホテルがあり、北側のアレッチ地区の高峰の眺めがよい。

7.2.3 イタリア・アオスタ州

　アオスタ谷州の鉄道は、アオスタ谷中央を行く1路線しかない。西端プレ・サン・ディディエ [Pré-St-Didier]（Courmayeur 近く）から真東へ向かい、アオスタ [Aosta]、シャティヨン [Châtillon] を経て南下し、ヴェレス [Verrès]、ポン・サン・マルタン [Pont-St-Martin] を通り、トリノ [Torino]、ミラノ [Milano] へ通じている。でも Pré-St-Didier と Aosta 間はローカル線で、Pré-St-Didier 駅は、街の中心やメイン車道から離れていて利用しにくい。基本は、Aosta 駅が中心となろう。そして Châtillon、Verrès、Pont-St-Martin が、北東側の各支谷の入口の街で、ここからバスに乗り換えてゆく。鉄道の運行本数は1本/h程度。距離が離れている Pont-St-Martin に行く場合は、所要時間の短い鉄道の方が便利。鉄道の時刻表については、駅ではもらえないものの、アオスタの観光案内所（四角い城壁の東側中央部にある、駅から約10分）で入手できる。時刻表は以下で検索可能。
・イタリア国有鉄道：（FS エッフェ・エッセ）Trenitalia
　http://www.trenitalia.com/
　http://www.viaggiatreno.it/viaggiatrenonew/index.jsp

　これに対し、路線バスは、各支谷の奥まで伸びているだけでなく、上記鉄道路線に並行して Courmayeur、Aosta、そして Pont-St-Martin 間で、1～2本/hも運行されていて便利だ。結果として、アオスタから、バスで全支谷に行くことができる。ただし、地域のよって運行会社が異なり、小さな谷では運行本数も少ない。さらに、平日に比べて、日曜、祝日の運行本数が激減する場合があるので、事前に時刻表を確認しておくことが重要である。な

お、ここではアオスタ州の北半分のエリアについての情報を示す。また、隣接する谷間の移動は、バスよりも索道を利用する方が便利な場合もある。
　またアオスタ谷の索道は、ほぼ各支谷にあるので、これらは各谷の項で紹介する。

〈アオスタのバスターミナル〉：
　バスターミナル（Aosta Autostazione）は、アオスタ鉄道駅北口から、東へ歩いて数分のところ。ローマ時代の城壁南側の広いエリアに、たくさんの大型バスが停車しているのですぐわかるだろう。なお駅前に停車しているバスは、近郊行きローカルバス。
　利用するバス会社は、SAVDA、SVAP、VITA 社の3つ。時刻表は、バスターミナル内の窓口で、路線ごとのコピーをもらえるが、SAVDA のみは全路線の小冊子もある。なお、最新の正確な時刻表は、下記各社のサイトで確認していただきたい。ただし、その夏の新しい時刻表への更新は、6月後半と遅い場合が多いので、各資料の年度に注意する。

各社の時刻表［伊語：Orari］サイト：
・SAVDAバス：
　http://www.savda.it/it/orari.php
・SVAPバス：
　http://www.svap.it/it/orari.php
・VITAバス：http://www.vitagroup.it/linee-urbane-extra-vda

1）クールマイヨールとフェレ谷
　アオスタ [Aosta] ～クールマイヨール [Courmayeur] 間で SAVDA バスが1本/h 運行（所要時間1h）。TMB や AV 1コースのフェレ谷 [Val Ferret] やヴェニ谷 [Val Veny] へは、クールマイヨールで SAVDA

バスに乗り換えてゆく。さらにクールマイヨールからシャモニへ行くことも可能(7.2.5参照)。

クールマイヨールのバスターミナルは、モンテ・ビアンコ広場［Courmayeur, Piazza Monte Bianco］。モンテ・ビアンコ広場脇の大きな建物内に、観光案内所（1F右端）があり、時刻表を入手できる。またこのモンテ・ビアンコ広場から乗る場合は、前もってバス会社窓口（1F左端）で切符を入手しておこう。

2）GSB（Grand San Bernardo）谷
〔バス〕

GSB谷のサン・レミー［St-Rhémy］やGSB峠へ行く場合は、アオスタ発のSAVDAバスを利用する。GSB峠行きは2本/日と少ないものの夏期毎日運行（所要時間1h15）。TDC、AV1コースのサン・レミー［St-Rhémy］へ行く場合は、GSB峠行きでバス停 St-Rhémy-En-Bosses（Capoluogo）で下車。なおSt-Rhémy-en-Bossesは、この地区全体の名前で、サン・レミー［St-Rhémy］とボス［Bosses］のバス停が異なっているので注意。またCapoluogo手前のボス［Bosses］のバス停 Bosses Agipまでなら、本数も増えて便利（3本/日、ただし日祝運休、所要時間40分）。バス停 Bosses Agipは、サン・レミー中心部から歩いて20分のインターチェンジ（峠への旧道とトンネル経由の新道との分岐）内の広い駐車場にある（AGIP社の給油設備、売店やホテルあり）。

なお、GSB峠へ向かう便とは別に、スイスのMartignyへ向かう直行便（毎日2本/日）が運行されている。これは、St-Rhémy-En-Bosses（Capoluogo）やGSB峠を通らず、ボス［Bosses Agip］経由でGSBトンネルを抜けてゆくので注意しよう。

3）オロモン谷とペニーヌ谷
〔バス〕

オロモン谷［Val d'Ollomont］とペニーヌ谷［Valpelline］へは、アオスタからSVAPバスが運行されている。

まず、ペニーヌ谷［Valpelline］のビオナ［Bionaz（Capoluogo）］まで6本/日運行されている（所要時間50分）が、日祝は全便運休。プラライエール小屋へ行くには、終点Bionaz Capoluogoから歩いて約3h。また、AV1コースならば、途中の Oyace, Closé で下車すればよい。

続いて、オロモン谷［Val d'Ollomont］へ行く場合は、上記Bionaz行きのバスに乗り、途中の Valpelline Capolungo（所要時間25分）で、Ollomont, Glacier行きのバスに乗り換える（所要時間+20分）。Glacier行きのバスは、7本/日運行されているが、これらも日祝は全便運休。また、内2本は、AostaからGlacierまでの直行便。Champillon小屋へ行く場合は、途中の Ollomont Capolungo かMorionで下車すればよい。

4）トゥールナンシュ谷
〔鉄道とバス〕

トゥールナンシュ谷［Valtournenche］へ入るには、アオスタから谷入口の街シャティヨン［Châtillon］まで、鉄道かバス［VITAバス, Pont-St-Martin行き］で行き、SAVDAバスのチェルビニア［Breuil-Cervinia］行きに乗り変える。Pont-St-Martin行きVITAバスは、毎日2本/h（日祝は1本/h）と便数が多く便利だが、バスはChâtillonの鉄道駅へは寄らず、バスターミナル［Autostazione］（円形ロータリー）を経由する（所要時間35分）。またSAVDAバスは、鉄道駅［Stazione F.S.］始発で、このバスターミナルを経由して、トゥールナンシュ谷奥へ向かう。Châtillon～Breuil-Cervinia間の所要時間は約1h。

〔索道〕

トゥールナンシュ谷［Valtournenche］内の索道で有用なのは、以下の2つ。①は、TMRやTMで、②はTMのオプションコー

スで利用できる。
① チーメ・ビアンケ（ゴンドラリフト他）：Breuil-Cervinia ⇔ Plan Maison ⇔ Cime Bianche（⇔ Testa Grisia）
② ヴァルトゥールナンシュ（ゴンドラリフト）：Valtournanche ⇔ Salette、山麓駅は街の北側、1.5kmも離れている

〈関連サイト〉
http://www.cervinia.it/pages/CERVINO_SKI_PARADISE_LIFT_SYSTEMS_OPEN_i_en/211

5）アヤス谷とグレッソネイ谷
〔鉄道とバス〕
　アヤス谷とグレッソネイ谷に入るには、まずアオスタから谷入口の街ヴェレス［Verrès］かポン・サン・マルタン［Pont-St-Martin］へ、鉄道かバス［VITAバス, Pont-St-Martin行き］で行く。バスが便利だが、所要時間はVerrèsまで約1h、Pont-St-Martinまで約1h20分。これに対し鉄道だと少し早い（各々約35分、45〜50分）。その後、下記バスに乗り換えるが、始めての場合には、どちらも始発バス停で乗れる鉄道駅での乗り換えがよいかもしれない。
　アヤス谷のSt-Jacquesへは、VerrèsからVITAバスに乗り換えて約1h。運行本数は、平日9本（日祝5本）。バスは鉄道駅［Verrès FF.SS.］が始発だが、Aostaからのバスとは、バスターミナル（Verrès Autostazione/Verrès Pensilina S.S.26）で乗り換えるので注意する。また途中、谷の中心の街Champlucに寄り道も可。Champluc〜St-Jacques間は、無料のシャトルバス［Navetta Rossa］が別途運行されている（盛夏：20分ごと）。
　グレッソネイ谷のスタッファル［Staffal］へは、Pont-St-MartinからVITAバスに乗り換えて約1h15m。運行本数は、平日10本（日祝5本）。バスは、鉄道駅［Pont-St-Martin FF.SS.］が始発で、Aostaからのバスとは、Pont-St-Martinの中心部（Pont-St-Martin, Piazza IV Novembre）で乗り換えるので注意。途中、谷の大きな街、Gressoney-St-Jean、Gressoney-la-Trinitéなどを通るが、Gressoney-St-Jean〜Staffal間には、1本/hの別便が毎日運行（7〜8月）されており、谷内の移動は比較的便利。

〔索道〕
　アヤス谷とグレッソネイ谷内の索道は、非常に多く、以下の7つ。運行会社のサイトで、運行期間、料金なども案内されている。
・モンテローザスキー社：
　http://www.monterosa-ski.com/INFODOWNROADに、PDF資料あり

〈アヤス谷〉
① ベッタフォルカ峠（チェアリフト）：Alpe Bettaforca ⇔ Colle Bettaforca
② クレスト（ゴンドラリフト＆チェアリフト）：Champoluc ⇔ Crest ⇔ Alpe Ostafa
③ フラシェイ（ゴンドラリフト＆チェアリフト）：Frachey ⇔ Alpe Ciarcerio ⇔ Alpe Mondria

〈グレッソネイ谷〉
④ ベッタフォルカ峠（ロープウェイ＆チェアリフト）：Staffal ⇔ Sant'Anna ⇔ Colle Bettaforca
⑤ サラーティ峠（ゴンドラリフト）：Staffal ⇔ Gabiet ⇔ Passo dei Salati
⑥ ラ・トリニテ（チェアリフト）：Gressoney-La-Trinité ⇔ Punta-Jolanda
⑦ インドレン展望台（ロープウェイ）：Passo dei Salati ⇔ Indren

7.2.4 イタリア・ピエモンテ州

ピエモンテ州［Piemonte］のセシア谷［Val Sesia］とアンザスカ谷［Val Anzasca］へも、バスや鉄道を利用して入ることができる。アンザスカ谷へは比較的入りやすいのだが、セシア谷は南北に40kmもあり、隣接する谷への移動は、かなり南側へ迂回する必要がある。でも、セシア谷からグレッソネイ谷へは、索道を使えば簡単に移動できるので、実際に困るのは、反対のセシア谷からアンザスカ谷への移動である。これには、ほぼ1日費やされると考えておこう。

利用するバス会社は、ATAP、Comazzi、Baranzelli社の3つ。時刻表は、現地観光案内所で直接入手するか、下記各バス会社のサイトで確認していただきたい。ただし、こちらも、夏期時刻表の更新は、6月後半と遅い場合が多いので、各資料の年度に注意しよう。

〈各社の時刻表サイト〉
・ATAPバス：以下の2つ、
 ATAP-SPA：Line50は以下
 http://www.atapspa.it/en/linee/linee-extraurbane/
 ATP：http://www.atap.pn.it/en/scarica_orari.aspx
・Baranzelliバス：http://www.baranzelli.it/orari/
・Comazziバス：http://www.comazzibus.com/linee_orari.php
・イタリア国有鉄道：(FS エッフェ・エッセ) "Trenitalia"
 http://www.trenitalia.com/
 http://www.viaggiatreno.it/

1）セシア谷：アラーニャ
〔鉄道とバス〕

まずセシア谷のアラーニャへは、ATAPバスが、ヴェルチェッリ［Vercelli］から、Romagnano、Varallo経由で5〜6本/日（6月末〜8月下旬）運行されている。所要時間はVercelli〜Alagna間で2h30。また、BaranzelliバスがAlagna〜Milano間の直行便（1本/日、ただし期間限定）を運行している。なおセシア谷の鉄道は、以前Varallo Sesia〜Romagnan Sesia〜Novara間、及びRomagnano Sesia〜Arona間で運行されていたが、現在は廃線。

以上から、AlagnaからMacugnagaに行く場合は、バスで一端ヴェルチェッリ［Vercelli］まで行き、鉄道でNovaraかMilanoに出て、Domodossola方面（或いはスイスのBrig他）行きに乗り換えて行くため、非常に遠回り。

また途中のRomagnano Sesia（駅舎前）からArona行きのバス（Baranzelli/Comazziバス）に乗り、Aronaから鉄道でDomodossolaに行く方法もあるが、Aronaへのバスは、平日ならば8〜10本（日祝は半減）。さらに、Vercelli行きバスのRomagnanoバス停は、メイン車道SS142沿いにあり、駅舎（川の対岸）から1.5kmぐらい離れていて、とても不便。

最も容易な移動方法は、タクシーを利用すること。車ならば、Vallaro、Omegna（峠越え）、Domodossola経由で、最も早く移動できるだろう。一応、途中のOmegna-Domodossola間に鉄道が運行されているが、本数が少ない（基本は朝夕のみ）。またバスでVallaroまで行き、続いてOmegnaまでタクシー利用という手段も考えられるが、あまり実用的ではないだろう。

また、AlagnaからAosta方面へ行く場合は、ATAPバスでVercelliへ行き、ここから鉄道

で，Chivasso乗り換えでAostaに行けばよい．

いずれにしろ，非常にややこしい．インターネット上ではイタリアの鉄道路線や時刻表がわかりづらく，バスも区間や曜日によって便数が変わるため，都合のよい乗り継ぎ方法を探すのは難しいだろう．このため，現地Alagnaでは，観光案内所で相談することをお勧めする．

またアラーニャからパストーレ小屋へ行くとき，夏期シャトルバスを利用できる．
● 夏期シャトルバス［Navetta Estiva］：Alagna⇔Acqua Bianca（小屋下），1本/h運行（8：00～18：00間毎時00分発，2016年）．
http://www.comune.alagnavalsesia.vc.it

〔索道〕

セシア谷で有用な索道は1つ，これを使えば容易にグレッソネイ谷にも行ける．
① サラーティ峠（ゴンドラリフト他）：Alagna⇔Pianalunga⇔Passo dei Salati，前項と同じMonterosaskiが運行，時刻表や料金も同サイトに掲載されている．

2）アンザスカ谷：マクニャーガ
〔バス〕

アンザスカ谷［Valle Anzasca］のマクニャーガ［Macugnaga］へは，ドモドッソラ［Domodossola］駅前バスターミナルからComazziバスで行くことができる．運行本数は，平日6本，日祝2本で，所要時間は1h20m．マクニャーガ内のバス停は，StaffaとPecettoにあり，後者が始発バス停．また，TMRで通るQuarazzaから，谷底の集落Borcaまで下れば，このバスを利用することも可能だが，本数が少ないだけでなく，タイミングが合いづらいだろう．

〔索道〕

谷内での索道は2つだけ．どちらも以下のサイトで運行状況や料金がわかる．
http://www.macugnaga-monterosa.it/[impianti]
① モンテ・モロ峠（ロープウェイ）：Macugnaga⇔Alpe Bill⇔Passo Monte Moro，6M-9E毎日
② ベルヴェデーレ（チェアリフト）：Macugnaga Pecetto⇔Belvedere，6M-9E毎日

7.2.5 その他の交通機関

フランス・シャモニとイタリア・クールマイヨール間の移動

フランス・シャモニとイタリア・クールマイヨール間をバスなどで直接移動することができる．シャモニとクールマイヨール間を結ぶ交通は，以下の3つである．

1）モンブラン・トンネル経由

シャモニ（シャモニ・シュッド［Chamonix Sud］）とクールマイヨール（モンテ・ビアンコ広場［Piazza Monte Bianco］）間で，モンブラン・トンネル経由するバスが運行．7～8月6本/日（6，9月は2～3本/日）．

事前予約制（出発直前でも空いていればOK，まず満杯にはならない）で，クールマイヨールでは上記バスターミナルの専用窓口（観光案内所もある建物1F左端）で，シャモニの場合はシャモニ・シュッドのバス停で購入できる．シャモニ・バスのバス停と同じ．移動時間は45分．時刻表は，上記SAVDAやSATのHPでも見られる．

2）エギュイユ・デュ・ミディ（ミディ針峰）及びエルブロンネ越え

このコースは、最も高価なルートであるが、最高の展望を味わえるであろう。シャモニからは、ロープウェイでエギュイユ・デュ・ミディ（ミディ針峰）［Aig. du Midi］に上がり、4連のゴンドラリフト（パノラミック・モンブラン［Panoramique Mont-Blanc］）でエルブロンネ［Helbronner］に渡る。エギュイユ・デュ・ミディも素晴らしい展望が得られるが、ブランシュ谷［La Vallée Blanche］やジェアン氷河［Glacier du Géant］真上を横断するゴンドラからの眺めには、あまりの感動に声も出ないであろう。エルブロンネ（頂上駅 Punta Helbronner）からは、再びロープウェイ［Skyway Monte Bianco］（2015年春開業）でイタリアの山麓駅［Pontal d'Entrève］へ下る。山麓駅から、モンテ・ビアンコ広場へ行きのバス（クールマイヨール内周遊バス）があり、盛夏には1h間隔で運行、またアントレーヴ［Entrève］村（徒歩10分）まで歩けば、フェレ谷のバスも利用できる。

3）グラン・サン・ベルナール峠越え

最も時間がかかるが、1つの選択肢として、クールマイヨールから、アオスタ［Aosta］、グラン・サン・ベルナール峠［Col du Grand St-Bernard］、そしてスイスのマルティニー経由でシャモニに行くこともできる（SAVDAバスとTMRバス）。

クールマイヨールからアオスタ間のバスの本数は比較的多い（10本／日、1hごと）。でも、アオスタから、グラン・サン・ベルナール峠経由でスイスのマルティニーに行くバスは、途中のトンネル経由の直行便が2本／日、グラン・サン・ベルナール峠経由がもう2本（夏期のみ）だけなので、1日でシャモニまで行くのはちょっとつらいかもしれない。またグラン・サン・ベルナール峠経由では、峠のバス停がイタリア、スイス側で離れている（イタリア側ホテル［Albergo］前、スイス側ホスピス［Hospice］前で、その間徒歩10分）ので要注意だ。

B スイス・ジュネーブからシャモニへ

シャモニへは、通常スイスのジュネーブ［Genève］から入る人が多い。このため、シャモニとジュネーブ（或いはジュネーブ空港）間の交通機関について説明しておこう。通常、バスの直行便を利用する。

1）バス

シャモニ（Chamonix Sud或いはCentre）とジュネーブ（或いはジュネーブ空港）間で、OUIBUSが直行便を運行（6本／日、所要時間約2h）。時刻表はOUIBUSサイト参照。なお、チケットは事前にインターネットで予約購入しよう、バス内で直接購入すると割高になる。

OUIBUS：http://uk.ouibus.com/

2）ミニバス（VAN）

シャモニとジュネーブ空港間であれば、ミニバス（VAN）も運行されている。これは、インターネットか電話などでの事前予約が必要。各ホテルまで送迎してくれるので、とても便利であるが、予約は観光案内所ではなく、個人での対応すること。

3）鉄道：スイス・マルティニー経由

時間はかかるが、ジュネーブから鉄道で、スイスのローザンヌ、マルティニー経由で、モンブラン・エクスプレス鉄道に乗れば、シャモニに来ることができる。時刻表は、ＳＢＢオンラインで調べることができる。

4）鉄道（＆バス）：フランス経由

これも時間がかかり、乗り換えが多くて面倒だが、フランス内（Annemasse他）で鉄道やバスを乗り継いで行く方法もある。この時刻表も、ＳＢＢオンラインで調べることが

できる。

5）タクシー

人数が多ければ、ジュネーブ空港からシャモニまでタクシーを利用するのもよい。バスより割安になることもある。

C イタリア・アオスタ谷州/ピエモンテ州へ

ミラノから、ほぼ各支谷へ直行バスが出ている。ただしSAVDA運行便以外は、1本/日と少ない場合が多い。鉄道ならば、ミラノ、トリノから、まず各支谷入口の街まで行き、ローカルバスに乗り換えて行く。これらは、各谷の交通案内を参照。

参考：Milano-Aosta-Courmayeur間、SAVDAバスが毎日4便運行（内3便は、Châtillon乗り換えでBreuil-Cerviniaまで行ける）

D スイス・ヴァレー州へ

スイスのチューリッヒ、或いはジュネーブ国際空港から、SBB鉄道（IR）で入れる。本数が非常に多く、とても便利。

7.3 言語圏と通貨

本書記載のコースは、フランス、イタリア、スイスの3各国にまたがっているため、各国で用いられている言語と通貨は異なったものとなる。

まず言葉についてであるが、フランスとスイス・ヴァレー州の西部エリア（アニヴィエ谷以西）はフランス語圏、スイス・ヴァレー州の東部エリア（トゥルトマン谷以東）はドイツ語圏、そしてイタリアはイタリア語圏だ。しかしながら、世界中から観光客が集まる地域のため、一般に、ホテル、観光案内所、大体の山小屋や交通機関などでは英語が通じる。しかし、一部の山小屋や、ローカルバスの運転手には、現地語しか通じない場合がある。このため、バスでの行き先などは言葉よりも地図などで示した方がよいかもしれない。

また通貨については、フランス、イタリアはユーロ（€）であるが、スイスは独自のスイスフラン（CHF）である。でも国境に近いエリアであるため、スイス内でも一部ユーロを使用することができる。ただし、この場合やや為替レートが悪い（日々変わるのではなく、CHF=€x1.2のように固定）と、お釣りの小銭がCHFになる。使用する通貨の量にもよるが、予めユーロだけでなくスイスフランも両替しておいた方がよいであろう。

なお、山小屋利用では基本的に現金が必要となるため、1泊2食付きの宿泊費（ドミトリー利用ならば、50ユーロ或いは80CHF程度）に飲み物などを加えて、80ユーロ或いは100CHF/日程度を目安に用意しておくとよいと思う。交通機関については、バスの車内以外は、各チケット販売窓口でクレジットカードを利用できる。またホテルでは無論クレジットカードを利用可能であるが、山小屋でも山麓に建てられている場合には利用可能な場合もある。

7.4　地図とコースタイム

7.4.1　地図の言語

　各国の道標などに記載されている地名や山名は、当然その言語圏の言葉であらわされている。しかし、地図においては、発行された国の言語に統一されていることが多い。このため本書では、現地で混乱しないように、できるだけ各国の言語表記に合わせたつもりである。ただし、イタリア北西部のアオスタ州やピエモンテ州の一部は、かつて歴史的にサボワ［Savoie］（伊：サヴォイア［Savoia］）公国として仏語が使われていたため、地名のほとんどが仏語のままである。伊語との併記も見られるが、本書では主に仏語表記を使用した。

7.4.2　各トレイルの地図

　ロングトレイル歩きに有用な地図は、各国の縮尺1:25,000〜1:50,000の地図である（下記リスト参照）。一般に広域を見る場合は1:50,000レベルでよいが、実際の山歩き、とくに個人で歩く場合は1:25,000が必須である。悪天や残雪が多い時期など、地形の判別が必要となるときや、町中を歩く場合などで、極めて威力を発揮してくれる。各トレイルでは、通常、小エリアごとの地図を複数枚組み合わせて用いるが、TMRとTMについては、トレイル全体を示す専用地図（1:50,000）もある。
→p.204の代表的な地図表紙参照。

〈地図の入手方法について〉
　縮尺1:50,000の広域地図の一部は、日本でも地図専門店（神田神保町のマップハウスや三省堂書店など）や、インターネットサイトで入手できる（Amazon他、場合によっては現地サイトから輸入）。しかし、詳細な1:25,000地図は、現地でしか入手できない。

　また現地では、大きな都市の書店や、駅前のKioskなどの売店で入手可能である（下記リストに個別に記載）。一般にその国以外の地図の入手は難しいが、例えば仏・シャモニの大きな書店（La Maison de la Press）には、比較的広範囲の地図がそろっている。
　以上から、日本で事前入手可能なものを揃え、残りを現地で補うしかないであろう。

《地図リスト》
1）ロングトレイル専用地図
　TMRとTMに関し、スイス（A）とイタリア（B）で各々発行されている。
　いずれも1:50,000、現地でしか入手できない。後者（B）が新しくとても有用。

A スイス製：Tourenkarte 1:50,000

① Tour Monte Rosa、Matterhorn
② Tour du Cervino（Tour Matterhorn）
→コース表示が派手で細部が少し見にくい。

裏面に宿情報（広告だが）もある。

B イタリア製：Editrek & L'escursionista editore, Carte de randonnée(hiking map) 1：50,000

① Tour Monte Rosa
② Tour du Cervino
→最新なのでコース表示は完璧。ただし TM (TC) では、本書のバリエーションコースがメインとなっている。

2）フランス・エリア
　　以下の2種類。HRではC-1、1つでよい。

C-1
IGN、Carte de Randonnée, Carte Topographique TOP25, 1：25,000
　　[3630 OT]Chamonix, Massif du Mont Blanc（or 3630 OTR）

C-2
Rando Edition, IGN Carte de Randonnée(Hiking Map), 1：50,000
　　[A1]Pays du Mont-Blanc

3）スイス・エリア
　　広域版 1：50,000〜60,000 としてD、E、I(伊の項にまとめて記載）と、詳細版 1：25,000のF、G、Hがある。前者（とくにD）は日本の地図専門店やインターネットでも入手できる。後者は、コースタイムが記載されていてとても便利で有用だが、現地（それも各谷ごと）でしか入手できないのが難点。

D Swisstopo 1：50,000

　　広域 1：50,000 のスイス公式のハイキング地図で、黄色版（Hiking Map）がハイキングコース付き地図、番号にTがつく。以下でヴァレー州全域をカバー。

　　なお、Tが付かない緑色版(National Map)は、ハイキングコースの表示がない。緑色版には1：25,000もあるが、1枚の範囲が狭いので枚数が必要。(https://www.swisstopo.admin.ch/en/home.html)
○通常、以下5枚でヴァレー州をカバー
　　[273T]Montana，
　　[274T]Visp，
　　[282T]Martigny，
　　[283T]Arolla，
　　[284T]Mischabel
○別途、広域（まとめ）地図があり、以下2枚で、ほぼヴァレー州全域をカバー。
　　[5027T]Grand-St-Bernard, Combins, Arolla
　　[5028T]Monte Rosa, Matterhorn

E Kümmerly & Frey, Hiking Map 1：60,000

　　以下3枚でヴァレー州全域をカバー。全体を見るのに好適。ビニール版で耐水性あり。一部は日本でも入手可能。
　　[22] Grand-St-Bernard, Dents du Midi
　　[23] Val d'Anniviers, Val d'Hérens
　　[24] Zermatt, Saas Fee

F Edition mpa,
　　Topo Rando, Hikingmap 1：25,000

　　3つの谷用しかないが、コースタイム付きで、最も有用。HRでは、これらが必携と考えるが、現地でしか入手できない（各谷内と、ローヌ谷の大きな都市 Sion、Sierreなど）。ただし、これらでは、下記Gのバーニュ谷の一部が抜けている。
①Verbier St-Bernard、
②Val d'Hérens
③Val d'Anniviers

7.4 地図とコースタイム

G Hiking map 1:25,000, Verbier/Val de Bagnes

バーニュ谷専用。コースタイム付きで、これも有用で必携の1つだが、バーニュ谷内の観光案内所（VerbierやLe Châble他）でしか入手できない。

H Rotten Verlag, Wanderkarte 1:25,000

マッター谷とサース谷エリア専用で、コースタイム付き詳細地図。赤色のコース表示が目立ち、少し見づらいが、1:25,000はこれらのみ。これらも、現地のみで入手可能。
[4] Grachen St. Niklaus
[6] Saas-Fee Saastal
[7] Zermatt
上記D-H他に、最近Hallwag Outdoor Map（1:50,000）などもあるが、観光地のZermattなどの地図しかない。

2）イタリア・エリア

1:50,000版地図としては、① Komapassと② IGC（Istituto Geaografico Centrale）、1:25,000版は、③ IGCと④ Escursionista editoreが一般的。IGC②と③はいずれも10年以上更新されておらず、細部でのずれがあるのに対し、④のEscursionista版は最新で非常に有用。しかし、④はアオスタ谷エリア分しかなく、ほぼ現地でしか入手できない（シャモニの書店にもあり）。この他に、アオスタ谷では、各地観光局で、その地域の1:25,000地図を発行している。

I Kompass 1:50,000
　　（一部1:40,000）

以下の6枚で、イタリア北部からスイス南部全域をカバー。一部日本でも入手可。
[85] Monte Bianco
[87] Breuil-Cervinia Zermatt
[88] Monte Rosa
[115] Val d'Anniviers-Montana-Val d'Hérens
[117] Zermatt Saas Fee
[125] Grand St. Bernard

J Istituto Geografico Centrale(IGC), Carta dei Sentieri e dei Rifugi

IGC版地図はやや古いため、細部（とくに牧道や索道）で実際と異なる部分がある。ただし、TMRのピエモンテ州部分は、これを使うしかない。
(http://www.istitutogeograficocentrale. it/eng/nostre_carte.asp)

《Scale　1:50,000》
[4] Massiccio del Monte Bianco
[5] Cervino-Matterhorn e Monte Rosa
[10] Monte Rosa, Alagna V., Macugnaga

《Scale　1:25,000》
[108] Cervino Matterhorn, Breuil-Cervinia, Champoluc
[109] Monte Rosa, Alagna V., Macugnaga、Gressoney
[115] Valpelline, Valle di ollomont, Valle di St. Barthelemy

K L'Escursionista editore, Carte de randonnée(hiking map) 1:25,000

アオスタ州のみしかないが、最新かつ詳細で最良だ。とくに牧道などの情報が最新で便利。TDC、TM南部やAV1に最適。
(http://www.escursionistaeditore.com/)
[1] Monte Bianco, Courmayeur
[5] Gran San Bernardo, Ollomont

［6］Valpelline, Saint-Berthelemy
［7］Valtournenche, Monte Cervino
［8］Alte Valli d'Ayas e del Lys, Monte Rosa

《各トレイル用地図の選択》

　以下に、トレイルごとに必要な地図をまとめ直しておく。

〔HR〕

　フランス内はC-1かC-2、スイス・ヴァレー州内は、広域でDとE、詳細版でDとF-Hになる。とくに、C-1、F、Gの組合せが最良。

〔TMR〕

　A-①かB-①でTMR全域、またスイス内は、広域でD、E、詳細版でHを、イタリア内は、広域でI、J、詳細版でJ、Kがよい。ただし、Jは情報が古いので、Kが最良だが、ピエモンテ州のみJを選択するしかない。

〔TM（TC）〕

　A-②かB-②でTMR全域、またスイス内は、広域でD、E、詳細版でHを、イタリア内は、広域でI、J、詳細版でJ、KだがKが最良。

〔TDC〕

　スイス内は、広域でD、E、詳細版でHを、イタリア内は、広域でI、J、詳細版でJ、Kだが、Kが最良。

〔TSP〕

　広域はI、J、詳細版はJ、Kだが、Kが最良。

7.4.3　コースタイムについて

　本書掲載地図（190〜202頁）のコースタイムについての注意事項を述べておく。とても重要なので、必ず記憶に留めておいていただきたい。

　一般に山歩きを計画する上で、地図と共に重要となるのが、参考コースタイムであろう。ところが、これまでコースタイム記載の地図を探してみたが、スイスの一部エリア以外では、ほとんどないのである。これは、とても不便であったので、今回の再訪で各道標のコースタイムを可能な限り調べ、本書掲載の地図に載せることにした。（2013-16年夏調査。ただし、道標に時間の記載が無かった部分については、自身の歩いた時間から換算した）

　このため、本書に記載されたコースタイムは、あくまで"<u>現地の道標に記載された時間</u>"である。これを、例えば日本の中高年等向けに何らかの換算することも可能であろうが、現地で誤解しないようにするため、あえてそのまま記載することにした。これまでの日本のガイドブックでは、何らかの換算がなされていると思われるため、現地との差に注意しなければいけなかった。

　では、この現地記載のコースタイム、どのくらいの速度であろうか？

　実はこの速度、長身のヨーロッパの人々（歩幅が断然広い）が、さっさと歩く速度なのである。これを、自身の経験上換算してみると、1時間あたり、平地で約5ｋｍ強、単純な登りで400m、そして下りで600mにもなるのである（無論、場所によってはより緩い設定もある）。従って、日本の山地図に記載されている時間からすると、とてつもなく速い。多くの日本の人にとっては、この1.2〜1.3倍はかかると考えた方がよいだろう。無論、途中の休憩時間は含まれていない。

　ただし、ヨーロッパの夏の一日はとても長い。緯度が高いためだ。例えば、8月上旬でも日の出が6ｈ前後に対し、日没は21時前後と昼がとても長く、また山小屋の夕食

は18：30～19：30開始とかなり遅い（朝食開始は7hぐらいから）。このため、1日9～10時間以上もの行動が可能である。ただし、これには、天候が崩れる心配がないことと、相応の体力が必要であることは言うまでもない。現地では実際日々8～9hと行動する人も多い。とは言っても、ごく普通の日本のハイカーにとっては、現地コースタイムで1日6h程度までが、妥当な行動時間範囲であろうと思う。

最後に、とても重要なことだが、各コースを歩く上で、本書記載のコースタイムを、「自身の歩く速度に換算する」ことを絶対忘れないでいただきたい。

7.4.4 道標について

各コースの道標は、基本的にとても明確である。国や州ごとに表示に多少の違いがあるものの、行先だけでなく、所要時間も記載されていることが多い。さらに、場合によっては、トレイルの専用マークもついている場合もある。ただし街中では、すべての交差点に道標があるわけではなく、さらに低地のコース（民家が多いエリアなど）では、縦横に広がるハイキングコースとの分岐が多く、意外に迷いやすい。このため、常に地図と照らし合わせながら歩くことが基本であろう。

一応、各国での代表的な道標をp.205の図1～10に示しておく。

1）スイスの道標（図1～4）

①ハイキング道、②一般者向け登山道、そして③上級者向け登山道（アルパインルート）に区別されている。②の登山道の印は、白／赤／白の3本線で、③のアルパインルートの印は白／青／白の3本線だ。なお③は、氷河や厳しい岩稜帯、崩壊地などを含み、相応の装備と共に、危険リスクへの対応力、ルートファインディング技術が必要である。通常、一般登山者は①②のみを利用。これらの印は、山岳ルートになった場合、地面の大きな石や岩にもペンキで付けられており、岩場やガレ場での道を明確に示してくれる。

また、谷底のアルプや集落内の多くの分岐では、別の簡素なマークがつけられていることも多い。それが、図2に示した"人が歩く"マークだ（本書では以後これを「歩」マークと記すことにした）。ただし、この印は、あくまでハイキングコース［footpath］の印なので、必ず地図と見比べていただきたい。

2）フランスの道標（図5）

スイスと同様に明確な道標がつけられているものの、登山道の難易度は示されていない。これは、地図で確認するしかない。また、山岳ルートではオレンジ色のペンキマーク（丸印や線）が付けられていることが多い。

3）イタリアの道標（図6～10）

道標には、行先とコースタイムだけでなく、コースごとの番号やロングトレイル名（〈TMR〉〈TDC〉など、AV 1は△のなかに1）が記載されている。また岩や石などに、ペンキでコース番号と矢印が付けられている。

ただし、アオスタ州とピエモンテ州では、道標が大きく異なっている。アオスタ州はとても明確（黄色の鉄板）であるが、ピエモンテ州ではかなり簡素だ（小さな鉄板で数も少ない）。このためTMRでは注意が必要。詳細はTMRの項にも記載。

〈アオスタ谷州：図6～8〉

州内で統一され、黄色の鉄板に行先とコースタイム、難易度を記載、難易度は次の3段

階、①E：一般者向けハイキング及び登山道、②EE：経験者向け登山道（急なガレ場や鎖などのある岩稜帯の登降あり）、③EEA：上級者向け登山道（アルピニスト向け、スイスの白／青／白印に相当し、相応の装備が必要）。通常、一般登山者は①②までである。また、各峠には、ケルンと共に独特の道標がつけてある。

〈ピエモンテ州：図9〜10〉

州内で統一されておらず、白地の鉄板に赤い枠付きと、黄色の鉄板の2種、いずれも小さめで目立たない（ポールではなく、大抵岩などに直接取り付けられている）、行き先も岩にペンキで書かれていることも多い。とくにグレッソネイ谷からセシア谷に入るとき、その違いに戸惑うことになろう。

7.4.5　登山道の歩き方について

　登山道を歩く上での注意すべき点については、基本的には日本の山と同じである。しかし、注意すべき点が2つある。1つは、基本的に右側通行ですれ違う（車と同じ）ことだ。各コースでは、歩く登山者だけでなく、マウンテンバイクやトレイル・ランニングで巡る人も多いので注意する。なお、登山道とマウンテンバイク専用道が区別されているところもあるがまだ少ない。またもう1つは、日本のような登り優先という考え方はないので、その時の状況に応じて対応することだ。基本は無理をせず、譲り合いの気持ちを持つことであろう。

7.5 歩くのによい季節と気象状況

7.5.1 歩く季節と天候について

　高所トレイルを歩くのに適切な時期は、一般に夏季、山小屋などが営業している期間となろう。各山小屋の営業期間については前項記載のように、おおよそ6月中旬〜9月下旬までである。標高の高い山小屋だと、営業期間はその年の残雪や秋の降雪状況で大きく変化する。このため、6月、或いは9月に歩くことを考えている人は、その年の降雪状況と、小屋の営業開始、終了日を必ず確認していただきたい。

　また気候については、ヨーロッパアルプスは大陸性気候である。このため、常に非常に乾燥していて、紫外線も強烈だ。このため、肌を日差しや乾燥から守ることにも注意が必要である。でもこの乾燥のおかげで、盛夏でも蒸すことはなく、朝晩は寒いくらいだ。また衣類は、速乾性素材のものであれば、洗濯しても一晩で乾くことが多いのはありがたい。

　夏期の降雨状況に関しては、年にもよるであろうが、7月以降には好天が続くことが多くなる。晴れれば、1週間も好天が続くこともあるが、崩れると逆に雨が続くこともある。過去15年間の私自身の経験では、7月下旬から8月中旬の滞在中で晴れる確率は6割ぐらいだった。日本がエルニーニョなどで冷夏の年は、アルプスでも悪天が続くことが多いように思う（実際2014年夏は、雨続きで気温も低かった）。

　また雨と言えば、注意しなければいけないのが、雷雨である。朝晴れていても、午後遅く（16〜17h以降）には雷雨となることが多い。この雷雨、続きだすと日々見舞われることになるし、瞬間的ではあるが激しい風を伴い、強烈な雨になることもあるので注意したい。ただし、雷雨自体はあまり長続きしないため、総雨量としてはさほど多くはないのである。

　また高所トレイルでは7〜8月でも降雪することがある。過去に8月初旬、2000mで20cm以上積もった経験（2002年）がある。降雪直後は、トレイルや道標が隠れてしまうので、一時的に歩くのを避けた方がよいだろう。しかし盛夏ならば数日で融雪し、明確なトレイルがあらわれる。

　日中の気温差についても注意が必要だ。大陸性気候のため、そもそも日中の気温差が10度以上と大きい。さらに、例えば大きな標高差を歩く場合には、その標高差による温度差も加わることになる。例えば、標高1000mでは日中30℃を越えることもよくあるのだが、このとき標高2000mでの早朝は15℃以下に下がる。つまり、温度差は容易に15℃以上にもなってしまう。このため、衣類はレイヤードでの対応が必須だ。低地では、半袖、短パンでも十分なのであるのに、山小屋での朝夕は、フリースかダウンの防寒具が必須なのである。さらに、悪天時には降雪するほど気温が下がることもある。このため、下着や基本的ウェアはすべて速乾性素材のものを重ね着し、さらに軽くてかさばらない薄手のダウンウェアも持参することをお勧めしたい。

7.5.2 残雪期の雪渓について

冬の降雪量や春、初夏の気温にもよるが、7月後半どころか8月まで高所登山道上に残雪がある場合があるので、ここで1つ注意点を書いておく。

一般に北アルプスなどで雪渓歩きに慣れた人でも苦労する点がある。雪渓につけられた踏み跡の歩幅である。これが、やはり日本とは違い、広いのである。とくに、気温が下がった日の早朝などは雪が固くしまっており、こんなときにストック（トレッキングポール）もアイゼンもないと、踏み跡をたどるだけでも危険を伴う。一般的には7月後半にもなると気温も上がり、雪がやわらかくなり問題ない日も多くなるが、年によっては8月でも降雪があるほど気温が低下する。ストックは必携（ぜひ2本をお勧めする、初夏の沢の徒渉時も楽）であり、アイゼン（少なくとも軽アイゼン）もあった方が無難である。

7.5.3 日の出、日の入の時刻と太陽の方位角

山の写真撮影で最も気になるのが、日の出、日の入時刻などの太陽の動きや、太陽光線状態に関する情報であろう。

ヨーロッパアルプスは、地理的に日本より緯度が高い地域である。このため、夏は日中の時間が非常に長い。日本との時差は夏場で＋7時間で、日の出の時刻が朝6時ごろで丁度よいのに対し、日没は20：30～21：30ととても遅いのである。

下記に、マッターホルンを例におおよその日の出、日の入時刻の推移を図示してみたので参考にしていただきたい。日の出、日の入時刻の日々の変化は、6月は小さいのだが、8～9月になると結構大きくなる。例えば2週間も滞在すると、かなり時刻が変わってしまうことに注意しよう。

山小屋滞在で気になるのは、全般に日の入り時刻の方だ。なぜなら、山小屋での朝食開始時刻は7時以降で、日の出後十分余裕があるのだが、夕食のコース料理は時間がかかる

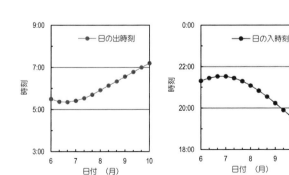

日の出、日の入り時刻（マッターホルン）

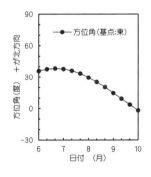

太陽の方位角

ため、夕食の終了時刻はいつも夕焼けの始まる時刻との競争になる（参考：最高に赤く染まる時間は日没前10分ぐらいだ、でも光線の当たる面積的には20〜30分まえぐらいが最もよいと思う）。予め時刻を知っていれば、多少は安心するであろう。

また、滞在する小屋、つまり朝夕を過ごす場所から見える山々の輝き方（朝、夕焼け時）は、山と太陽との角度で決まってしまう。前頁には、マッターホルンでの日の出（或いは日の入）時の太陽の方位角の推移を示しておいた。日本より緯度が高いため、東京と比べると約10度は北寄りにずれている。従って、最も多くの人が行くであろう7月下旬から8月上旬は、太陽は真東（或いは真西）から約30度も北寄りの地平線から昇る（或いは沈む）のである。このため、目的の山の北側にいれば、夕焼けだけではなく、必ず朝焼けも見ることができる。その代わり、目的の山の南側にいると、光線上厳しく、朝夕共にシルエット（逆光）の山々しか見ることができないであろう。

7.5.4　天気予報の入手方法

各トレイルを歩く上で、最も気になる情報が天気予報（とくに長期）であろう。先々の日程での天候が崩れる可能性や、雷雨の可能性を知っておくことは重要である。

現地で長期の天気予報の情報を入手する方法は、以下の2つであろう。現地の新聞などでも当日を含めて3日分ぐらいは出ているので参考にはなる。

1）各地の観光案内所
よく案内所に3〜7日間分の予報が張り出してある。

2）インターネット
これが最も便利、長期予報は7〜10日間。でも、3〜4日目以降の予報精度は低い。

〈天気予想のサイト〉
①シャモニの天気予報（7日間）：シャモニ観光案内所掲載と同じ　http://www.chamonix.com/weather,11,en.html
②フランスの天気予報（7日間）：
http://www.meteofrance.com/
③ヨーロッパの天気予報（10日間）：情報量が多く、シャモニにも対応
http://www.weather-forecast.com/locations/Chamonix-Mont-Blanc/forecasts/latest
④スイスの天気予報（6日間）：独、仏、伊語のみ、［Local forecast］で都市名を入力
http://www.meteoschweiz.admin.ch/web/en/weather/detailed_forecast.html
⑤スイスの天気予報（8日間）：英語あり、地名で検索後［Weather Station］を選択
http://www.meteocentrale.ch/en/weather.html
⑥イタリアの天気予報（7日間）：伊語
http://www.meteo.it/
⑦イタリアの天気予報（10日以上）：伊語（部分的に英語あり）、細かい区域、詳細情報が得られ便利。プルダウン・メニューの州名から順に選択するか、地名で検索。
http://www.ilmeteo.it/Italia

7.6　観光案内所とその他のサイト

　各町や村には大抵の観光案内所［Tourist Information Office］がある。ここでは、各種情報を得られるだけでなく、大抵付近の山小屋の予約をおこなってくれるので、とてもありがたい。なお、大きな街での宿情報については、以下のサイトで調べていただきたい。

〈各地の観光案内所〉
　各ホームページのサイト（URL）を示すが、英語版がないところも多い。またつながらない場合は、地名などで検索を試みてほしい。
○フランス
　シャモニ：http://www.chamonix.com/
　→山小屋予約は、日本語案内カウンターへ。
○スイス
・スイス政府観光局（日本語）：
　http://www.myswitzerland.com/ja/home.html
・ヴァレー州：http://www.valais.ch/
　→ヴァレー州全域：
・GSBエリア（シャンペ、アントゥルモン谷、フェレ谷）：
　http://www.saint-bernard.ch/en/
・マルティニー：
　http://www.martigny.com/
・ヴェルビエ（バーニュ谷）：
　http://www.verbier.ch/
・シオン：http://siontourisme.ch/
・エラン谷：http://www.valdherens.ch/,
・アニヴィエ谷：
　http://www.sierre-anniviers.ch/
・ツェルマット：http://www.zermatt.ch/
　→ここのみ宿・山小屋の予約をしてくれない。
・グレッヒェン：
　https://www.graechen.ch/
・ザンクト・ニクラウス：
　http://www.st-niklaus.ch/

　→ユングを含む
・サース・フェー＆サース谷：
　http://www.saas-fee.ch/
○イタリア
・アオスタ谷：
　http://www.lovevda.it/turismo
　→最も役立つ、全支谷の宿や各トレイル情報満載
・クールマイヨール：
　http://www.lovecourmayeur.com/en
・ブルイユ・チェルヴィニア：
　http://www.cervinia.it/
・アラーニャ：
　http://www.alagna.it/
・マクニャーガ：
　http://www.macugnaga.it/

〈トレイル専用サイト〉
　TMRとTMのみ、専用のサイトがある。
・TMR：http://www.tmr-matterhorn.ch/
・TM：http://www.tourducervin.ch/
・Europaweg：http://www.europaweg.ch/
　→ヨーロッパ道専用

〈日本大使館など〉下記は日本語サイト
・在フランス日本大使館：
　http://www.fr.emb-japan.go.jp/jp/
・在スイス日本大使館：
　http://www.ch.emb-japan.go.jp/jp_home.htm
・在イタリア日本大使館：
　http://www.it.emb-japan.go.jp/index_j.htm

7.7 緊急時の対応について

アルプスの山岳地帯では、万一の怪我などで動けなくなった場合などの緊急時に、国際的に共通の救助要請サイン（遭難時の合図）がある。

ライト（懐中電灯やヘッドランプなど）やホイッスルで、1分間辺りに6回のホイッスル（或いはライトを点灯）し、その後1分間の間をあける。これを応答があるまで繰り返す。応答は、3回/分の合図と1分の間をおく、である。

また、万一の場合には救助ヘリコプターを頼むことになるであろうが、救助ヘリが来たときの合図も決まっている。救助が必要な場合は、両腕を上に伸ばしV字に開く（体を含めるとY字型、YesのY）、これに対し救助が不要の場合は片腕のみを上げ、他方は下げておけばよい（NoのN）。ただし、救助ヘリコプターの費用はとても高価であることを付け加えておく。動くことが可能なら、まずは近くの山小屋などに行き相談することをお勧めする。大抵の小屋は、何らかの索道か、麓まで車で下れる牧道を有していることが多く、例えばより安いタクシーなどを利用できる可能性があるからだ。一度、小屋で急病人が出たとき、夜遅くであったがロープウェイを動かしてもらって下って行ったのを見たことがある。

〈緊急時の救助ヘリの連絡先〉
- フランス：PGHM（山岳救助ヘリ）
  ☎ 04-50-53-16-89（緊急時携帯 ☎ 112）、URL：
  http://www.pghm-chamonix.com/
- イタリア：カラビニエーリ Carabinieri（警察） ☎ 0165-84-2225（緊急時 ☎ 118）、URL：
  http://www.carabinieri.it/Internet/
- スイス：OCVS（山岳救助ヘリ）
  ☎ 144、URL：http://www.ocvs.ch/

7.8 装備について

通常の装備については、北アルプスの縦走をイメージしていただければよいであろう。ここでは、とくに注意すべきものについて記載しておく。

1）携帯電話やスマートフォン

今や個人だけでなく、グループで少なくとも1台以上は準備したい。緊急時のみならず、山小屋との連絡時にも必要となる。通話だけであれば、日本の携帯電話の国際ローミングサービスやレンタルが一般的であろう。またスマートフォンでのデータ通信を考えるならば、日本の携帯電話の国際ローミングサービスは非常に高価なので、本当に必要なときだけ使うようにしよう。通常は、各地の観光案内所やホテル（共通エリア）で、無料 WiFi を利用するのが一般的だ。最近は、ホテル部屋内でも WiFi を利用できるところも増えているので、ホテル予約前に確認しておくとよいであろう。

なお最新の方法としては、SIMロックフリーのスマートフォンなどを持っていき、SIMカードをレンタル或いは購入する方法もある。ただし期間にもよるが、電話機能のみ

を使う場合は安価であるものの、データ通信を付加するとやや高額になり、短期のローミングサービスとあまり差がないかもしれない。無論、3ヵ国内で通信可能の契約もある（シャモニ内であればOrangeの店舗、或いは郵便局で購入可能）。スマートフォンがあれば、電話だけでなくホテルの予約や天気予報などのインターネット情報を見ることにも使えるので、今の時代やはりスマートフォンがあると、とても便利である。

　ちなみに、電話使用時の国番号は、日本：＋81、フランス：＋33、イタリア：＋39、スイス：＋41である。また、日本の携帯電話を現地で使う場合の注意事項として、相手方が携帯電話の場合、国際電話となり、余分な通話料金が相手方にもかかるため（相手の契約条件によるが）、電話に出てくれないことがある。固定電話ならば、余計な費用は生じないので、相手の電話番号に注意しよう。

２）飲料水について

　水分の補給についての考え方は、基本的には日本の山々を縦走するときと同じである。ただ、ヨーロッパは大陸性気候で極めて乾燥しているので、汗をかく量が少ない分、水筒の水も少なくて済む場合が多い。しかし、時折かなり気温が上がる場合もあるので、行動時間に応じて飲料水を十分持参しよう。

　また、コース途中の沢や川の水は飲めないと考えておこう。なぜなら、どんな高所でも、アルプが広がっている限り、放牧された牛や羊の糞尿が混ざっているからである。また、町中の水道水は、石灰分の含有量が多い、量が少なければ問題ないようだが、基本はミネラルウォーターのボトルを購入して飲む方が無難である。なおボトルには、炭酸ガスの有無があるので注意しよう（普通はノン・ガスを選ぶと思う）。山小屋の水については、谷の低地に位置する場合は飲めることも多い（石灰分が多いことは同じ）が、山上の小屋では飲料水としては保障されていない場合が多い。現地の人は平然と飲んでいるが、事前に飲めるか確認した方が無難であろう。

３）昼食や非常食などの食料について

　昼食（或いは行動食を含む）や非常食などの食料についての考え方も、基本的は日本の山々を縦走するときと同じである。

　まず昼食については、自分で持参、山小屋のランチパック（仏：ピクニック）を食べる、或いは山小屋のレストランを利用することになる。後述するが、ある程度大きな町ならば、大抵パン屋やスーパーがあるので、行動食や非常食と共に、こちらで購入して準備しておくのがよいであろう。

　ランチパックは、山小屋において8〜10€程度で提供される携帯型昼食(つまり弁当)で、サンドイッチ（1〜2個だが大きい！）、果物、飲み物などをパックしたものである。必要なら、前日に注文しておこう。翌朝出発前に用意してくれる。また、山小屋で食べる場合には、英語メニュー（蛇足だが、現地語のメニュー[menu]の意味は、コース料理のこと）がないので、簡単な現地の単語（スープやオムレツなど）を知っておく必要があるだろう。なお、山小屋のテーブル（建物内外共に）を利用したい場合、飲み物でも何か1つ注文すれば、持参のパンなどを食べてもよいし、時間の制限もない。私の場合は、小屋のテーブルで、スープのみを頼んで持参の昼食を食べたことがよくある。

　また行動食や非常食に関しては、個人の好みや考え方もあろうが、現地で入手するのもよいし、一部日本から持参するのもよいであろう。私の場合は日本から持参したものがあると、とても心強い気がしている。

４）ウェアと防寒具

　こちらは大陸性気候(非常に乾燥している)であるため、昼夜の温度差がとても大きい。例えば、日中の谷底で30度を越える日でも、2000m台の小屋での早朝は15度以下になる

ことはざらである。このなかをアップダウンする山歩きでの気温差は、日々15度以上にもなる。さらに、夏でも2000m以上では降雪するほど気温が下がることもある。このため、レイヤード（重ね着）での温度調整がとても重要である。日中は半袖Tシャツに短パン（現地では短パンが多い）でも十分であるが、朝夕は防寒着が必須となる。フリースや薄手のダウン素材のジャケットなどは必携であろう。とくに、夕方や早朝写真を撮りたい方は必須である。

5）乾燥と紫外線対策

　ヨーロッパアルプスは、とても紫外線が強い。このため、サングラス、日焼け止め、リップクリームは必携である。とくに、残雪期は注意したい。また、極度の乾燥から肌を守るため、保湿クリームなどもあった方がよいであろう。

6）洗顔、シャワー、洗濯について

　山小屋の洗面所やシャワーには、石鹸やシャンプーなどは備え付けられていない。このため、少量の容器に詰めたものを持参しよう。

　また荷物を減らすためにも、あまり多くの着替えを持っていくことはできないであろう。多くの人は、行動着と着替えを使い分け、シャワー後に着替えて行動着を干しておき、翌朝再び行動着に着替えるのである。このため、山小屋で衣類の洗濯する人はあまり見かけない。

　もし洗濯をする場合であるが、水がとても冷たいので、シャワーの湯を使いたくなるが、ここでの洗濯は禁止されている。また洗濯後の衣類を干す場所であるが、水が滴る場合は室内に干せず、基本的に屋外か、室内に専用の置き場（乾燥室のようなものがあれば）ぐらいになるので、事前に干せる場所を確認しておこう。通常は、途中の町のホテルなどの大きな宿に泊まった場合にまとめて洗濯するのがよいと思う。

7）その他の装備

　小屋滞在用：ヘッドランプ、寝具用シーツ（重要：必携）、サンダル（踵が固定できるものが安全）

　靴周り他：スパッツ、（軽）アイゼン、ストック（トレッキングポール、2本がベスト、雪渓や徒渉でとても有用）

8）食料や装備の補給について

　各トレイルにおいて、食料やいざというときに登山道具などの補給、補てんができる店や場所を知っておくことはとても重要である。

　食料について：ある程度大きな町であれば、必ずパン屋かスーパーがある。詳細は各コース案内中に示すが、例えばHR内ならば、シャモニ、シャンペ、オルシエール、ル・シャブル、ヴェルビエ、ジナール、サン・リュック、グレッヒェン、ツェルマットなどである。パン屋は、平日ならば大抵7h（〜18h）に開くため、早朝出発前に調達できて便利だ。スーパーは、少し開くのが遅い（8：30〜など）が、閉まるのが18h30ぐらいと遅くまで開いていることが多い。ただし、小さな町では、観光案内所同様、長い昼休み（例えば12h30〜15h30）があり、土曜日は午前中のみの営業、日曜祝日は休みなので注意が必要。

　登山道具について：大きな町ならば登山用品店がある。HRならシャモニ、ヴェルビエ、アローラ、ジナール、グレッヒェン、ツェルマット、TMRならチェルヴィニア、サース・フェー、アラーニャ、マクニャーガなどにある。

参考文献

　HRなどのペナイン・アルプスのロングトレイルに関連する文献としては、日本語ガイド本は［1］のみ、他［2］〜［6］は英語版である。

［1］清水昭博『ヨーロッパアルプスのロングトレイル案内1：トゥール・デュ・モンブランを歩こう　素敵な山小屋とすばらしい展望』2015年4月、本の泉社
［2］Kev Reynolds, "Chamonix to Zermatt, Walker's Haute Route", Cicerone Press（UK）
［3］François-Eric Cormier, "Chamonix > Zermatt, Hiking", JMEditions（FR）
［4］Chris Wright, "The Grand Tour of Monte Rosa, A Circuit of the Pennine Alps", Vol.1＆2, Cicerone Press（UK）
［5］Hilary Sharp, "The Tour of Monte Rosa", Cicerone Press（UK）
［6］Hilary Sharp, "The Tour of the Matterhorn", Cicerone Press（UK）
［7］斎藤政喜「シェルパ斎藤の世界10大トレイル紀行」2012年、山と渓谷社
［8］小野有五「アルプス・花と氷河の散歩道」1997年、東京書籍

〈植物図鑑〉
［9］高橋修「おとなの遠足book　スイスアルプスの植物手帳」2007年、JTBパブリッシング
［10］アルフレード・ポーラー「あふれる魅力　アルプスの花」ローマン出版社（オーストリア）

【著者プロフィール】清水 昭博

　1958年生まれ、1981年に広島大学卒業後、半導体関連会社で研究開発に従事しつつ、テニスと国内外の山登りをする。1997年にTMBを始めて歩いてから、ヨーロッパアルプスのロングトレイルと山小屋の魅力にはまり、以後ヨーロッパアルプス各地のロングトレイルを歩き続ける。

　2012年に会社を退職後、「山のロングトレイル・ウォーカー」として、その魅力を発信開始。翌年から毎年約3ヵ月の長期取材を敢行し、アルプス西部地区を集中的に歩く。全日本山岳写真協会会員、2017年同写真展でキヤノン章受章。

〔取材中の山岳ロングトレイル〕
1）サヴォワ地区周遊（エクラン・ヴァノワーズ・グランパラディーゾ山群）
2）スイス中央部横断（ベルナーオーバーランド他）
3）イタリア・ドロミテ山群高所トレイル

〔既刊〕2015年4月：『ヨーロッパアルプスのロングトレイル案内1：トゥール・デュ・モンブランを歩こう』（本の泉社）、2016年7月：『絶景！世界の山小屋』コラム執筆（グラフィックス社）

〔謝辞〕各地観光案内所の諸氏、そして地名発音表記をご指導頂いた翻訳家・天羽みどり氏に感謝いたします。

　本の感想・意見等がありましたら、下記に連絡お願いします。今後の改定等の参考にさせて頂きたいと思います。E-mail：alpslongtrail@gmail.com

---

スイス南西部アルプスの高峰を巡る：
オートルートとマッターホルン・モンテローザ一周トレイル
～ヨーロッパアルプスのロングトレイル案内2～

2018年 4月13日 初版 第1刷 発行

著　者　清水　昭博
発行者　比留川　洋
発行所　株式会社　本の泉社
〒113-0033　東京都文京区本郷 2-25-6
電話 03-5800-8494　FAX 03-5800-5353
http://www.honnoizumi.co.jp/
DTPデザイン　田近裕之
印刷　音羽印刷株式会社
製本　株式会社　村上製本所

©2018, Akihiro SHIMIZU　Printed in Japan
ISBN978-4-7807-1684-9　C0026

※落丁本・乱丁本は小社でお取り替えいたします。
　定価は表紙に表示してあります。
　複写・複製（コピー）は法律で禁止されております。